T0063613

Mujeres victoriosas

JESSICA DOMÍNGUEZ

Mujeres victoriosas

Combatiendo la ansiedad

ORIGEN

Penguin
Random House
Grupo Editorial

Primera edición: octubre de 2022

©Jessica Domínguez
© 2022, Penguin Random House Grupo Editorial USA, LLC
8950 SW 74th Court, Suite 2010
Miami, FL 33156
Publicado por ORIGEN,
una marca registrada de Penguin Random House Grupo Editorial.
Todos los derechos reservados.

Diseño de cubierta: Jessica Paredes/Marcos Quevedo
Foto de la autora: Starla Fortunato
Maquillaje y peinado: Elena Vásquez
Fotos de interiores: Joshua Dominguez

A menos que se indique lo contrario, todas las citas bíblicas son tomadas de la Santa Biblia,
NUEVA VERSIÓN INTERNACIONAL® (NVI®) © 1999, por la
Sociedad Bíblica Internacional, INC. Todos los derechos reservados.

Penguin Random House Grupo Editorial apoya la protección del *copyright*. El *copyright*
estimula la creatividad, defiende la diversidad en el ámbito de las ideas y el conocimiento,
promueve la libre expresión y favorece una cultura viva. Gracias por comprar una edición
autorizada de este libro y por respetar las leyes del Derecho de Autor y *copyright*.
Al hacerlo está respaldando a los autores y permitiendo que PRHGE continúe
publicando libros para todos los lectores.
Queda prohibido bajo las sanciones establecidas por las leyes escanear, reproducir total
o parcialmente esta obra por cualquier medio o procedimiento así como la distribución
de ejemplares mediante alquiler o préstamo público sin previa autorización.

Impreso en México - *Printed in Mexico*

ISBN: 978-1-64473-542-8

22 23 24 25 26   10 9 8 7 6 5 4 3 2 1

CONTENIDO

CAPÍTULO 10:
LO QUE OTRAS MUJERES VICTORIOSAS
HACEN PARA COMBATIR EL ESTRÉS

¡Cuidado!
¡Las apariencias engañan!
Incluso a nosotras mismas.

El vestido azul marino acentuaba su figura. Ella sabía que una mujer profesional siempre debe lucir radiante. Completaban el conjunto una chaqueta roja que combinaba con el púrpura de sus zapatos, uno de sus colores favoritos porque la hacía sentir llena de energía. Parecía que ni un cabello estaba fuera de lugar. Su peinado y maquillaje le daban un aire de celebridad. Irradiaba seguridad y atraía miradas, aunque en esa conferencia no tenía ninguna responsabilidad más que sentarse a escuchar, observar y aprender. ¡Estaba más que lista para recibir todo lo que las conferencistas le brindaran!

Había esperado esa ocasión durante semanas. Un día entero para disfrutar tomando notas sobre temas que le interesaban. En cada charla, buscaba captar perlas de sabiduría para su vida personal y profesional. No podía estar más feliz que en esa conferencia en un hotel en Beverly Hills, invirtiendo valioso tiempo de aprendizaje al escuchar sobre los logros y experiencias de mujeres profesionales de entre veintidós y setenta y cinco años.

Un tema que llamó su atención, fue el énfasis de las panelistas en motivar a las asistentes a soñar y esforzarse por alcanzar sus metas, siempre dando lo mejor de sí mismas. Hablaron sobre ser realistas y recomendaron invertir tiempo, aprender a cuidar de nuestro bienestar porque no hacerlo podía costar caro.

Expusieron que las mujeres tendemos a olvidar que debemos respetar el proceso de cada una de nuestras etapas. Por ejemplo, cuando somos madres de hijos pequeños, cuando debemos cuidar de nuestros hijos con necesidades especiales, cuando debemos luchar para salvar nuestro matrimonio, y cuando nos toca cuidar de nuestros padres ancianos. Afortunadamente, en ese sentido, ella se sentía tranquila. No necesitaba gritarlo a los cuatro vientos, pero sabía que en cada paso que diera como mujer, como madre y como profesional, ella pondría toda su alma en dar lo mejor de sí. Sentía en su corazón que ese compromiso era aplicable para ella como esposa, madre, profesional, empresaria y mentora. Su liderazgo influenciaba a un amplio grupo de profesionales que daba todo en cada batalla, y que no descansaba hasta alcanzar su objetivo.

Otro tema que le resultó interesante fue ver la cantidad de profesionales que había invertido su tiempo y había dedicado su carrera a cambiar el mundo, un mundo que generalmente comenzaba en su hogar. Para las oradoras, tanto como para ella, su mayor logro era su familia y su hogar, sus hijos y su matrimonio. Se sintió muy conmovida al escucharlas compartir, con transparencia, algunos de sus sacrificios y pérdidas personales. Le encantaba oír el testimonio de ese grupo de mujeres profesionales que había cambiado la vida de personas a su alrededor, al realizar actos de servicio en su trabajo y en su casa. Era evidente que el interés de todas ellas era usar sus talentos para hacer lo correcto, incluso si implicaba incontables noches en vela estudiando para encontrar la forma de ayudar a los demás a mejorar su vida.

Una vez más se sintió en calma y satisfecha de hacer lo correcto al perseguir y vivir su propósito a diario. Cerró sus ojos y una sonrisa iluminó su rostro mientras agradecía a Dios permitirle cambiar vidas a través del trabajo que hacía con su equipo. ¡Qué honor representar diariamente a personas merecedoras de un mejor futuro en la sociedad norteamericana! La satisfacción parecía doble: la profesional al cumplir con su labor y la personal que se convertía en una felicidad indescriptible cuando ella y su equipo evitaban la separación de una familia.

Los minutos y las horas volaron en esa jornada repleta de tanta energía positiva y de historias de éxito. Luego de cada presentación de las panelistas había una sesión de preguntas y respuestas con un denominador común: el deseo de las participantes de aprender de las expertas sobre cómo lograr equilibrio entre su trabajo y su familia. ¡Vaya coincidencia! Ella precisamente había investigado sobre este tema en años recientes y no había encontrado una respuesta contundente.

¿Cómo alcanzar el equilibrio entre la vida profesional y familiar? ¿Cómo saber si afectas a tu familia por dedicar mucho tiempo y energía al trabajo o viceversa?

Llamó su atención la respuesta de una panelista que tenía alrededor de sesenta o sesenta y cinco años. "El equilibrio en realidad no existe. Cuando estás en el trabajo, debes dar todo lo que tienes y dedicarle un tiempo adecuado. Lo mismo aplica cuando estás en casa, y también aplica en otras áreas de tu vida: tienes la responsabilidad de dar siempre lo mejor de ti", aseguró. También dijo que lo más importante era analizar cómo se sentía cada una de ellas al final del día, de la semana o del mes. ¿Están satisfechas? ¿O sienten que fueron mediocres en ambas áreas de su vida? Además, agregó que la clave estaba en nuestra vivencia personal y no en lo que la sociedad ha definido como el equilibrio entre la vida profesional y familiar. Cuando una de las participantes le preguntó: "Qué le dirías a tu yo de veinticinco años?". Ella le respondió: "Me diría que la vida es una maratón, no una carrera de velocidad". Mmm... esas palabras la dejaron pensando.

Al meditar un poco sobre lo que dijeron las panelistas, se dio cuenta de que a veces debemos experimentar una pérdida o recibir una señal que nos envía el cuerpo –una no muy positiva, precisamente– para descubrir que, aunque hacemos una diferencia en miles de personas o damos al mundo lo mejor de nosotras, a menudo no vemos o escuchamos lo que nuestro yo verdaderamente anhela o quisiera experimentar.

Ella sabía que un cuerpo, una mente y un espíritu saludables nos permiten ser más asertivas con nuestros aportes. De lo contrario, si algo de eso falta, es imposible continuar cumpliendo nuestro propósito con la misma energía y satisfacción. Agradeció a Dios porque creía que el sentido común la había guiado a una satisfactoria vida familiar y profesional. ¡Estaba feliz! De nuevo cerró los ojos susurrando: "Gracias, Dios, gracias...", aunque no se imaginaba lo que estaba a punto de experimentar.

Antes del almuerzo, un taller despertó su curiosidad. Se titulaba "Estrategias basadas en la ciencia, no solo para sobrevivir como profesional sino para vivir exitosamente". La descripción del taller mencionaba la importancia de manejar el estrés. Encontró interesante el tema porque sabía que el estrés es parte de la vida diaria. De hecho, había escuchado muchas veces que causaba estragos en la salud si las personas no podían controlarlo, especialmente cuando se lleva una vida muy agitada. ¿Sería posible que de alguna forma presintiera lo que le esperaba? Nunca lo sabría, pero participar en ese taller resultaría crucial para su futuro.

Durante la presentación, compartieron algunos estudios e investigaciones recientes que revelaban impactantes conclusiones: muchos profesionales consumían drogas o sustancias ilegales al sentirse incapaces de lidiar con el estrés cotidiano. De esa forma, contrarrestaban la ansiedad, depresión o fatiga crónica en cierto punto de su carrera. Además, enfatizaron la urgencia de encontrar soluciones a este mal que silenciosamente ha impactado a muchos. La recomendación era ponerle atención al autocuidado preventivo; para algunos podría parecer un tanto egocéntrico, pero enfatizaron que era necesario el cuidado personal para disfrutar de una vida exitosa, sin quedarse atascadas en modo de supervivencia.

Antes de que el taller finalizara, una profesional experta en guiar a los demás para encontrar formas de responder positivamente al estrés, invitó a todas las participantes a relajarse y hacer algunos ejercicios de respiración durante diez minutos. Ella los hizo y sintió que pudo separarse de su mente cargada, que logró alcanzar la paz y tranquilidad durante algunos intervalos. En los días sucesivos, recordaría esos ejercicios de respiración y llegaría a entender su importancia.

Compartió la hora del almuerzo con mujeres profesionales tan comprometidas con sus profesiones como ella y escuchó lo parecidas que eran en su pasión por contribuir con la sociedad y cuidar de su familia. Cada una expresó lo difícil y estresante que era la vida de una profesional con responsabilidades familiares. Aunque se daba cuenta de lo duro que era para todas lidiar con el estrés, estaba muy contenta de conocer a tantas mujeres exitosas que la inspiraban y le contagiaban increíble energía positiva para seguir adelante.

La ansiedad aparece en cualquier momento

Una hora después del almuerzo, recibió un mensaje de texto: "Por favor, necesitamos que nos envíes audio del tema que estamos preparando...". Su equipo la urgía con ese pedido inesperado que la perturbó, porque no sabía cómo cumplir la tarea de grabar en medio de la conferencia. Abandonó el salón donde se estaban dando los talleres en busca de un espacio vacío para realizar la grabación. De repente, un "ángel" apareció y le dio acceso a un salón desocupado. Aunque el audio duraba solo dos minutos, le llevó casi media hora grabar y regrabar su voz hasta que sintió que todo había salido lo suficientemente bien como para enviar el material.

En ese momento, se dio cuenta de que su corazón latía muy rápido y que sus axilas estaban húmedas de sudor. Se preocupó un poco, pero se tranquilizó cuando envió la grabación y regresó a la conferencia. Al final del día, agradeció a Dios por las mujeres exitosas que había conocido, por los mensajes, las lecciones aprendidas, y por todo el conocimiento que absorbió. Se sentía gozosa de haber asistido a una conferencia tan importante.

Al salir del hotel, su esposo la estaba esperando para ir a cenar. Ella estaba entusiasmada por contarle todo lo que había aprendido y lo satisfecha que se sentía. Pero el sonido de notificación de un mensaje en su teléfono la interrumpió. Su equipo le pedía que volviera a enviar la grabación porque la anterior no había funcionado.

Le pidió a su esposo que se estacionaran en algún lugar para grabar nuevamente. Intentaron varias veces y finalmente la envió, pero el audio no quedaba bien. La llamaron tres veces más y tuvo que grabar y regrabar. Fue un poco desconcertante. Por segunda vez sintió un escalofrío recorriendo su cuerpo, además de los descontrolados latidos de su corazón y la excesiva transpiración. Ignoró lo síntomas sumergida como estaba en el proceso de grabar el mensaje y enviarlo, para finalmente disfrutar de una tranquila velada con su esposo.

De regreso a su casa, luego de la cena, sonó el teléfono. ¿Grabar de nuevo los mensajes? ¡No era posible! ¿Por qué no estaba funcionando el proceso? Ufff, ni modo, había que apresurarse para llegar a casa, grabar y enviar otra vez. Hasta ese momento ella había puesto su mejor cara, intentando ocultar su preocupación y un alto nivel de estrés. No quería que su esposo se diera cuenta y se preocupara. Pero las cosas se salieron de control.

El cuerpo nos pasa factura

Durante los quince minutos que le llevó hacer las grabaciones y enviar el material nuevamente, su ojo izquierdo comenzó a temblar. Era una palpitación constante que no se detenía. Ella ya había experimentado algo así en el pasado, incluso ese mismo día, pero le había restado importancia. El problema en ese momento era que ya no solo le temblaba el ojo, sino que también tenía una sensación extraña en su mejilla izquierda, como si un gran trozo de hielo se la cubriera y estuviera a punto de entumecerse congelada.

Trató de abrir grande la boca, abrir bien los ojos y pestañear con ambos simultáneamente. Todo fue en vano. ¡No sentía el lado izquierdo de su cara! ¿Qué le estaba pasando? Intentó tranquilizarse para no entrar en pánico. Días más tarde, el neurólogo le explicó que había experimentado un calambre muscular, pero en ese momento la sensación fue aterradora. Terminó de grabar porque su equipo la urgía para que enviara el audio, pero se sentía abrumada al darse cuenta de que no podía controlar el movimiento del lado izquierdo de su rostro.

Le comentó a su esposo lo más tranquila que pudo para no alarmarlo, aunque, por supuesto, él se preocupó y buscó información en Google. Descubrió que ese síntoma era serio, era como una señal de alarma que incluso podría ser la antesala a un accidente cerebrovascular. El cuerpo estaba pasándole factura.

La mujer de la que estoy hablando soy yo. Ese fue un momento crucial porque un enorme temor se apoderó de mí. La conferencia a la que asistí era de abogadas especializadas en diferentes aspectos de la ley. Sí, la mujer que apenas unas horas antes parecía sentirse en la cima del mundo en medio de otras líderes, después sentía mucho miedo. Mi esposo, Javier, después de leer lo que Google le mostró, quería llevarme al hospital de inmediato, pero le dije que ya me sentía mejor y le prometí que llamaría al médico al día siguiente. Además, le pedí que no dijera nada a nuestros hijos, Jean-Pierre y Josh, para no preocuparlos. Javier me dijo que no les diría nada esa noche, pero me pidió que me ocupara del tema lo más pronto posible. Me dio hasta el siguiente domingo, el día en que nos reunimos con la familia, para que les contara lo que me había sucedido esa noche.

Escribo este libro por obediencia a ese pequeño susurro que me habla al alma y me dice que está bien ser vulnerable. Está bien ser transparente, aunque el temor me dice que sería mejor reservarme esta información. Es difícil callar las voces del mundo para escuchar con atención esa incomparable voz interna colmada de sabiduría espiritual. Es muy difícil oír ese susurro que habla verdad a mi alma, pero constantemente intento hacerlo.

Luego de leer libros y artículos, de consultar y conversar con expertos, aprendí algo que quiero compartirte sobre un tema del que debemos hablar más. Aprendí que es importante incorporar maneras de controlar el estrés y la ansiedad para calmar nuestro sistema nervioso. Aprendí que, aunque es difícil entender y aceptar un diagnóstico de ansiedad, no debemos ignorar la advertencia de nuestro cuerpo. La ansiedad es una enfermedad invisible que está apropiándose de muchas vidas en todo el mundo y debemos combatirla intencionalmente un día a la vez.

De acuerdo con los expertos:

* Los trastornos de ansiedad son las enfermedades mentales más comunes en Estados Unidos y afectan a cuarenta millones de adultos de dieciocho años o más, lo que podría ser 18.1 % de la población cada año.
* El trastorno de ansiedad es altamente tratable, pero solo 36.9% de los afectados reciben tratamiento.
* Los desórdenes de ansiedad afectan al 25.1 % de los niños entre trece y dieciocho años.
* Los niños con trastornos de ansiedad que no reciben tratamiento enfrentan mayor riesgo de padecer problemas de aprendizaje, abusar de sustancias y perderse experiencias sociales vitales.[1]

Seguramente habrás leído muchas veces anuncios como: "Antes de comenzar una nueva dieta o programa de ejercicios, consulte a su médico".

Como todo buen abogado haría, quiero recordarte que este es un libro que narra mi historia personal sobre el estrés y la ansiedad. Comparto contigo lo que aprendí y sigo aprendiendo sobre el tema, y te cuento lo que incorporé a mi rutina diaria con la intención de disfrutar de una vida saludable. Si estás experimentando síntomas de depresión o ansiedad, o no conoces la diferencia entre ambas, te recomiendo que busques el consejo de un médico. Y si piensas que todo está perfecto, que todo está bien, asegúrate de escuchar los mensajes de tu cuerpo. No ignores tus malestares. ¡Cuidado! Porque las apariencias nos engañan.

Si leíste *Mujeres victoriosas*, el primer libro que compartí, sabrás que mi propósito en la vida está muy bien definido, que corre por mis venas y está instalado en mi ADN desde hace años. Vivo cada día de la mano de mi propósito, *Manteniendo familias unidas*™, comenzando con la mía. Como parte de mi oración diaria, le pido a Dios cada mañana que use esa luz única y especial que me ha concedido para permitirme compartirla en mi hogar y a través de mi profesión, siempre con la intención de servir a otros.

Con ese deseo en mi corazón escribo este libro. Espero que, al contarte mi historia, tú, alguna persona conocida, de la familia o con quien te une la amistad, reciban inspiración para dar el primer paso hacia la travesía cotidiana de aprender a controlar el estrés y la ansiedad.

Un lugar en el que no deseas estar

¡Llegó la hora de enfrentar la verdad!

Llegué a mi despacho jurídico al día siguiente y de inmediato comencé a hablar con una de mis asociadas. No quería hablarle de abogada a abogada, sino más bien de amiga a amiga. Necesité mucha valentía para ser transparente y contarle lo que me había sucedido la noche anterior. Le dije que la semana siguiente estaría ausente varios días para atender citas médicas. Siempre estaré agradecida por su apoyo y sus sabias palabras. Tuve reuniones con varios miembros de mi equipo y organizamos un calendario, de manera que resolvimos los compromisos de la siguiente semana.

El fin de semana llegó, y yo no quería que se acercara el domingo en la noche. Deseaba no cumplir mi promesa de decirles a mis hijos lo sucedido. Pero sabía que si no lo contaba, lo haría Javier. Me alivió que mis hijos fueran al gimnasio, y cuando volvieron yo ya estaba durmiendo. Ellos no me despertaron porque quisieron dejarme descansar. Sin embargo, el tiempo de enfrentarlos llegaría. Javier nos envió un mensaje de texto a cada uno la mañana siguiente, confirmando que necesitábamos tener una reunión familiar esa misma noche.

Llegó el momento, y pedí a mis hijos que nos sentáramos en la sala. Enseguida comencé a relatarles lo que me había sucedido unas noches antes, incluyendo cada detalle. Javier no esperaba que dijera menos. Yo había planificado muy bien mi explicación. No les dije solo lo que había ocurrido, sino que les conté que ya había comenzado a hacer las citas médicas para asegurarme de que todo estaba bien. No había terminado de dar mi explicación cuando JP, el mayor de mis hijos, se levantó y con una voz de frustración, enojo, tristeza y desilusión, dijo unas palabras que me penetraron hasta el alma.

"Mamá, tú no entiendes. Nos ignoraste una y otra vez cuando te pedíamos que dejaras de hacer tantas cosas. Ya tienes todo y has alcanzado todo. Un hombre que te ama y ha amado durante más de treinta años, dos hijos que te apoyan y te aman, una carrera espectacular. Lo tienes todo. ¿Qué más quieres?".

Luego vino lo peor. JP, con lágrimas en los ojos, agregó:

"¡Ya basta, mamá! Ya no más, mamá, ya no más. Ahora mismo, dejo de ser tu socio en todos nuestros proyectos conjuntos, incluyendo tu misión de crear contenidos informativos para millones de personas. Mi compromiso contigo termina aquí. No quiero tener una madre que sufra un derrame cerebral y no pueda disfrutar la vida. Mamá, te necesito aquí para mi boda, para que puedas jugar con mis hijos. Si te enfermas, ¿todo lo que haces habrá valido la pena?".

Mientras lo escuchaba, sentí que mares de lágrimas corrían por mi rostro; sentía escalofríos invadiendo todo mi cuerpo. Vi a mi hijo sufrir sin poder hacer ni decir nada, porque sabía que él tenía razón. Entonces continuó Josh, con la voz quebrantada por el llanto:

"Mamá, ¿por qué te cuesta tanto entender que debes cuidarte? Siempre nos estás diciendo que nos cuidemos, que hagamos ejercicio que tomemos nuestras vitaminas. Nos criaste enseñándonos que no fumemos ni tomemos. ¿Pero por qué tú no te cuidas? Cuando intentas conquistar el mundo y no frenas, no estás cuidando tu salud. No estás cuidando a la mujer que tanto amamos. Mamá, no sé cómo podría vivir sin ti. Quiero verte jugar con tus nietos".

Las lágrimas seguían corriendo por mis mejillas y me sobrecogió una tristeza inexplicable desde el fondo del alma. Quería hablar, quería explicarles, pero no podía. No había excusas ni argumentos válidos. En ese momento comencé a orar y pedirle a Dios, en silencio, que por favor interviniera. No podía soportar ver a mis hijos y a mi esposo sufrir tanto. Aunque Javier no decía ni una sola palabra, podía ver la expresión de su rostro y sentir su dolor. No solo el dolor de lo que yo estaba atravesando, sino el de ver a sus hijos padecer al considerar la posibilidad de que su madre estuviera enferma y les llegara a faltar.

Por alguna razón me negué a aceptar que había un problema y pensé que el mayor desafío estaba en mi mente, porque estaba feliz con el modo en que había dividido las horas de trabajo con las horas de familia. Para mí, llegar a casa y leer o levantarme temprano y comenzar a revisar documentos para ponerme al día con mis responsabilidades profesionales era algo natural; ni siquiera lo consideraba trabajo. Yo pensé que estaba haciendo todo bien.

Como te dije en el libro *Mujeres victoriosas*, mi salud me había dado un susto cinco años antes, y aprendí a decir no a varias responsabilidades e invitaciones con más frecuencia. Finalmente, me las había arreglado para tener un devocional de treinta minutos en la mañana que llenaba mi alma y mi espíritu. Había alcanzado la meta de salir con mi esposo una vez por semana. Cumplí mi deseo de tener frecuentes reuniones familiares. Me sentía increíblemente feliz porque cuando comencé la gira de *Mujeres victoriosas* había organizado presentaciones en distintas conferencias casi todas las semanas. Después de unos meses a ese ritmo, sabiamente mi familia me pidió que redujera a una conferencia mensual. ¡Me sentía una heroína con ese logro! Sentía que estaba planificando mi agenda tan bien que hasta logré mi meta de apagar mi celular del trabajo a las seis de la tarde y no volver a encenderlo hasta las ocho de la mañana. Pensé que había logrado poner suficientes límites, pero aparentemente mi cuerpo y mi sistema nervioso no estaban de acuerdo con ese razonamiento.

Javier intervino y puso las cosas en orden.

—JP, tu mamá ya comenzó a hacer las citas con el médico. No tomes decisiones tan drásticas en este momento. No es tiempo de forzar nada porque en vez de ayudarla, le sumas más preocupación.

—Está bien mamá —respondió JP—. Te daré un mes, solo un mes, para que asistas a todas tus citas con los médicos que ya habías cancelado por estar tan ocupada. En un mes ya tendrás resultados de tus análisis y podremos tomar decisiones. También quisiera pedirte que me expliques en una carta qué es lo que te impide descansar y qué más deseas de la vida.

En ese momento, él no imaginaba que una tarea tan singular me inspiraría a escribir este libro.

En los siguientes capítulos te contaré cómo, últimamente, he respondido a las preguntas de mi hijo. Seré muy sincera contigo y te diré que todavía no tengo un plan completo, porque siento que no he alcanzado lo que mis hijos y mi esposo querían, es decir que descanse muchísimo más. Lo que sí puedo decirte es que después de esa junta familiar les escribí lo siguiente:

Vida mía –así llamo a mi esposo–, JP y Joshi:

Los amo tanto y estoy muy agradecida de que ustedes me amen tanto a mí. Aunque no estoy muy feliz con el ultimátum que me dieron, debo admitir que era necesario. Lo tomo como una luz de advertencia.

No voy a mentirles y decirles que puedo hacer lo que me están pidiendo. La verdad es que no sé descansar mucho. De veras no lo sé. Como habrán observado a lo largo de los años, me encanta estar siempre haciendo algo. Me gusta ser una mujer de excelencia. Necesito estar constantemente aprendiendo. Sé que no es una excusa, pero siempre quiero dar lo mejor de mí. ¿Por qué otra razón querría leer tantos libros sobre crianza de hijos cuando ustedes eran pequeños, si no fuera porque quería ser la mejor madre que fuera posible? ¿Lo recuerdan? JP, cuando cumpliste seis años yo ya había leído libros para saber qué esperar de un niño cuando cumple seis, siete y ocho años, aunque tú solo tenías seis. Gracias a Dios, para el tiempo en que Josh llegó a esa edad, era más sencillo porque ya había practicado contigo. Solo estoy bromeando...

No puedo cambiar de la noche a la mañana, pero me comprometo, les prometo aprender a tomar pasos que me ayuden a manejar el estrés. Yo sé que están preocupados por mí y no quiero que ninguno de los tres sufra. Intentaré descansar más.

Esa fue la notita que les mande días después de nuestra reunión. Luego te compartiré la carta que escribí para responder sus preguntas a JP.

No imaginaba que una experiencia triste y difícil llenaría tanto mi corazón de gratitud para el resto de mi vida. Con la tarea que me asignaron, tuve suficiente en qué pensar, meditar y decidir durante las siguientes semanas. JP me había dado un ultimátum de tomar un tiempo sabático de un mes, pero terminó siendo de algunos meses porque tuve que esperar los resultados de los médicos.

Agradezco a cada uno de los abogados, asistentes legales y a todo el equipo de mi estudio jurídico y de redes sociales que me permitieron dirigirlos desde mi hogar. En ese tiempo no entendía por qué estaba siendo desafiada a liderar desde casa; cuando la pandemia llegó yo era experta en teletrabajo. ¿Cómo llegué aquí? No sabíamos lo que había sucedido esa noche que comencé con los síntomas, aunque sí sabíamos que eran señales de mi cuerpo frente al estrés. Esas advertencias me indicaban que necesitaba aprender nuevas formas de tratar con la tensión y la ansiedad. Te estarás preguntando qué clase de estrés podría generar esos síntomas. Tal vez asumas que los abogados trabajan con papeles y libros, por lo que no se involucran emocionalmente con las personas que representan. Realmente no es así. De hecho, permíteme contarte una historia que se repite a menudo en mi trabajo como abogada especializada en leyes de inmigración. ¡Amo mi trabajo porque me permite vivir mi propósito de mantener a familias unidas!

Padre Valiente — una historia que se repite a diario en Estados Unidos

Era un día laboral como cualquier otro. El sol brillaba en Los Ángeles con su calidez que aún no abrumaba. Me encontraba en mi oficina cuando una de mis asistentes me dijo que un señor en la sala de espera decía que había llegado desde muy lejos y necesitaba hablar conmigo. El hombre había mencionado que era un caso urgente porque el Servicio de Inmigración y Control de Aduanas (ICE, por sus siglas en inglés) le había dado nueve días para salir del país o sería arrestado y deportado a México.

Nuestras oficinas tienen regulaciones estrictas y de cumplimiento obligatorio acerca de agendar una cita con una persona que busca nuestros servicios. Las personas deben responder ciertas preguntas que nos ayudan a determinar si podemos ofrecerles una consulta y qué tan pronto podemos añadirlos al calendario. Pero este padre de familia en el vestíbulo, acompañado de su hermano y familia, había conducido desde una ciudad distante, ¿cómo me negaría a atenderlo? Decidí al menos hablar con él. Al cruzar la puerta de nuestra sala de conferencias, me encontré con un hombre de aproximadamente cuarenta y cinco años, un padre valiente exhausto y abrumado acompañado por su hermano.

Vivía en el país desde hacía treinta y cuatro años, ¡toda una vida! Los saludé y confirmé la información que nos había brindado en el formulario. Me dijo que era un padre soltero con dos hijas, una de catorce y la pequeña, de cinco años. Trabajaba de noche, y cuidaba de sus hijas, las llevaba a la escuela y al médico. Su récord estaba limpio, nunca había sido arrestado y, como la mayoría de los inmigrantes, presentaba sus impuestos cada año sin falta. Se encontraba en esa delicada situación porque una persona inescrupulosa lo había defraudado años atrás al registrar una aplicación de pedido de asilo para la que él no calificaba.

Desafortunadamente, historias como esta se repiten a diario en Estados Unidos. Él me mostró una copia del expediente de su anterior abogado. Después de revisar los documentos y analizar el caso, determiné que había una pequeña luz de esperanza. ¡Me alegré tanto por él y por sus hijas! Anteriormente le habían denegado una petición para reabrir su caso, porque el juez exigía ciertos requisitos que no habían sido incluidos como parte del proceso. Así que llamé a su abogado y le pregunté por qué no había llenado la petición para enmendar los errores. Él me explicó que por muchos años el Servicio de Inmigración y Control de Aduanas (ICE) había aplicado su discreción favorablemente para aprobar o rechazar un proceso de deportación, así que no veía necesario llenar la petición formal. Eso era cierto. Durante la administración del presidente Obama, ICE hizo uso discrecional favorable para quienes, como mi asesorado, no habían cometido crímenes, tenía años de residir en el país y fuertes enlaces como dos hijas ciudadanas, un padre y una madre con residencia legal.

También me di cuenta de que necesitaría muchísima evidencia para registrar una nueva moción con el juez, y sería difícil reunirla porque enfrentábamos el "cierre de las oficinas de gobierno" debido a que el Congreso no se puso de acuerdo para pasar el presupuesto financiero federal. Entonces, era imposible conseguir los documentos de la corte que necesitábamos. Mientras hablábamos, él llamó a su familia y les pidió que consiguieran todos los otros documentos que yo le explique serían necesarios para este nuevo paso.

Pedí a mi asistente que hiciera algunas copias mientras yo hablaba con Elena, mi colega abogada, sobre el caso.

—¡Es terrible! Este padre valiente tiene menos de dos semanas para evitar la deportación, le conté.

—Jessica, recuerda que es extremadamente difícil reunir toda la evidencia necesaria. Recuerda que hemos decidido que, de no tener tiempo suficiente, es mejor no tomar el caso, especialmente cuando los tribunales están cerrados.

—Tienes razón... terminaré de analizar el caso y llamaré a su abogado para compartirle la estrategia legal e indicarle los pasos que debe dar de inmediato.

Al regresar a la sala de conferencias, una pareja de unos setenta años se acercó a la ventana de recepción para saludar. La secretaria me explicó que eran los padres del padre valiente que se encontraban en la oficina. Abrí la puerta hacia la recepción y los saludé con un apretón de manos y un abrazo. Ambos comenzaron a llorar pidiéndome que les ayudara para que su hijo no fuera deportado. Una hermosa pequeña con cabello y ojos negros salió disparada de donde estaba sentada con su tía. Se acercó a mí y abrazó una de mis piernas. Viéndome con su rostro angelical me dijo: "¡Por favor, ayude a mi papá para que no lo deporten!". ¡Me derritió el corazón y llegó directamente a mi alma! Me arrodillé para estar a su altura, la miré a los ojos y le dije: "No te preocupes, mi equipo y yo haremos todo lo posible por ayudar a tu papá".

Volví a caer en la trampa de mis sentimientos, lo reconozco, no puedo evitarlo. Lo que mi corazón siente en esas ocasiones es difícil de explicar, pero puedo decirte que es como si me hubiera comido diez tamales a la vez. Mi garganta se cierra, se me hace un nudo en el estómago, mis ojos se llenan de lágrimas y comienzo a experimentar un gran sufrimiento que se extiende hasta llegar a cada fibra de mi ser. En vez de decirle a la familia que no podía ayudarlos, que estaba a punto de llamar al otro abogado, sin pensarlo dos veces sucumbí a mi corazón y acepté el caso, al menos provisionalmente.

Como ya debes haber notado, lo más importante para mí es la unidad familiar. Mantener a las familias juntas es mi propósito en la vida. Esto es lo que me levanta cada día, lo que me llena de energía y me lleva a la cama con el deseo de despertarme al día siguiente para continuar luchando.

De vuelta en la sala de conferencias, le expliqué al padre valiente que no podríamos comprometernos con el caso, pero que lo tomaríamos provisionalmente para analizarlo, siempre y cuando él nos trajera la documentación requerida. "Debemos orar pidiendo ayuda a Dios frente a la lucha que estamos comenzando", le pedí. Teníamos ocho días para detener la deportación, pero en realidad eran solo seis días hábiles para hallar la justicia que le permitiera quedarse junto a su familia en este país. Desde ese día hasta la fecha en que debía presentarse en las oficinas de ICE, no debía faltar a mi oficina ni un solo día. Le expliqué con claridad lo que él estaba enfrentando y lo que estábamos batallando desde el punto de vista legal.

Le expliqué todas las posibles opciones y resultados, incluyendo el hecho de que, en su próxima cita, podría ser arrestado y deportado a México el mismo día. Le expliqué que, aunque registraríamos una petición para detener la deportación, y una petición para reabrir su caso con el juez, no había ninguna garantía de que ICE las aceptara y detuviera el plan de deportación. Todos en la familia estuvieron de acuerdo y me pidieron que peleáramos hasta el final. Al cabo de unos días, luego de recibir la documentación necesaria, formalmente aceptamos llevar el caso del admirable padre valiente.

Desde ese momento, cada guerrera y guerrero de mi equipo se arremangó y comenzamos la batalla. Entregamos una petición para detener la deportación con evidencias que no habían sido consideradas en el pasado. Le explicamos a ICE que, dado que el tribunal de inmigración estaba cerrado por temas políticos del gobierno, era imposible completar y registrar las diferentes mociones para proteger sus derechos. La evidencia escrita era extraordinariamente fuerte y brindaba suficientes argumentos para que ICE ejerciera su discreción favorablemente y no deportara a Padre Valiente (sí, ahora con mayúsculas porque será su nombre propio en esta narración). Desde el comienzo yo estaba en comunicación con el oficial a cargo del caso y le expliqué las circunstancias y hechos paso a paso. Sin embargo, los días corrían y no recibíamos respuesta. El oficial de ICE me dijo que el caso estaba en revisión y que su superior todavía no había tomado ninguna decisión.

Un día antes de la fecha en la cual Padre Valiente tenía que presentarse en la oficina de ICE, llamé al oficial de dicha oficina para explicarle que a la mañana siguiente yo debía representar a una cliente en la oficina de inmigración que quedaba a una hora de distancia. La cita de Padre Valiente con ICE era a las ocho de la mañana. Le dije que llegaría con Padre Valiente a más tardar a las once de la mañana.

—Abogada, si su cliente no está aquí mañana a las once de la mañana, lo buscaré, lo arrestaré y deportaré—me respondió amenazante.

—No se preocupe, nadie quiere que eso suceda. estamos esperando recibir una decisión positiva sobre nuestra petición pendiente.

Al día siguiente me levanté y me reuní con dicha cliente a las siete de la mañana. Esperamos que el agente de servicios de inmigración nos llamara pronto para su entrevista, de manera que yo quedara liberada para ir a la entrevista con Padre Valiente. Mientras esperaba a ser citada, recibí un llamado de ICE para discutir la petición pendiente que evitaría la deportación de Padre Valiente. Como no está permitido usar teléfonos celulares en la sala de espera, inmediatamente salí de allí y me metí en el baño. Había una mujer joven que escuchaba cada una de mis palabras. Yo había memorizado los datos del caso a tal punto que presenté por teléfono toda la evidencia que poseíamos y le expliqué por qué este padre debía tener más tiempo para completar la solicitud necesaria. El representante de ICE me dijo que tomarían una decisión esa misma mañana y que debíamos estar allí a las once en punto para la cita.

Cuando salí del baño, le envié enseguida un mensaje de texto a mis guerreras de oración. Ellas habían estado orando conmigo muchos días por esta familia. Mientras escribía el mensaje, se acercó la joven que me había oído en el baño y me saludó. Me disculpé y le dije que tenía que terminar de enviar un texto antes de que el guardia de seguridad me llamara la atención por usar el celular. Ella esperó con paciencia y luego me preguntó si podía unirse a la cadena de oración por Padre Valiente. Le agradecí por ser una guerrera de oración en favor de esa familia. En silencio le dije a Dios: "Gracias, Padre, porque siempre me rodeas de ángeles que me ayudan en los momentos más difíciles". Nos despedimos y regresé a la sala de espera. Sabía que lo que venía sería más complicado aún, pero tenía mucha fe en que Dios nos ayudaría.

Finalmente, el oficial de inmigración que estábamos esperando llamó a mi otra cliente y entramos a su cita. Desafortunadamente, ese caso no fue aprobado ese día. El oficial nos dijo que no podía aprobar el caso porque tenía que consultar al abogado del gobierno. Le expliqué a mi cliente y a su hijo que podrían pasar días, semanas o meses antes de recibir una respuesta. Aquí tengo que escribir una actualización, el caso de esta señora desafortunadamente fue negado. Pero no nos dimos por vencidos, registramos una moción de reapertura argumentando la razón por la que ella sí calificaba y después de años de ardua lucha, ella finalmente recibió su residencia legal. ¡Dios es bueno!

Dejé la oficina de inmigración sabiendo que ese era solo el comienzo de mi día. Mi lindo y querido esposo manejaba.

Conduje bajo una fuerte lluvia y llegué a un restaurante café en donde Padre Valiente y sus padres me esperaban. Otra vez, repasé con él todo lo que podría suceder. Aunque nuestra petición de detener la deportación aún estaba pendiente, ICE podría detenerlo y expulsarlo del país ese mismo día si decidían denegar nuestra petición. Pero incluso si eso sucedía, nosotros seguiríamos luchando, les explique.

Mi equipo y yo ya habíamos desarrollado un plan de ataque en caso de que Padre Valiente fuera arrestado. Continuaríamos la batalla, aun si él era deportado. Ellos confirmaron que habían entendido todo y partimos.

Llegamos a las oficinas de ICE antes de las diez de la mañana, pero antes de ingresar, llamé al agente de ICE, quien me dijo que aún no habían tomado una decisión. Sentí que el temor cayó sobre mi espalda y cuello como una tonelada de ladrillos, pero mi fe era más fuerte y mayor que eso. Caminamos hacia la oficina mientras los padres se quedaban esperando en el carro. Padre Valiente y yo entramos al edificio, atravesamos el detector de metales y el guardia de seguridad nos preguntó si queríamos tomar asiento hasta que saliera el oficial. Mientras esperábamos, el guardia de seguridad nos dijo algo que nos asustó mucho. Los padres de mi cliente habían tratado de entrar con nosotros, pero no se los permitieron. El mensaje del guardia era: "Dígale a los padres de su cliente que su hijo llegará a Tijuana esa misma noche".

Yo le respondí que él no debería dar una opinión si no conocía bien el caso, a lo que replicó: "Bueno, en estos casos lo que suele suceder es que los oficiales arrestan a la persona y la procesan para ser deportada el mismo día".

Miré a mi cliente y le dije que se quedara tranquilo. Le aseguré que estábamos listos para continuar luchando. Cinco minutos después salió un hombre enorme, con la cabeza afeitada y los brazos tatuados; fácilmente le calculé que medía más de 1.80 metros de altura y pesaba al menos unas doscientas libras.

"Abogada, acabamos de recibir la respuesta y su petición para frenar la deportación de su cliente ha sido denegada. Su cliente será arrestado, deportado y llegará a Tijuana, México, esta misma noche".

Traduje la información a Padre Valiente y le pedí que no se desesperara, que la batalla no había terminado. El oficial esperó a que terminara de hablar con mi cliente y me preguntó si estaba lista.

"Realmente nunca estoy lista para presenciar una injusticia, oficial. Míreme a los ojos, memorice mi rostro y los nombres de Jessica Domínguez y Padre Valiente. Volveremos con la tarjeta de residencia de este hombre en la mano. Sin importar el tiempo que tome, seguiremos luchando hasta el día en que eso suceda", le dije con una voz firme que solo Dios pudo haberme otorgado.

La mirada sorprendida del oficial reflejaba que no podía creer lo que estaba escuchando. Probablemente se estaba preguntando quién era esa mujer y cómo se atrevía a hablarle así. Antes de que el oficial pudiera responder, una puerta se abrió delante de nosotros y dos agentes más ingresaron. "Síganos", le dijeron a mi cliente. Se me partió el corazón. Sentí de nuevo ese ardor en mi estómago, y el nudo en mi garganta. Pero esa misma frustración de ver a una familia a punto de fragmentarse me dio la fuerza y la seguridad para luchar por ellos. Sabía que Dios estaba de nuestro lado y que no nos decepcionaría.

Cuando le indicaron a Padre Valiente que pusiera sus manos hacia el frente para ser esposado, él me pidió con una voz derrotada y con sus ojos rojos llenos de lágrimas:

—Abogada, por favor puede pedirles que no ajusten demasiado las esposas o que no me pongan las manos hacia atrás, tengo dolor en mi hombro y no soportaría el dolor.

—Hágame un favor, no pierda su fe. No hemos terminado esta lucha. Lo más que estos agentes van a hacer es mandarle un delicioso almuerzo que le llevará una güera a su celda, mientras me dan a mí y a nuestro equipo tiempo para continuar luchando.

Todos rieron, aunque la risa de Padre Valiente era más bien un lamento ahogado que intentaba disimular mientras me decía adiós camino a la puerta que lo separaría de sus hijas, de sus padres y del país donde había dejado sus sueños y esfuerzo de más de treinta y cuatro años.

Ufff, el recuerdo es intenso y me conmueve hasta las lágrimas, no importa cuánto tiempo pase. ¿Te puedo pedir un favor? Dame unos minutos para salir a respirar un poco de aire y sentir el aroma de las flores en mi jardín. Aprovecha tú también para cerrar tus ojos y ordenar tus emociones.

¡Lista! Vaya que sí necesitábamos esa pausa, ¿cierto? Es bueno darle a nuestro cuerpo y sistema nervioso un respiro. Pues bien, luego de ver que arrestaban a Padre Valiente y lo conducían a una celda, salí de esas oficinas. Antes de hablar con sus padres, llamé a mi equipo para que se prepararan para el próximo paso de emergencia que debíamos dar. Llamé al oficial de ICE nuevamente y le dije a la persona que estaba en línea que, como ellos habían esperado hasta el último momento para darme una respuesta sobre nuestra petición, ahora era el turno de mi equipo para dar un paso de emergencia y continuar luchando en todos los niveles. Su respuesta fue: "Abogada, haga lo que tenga que hacer".

Avancé hacia el inevitable trago amargo de darle la mala noticia a la familia. No fue necesario dar muchos detalles porque al verme salir sola comprendieron lo que significaba. Sentía que mis botas para la lluvia estaban hechas de hierro por lo que cada paso implicaba un enorme esfuerzo, pero conforme avanzaba oraba, hablaba con Dios y le decía que aunque nosotros no podemos, tú sí puedes Jesús, y en ti confío. Me fui sintiendo más confiada, de manera que al llegar donde ellos les di ánimo recordándoles lo que ya les había explicado, que la batalla no había terminado y que mi equipo ya estaba desplegando una estrategia legal en ese momento.

Sentía las emociones a flor de piel, pero debía proyectar confianza para que la familia no se derrumbara. Casi me desarmo cuando por teléfono la hermana de Padre Valiente me preguntó: "Abogada, ¿puedo llevarle a mi hermano una frazada y ropa de invierno para que no pase frío en su viaje a Tijuana?".

¡No pude más! Mi voz se quebró y las lágrimas rodaron por mis mejillas cuando le respondí: "Es una buena idea. Sí, traiga la ropa, pero recuerde no nos estamos dando por vencidos".

Mi esposo también me esperaba fuera de la oficina de inmigración. Caminé como sonámbula directo a sus brazos que me reconfortaron tanto. Abrió la puerta del pasajero del auto, me ayudó a sentarme y viéndome directo a los ojos y me dijo: "Vida, no has abandonado la lucha, ¿verdad? Ten fe. Recuerda que trabajas para un Dios que todo lo puede". Lo escuché aturdida y paralizada por la tristeza, pero sus palabras me animaron.

Él sabía lo que mi equipo estaba preparado para hacer. Yo tenía fe, pero sentía el dolor de Padre Valiente, de sus padres y sus hijas, invadir cada milímetro de mi cuerpo y de mi alma.

Una pequeña victoria

Esto es lo que sucedió después, según relata Padre Valiente:

Cuando llegó el día de presentarme en el ICE, fui con una gran fe y valentía, listo para lo que pudiera suceder. Pero nada me había preparado para el momento en que los tres oficiales se me acercaron. Yo ya había imaginado que esto podría pasar, porque mi abogada me lo había advertido, pero una cosa es imaginarlo y otra es sentir las esposas alrededor de tus muñecas mientras caminas hacia un lugar donde la vida, tal como la conoces, llega a su fin. Pensé en mis hijas, en mis padres, en mi vida en este país. Recordé cuando había llegado y trabajaba duro para proveer comida a mi familia. También pensé en Tijuana: ¿a dónde iría? ¿Qué sucede cuando una persona llega a un lugar como deportada? Sentí frío en la celda y estaba muy triste por tener que dejar a mis dos hijas sin padre.

Pero incluso en los momentos cuando todo parecía perdido, esposado y en una celda, listo para ser enviado a cruzar la frontera, regresaba la esperanza cuando recordaba las palabras de mi abogada defensora, las palabras de mi ángel de la justicia, la abogada Jessica Domínguez: "No pierdas la fe, seguiremos luchando, no te abandonaremos", me dijo.

Tres o cuatro horas después de haber sido encerrado, el guardia me dijo que llamara a alguno de mis parientes para pedirles que me recogieran en una hora. ¡Yo no podía creerlo! Allí fue cuando me di cuenta de la razón que tenía la abogada, que no hay que perder la fe y nunca hay que dejar de luchar hasta el último momento.

¡Sus padres saltaban de alegría cuando recibieron la llamada de su hijo desde la celda pidiéndoles que pasaran por él! Al verlo abandonar el edificio de inmigración, la madre levantó las manos al cielo para dar gracias, lloró de alegría y luego lo abrazó cubriéndolo de besos. "Nunca perdimos la fe, mijo, nunca perdimos la fe", le decía su padre.

Padre Valiente me decía que jamás olvidaría ese día cuando casi fue deportado, pero también fue el día en que recibió una de las mejores noticias de su vida: que podría luchar por su caso para quedarse con sus hijas.

Así, regresó a casa esa noche, y lo primero que hizo fue buscar a sus hijas. Las levantó de la cama y todos se fundieron en un abrazo. Les prometió que nada lo separaría de ellas. Lo mejor fue que debido a todos esos problemas migratorios, a tan difícil experiencia, meses más tarde él y su esposa se reconciliaron. Él considera que la experiencia de la deportación fue un llamado a despertar y a luchar por salvar su matrimonio. Si bien su caso no está totalmente resuelto, tiene plena confianza en que todo saldrá bien. "Ya no tengo miedo. Ahora, solo tenemos que luchar y no perder la esperanza", asegura siempre. Para la fecha de publicación de este libro, Padre Valiente continúa en Estados Unidos y sigue la batalla legal para mantener a su familia unida.

No puedo explicarte lo que sentí cuando recibí la noticia de que su deportación se había detenido. Cuando el oficial de ICE me informó que Padre Valiente podía volver a casa hasta que su caso fuera decidido en los tribunales, volví a llorar, pero del agradecimiento que provenía directamente de mis entrañas e invadía todo mi ser. ¡Dios nos había ayudado a encontrar justicia para este padre y sus dos hijitas!

Esa misma tarde, debía grabar un segmento para el programa de televisión "Despierta América". Le había avisado a mi equipo de grabación sobre la agitada mañana que había tenido, por lo que probablemente llegaría tarde. Afortunadamente no fue así, porque la situación se había resuelto antes de que yo tuviera que entrar a grabar. ¿No es Dios asombroso? Aunque bien temprano esa mañana yo dudaba de que pudiera cumplir con todas mis responsabilidades de ese día, Dios tiene su calendario divino. Él sabía que me ayudaría a resolver todo a tiempo para no llegar tarde a nada.

Yo tenía los ojos hinchados y las mejillas inflamadas como dos montañas por donde habían rodado ríos de llanto. Me vi al espejo y de verdad que en mi rostro se veían las huellas de la batalla que había librado esa mañana. Pero Denise, mi querida productora de años me ayudo a transformarme, poniéndome corrector debajo de los ojos y acomodándome unas pestañas postizas borró el cansancio en mi mirada. ¡Me dejó lista para la cámara!

Como suelo hacer, me armé de coraje y reuní fuerzas para abandonar el pensamiento negativo y me dije: "Puedes hacerlo Jess, ¡Dios está contigo!". Me bajé del auto y entré al local donde se grabaría. Las luces, los participantes, y Marco —el camarógrafo— estaban listos para comenzar la filmación. A través de sus lentes y su maravilloso don para capturarlo todo, Marco nos permite ver las conmovedoras historias de familias reales que nos recuerdan nunca perder la fe.

"Marco, ¿se ve mi rostro como el de una abogada que no se tomó el tiempo para lucir decente ante la cámara?". Atesoraré su respuesta hasta la eternidad. Él estaba al tanto de lo que había sucedido con Padre Valiente, así que me dijo: "Para nada. De hecho, luces como una mujer que dio todo hace unas horas con tal de mantener unidos a un padre y a su familia". Mis ojos se volvieron a nublar. Las palabras de Marco me recordaban lo que mi equipo y yo habíamos logrado y también traían a mi memoria que Dios me ama mucho, que siempre me envía ángeles para decirme las palabras justas en el momento indicado.

Esta es solo una de tantas historias de familias trabajadoras inmigrantes que ocurren cada día en Estados Unidos. Mi equipo y yo hemos conocido de cerca lo que les toca enfrentar en este país. Es doloroso e increíblemente triste. Mis sentimientos y emociones están involucrados en cada uno de los casos que luchamos a diario. Así que me ha tocado aprender sobre el tremendo daño que sufre nuestro cuerpo debido al estrés y a las intensas emociones.

Para mí, este caso muestra cómo opera el círculo vicioso del estrés. Desde el momento en que conocí a Padre Valiente y recibí el abrazo de su pequeña niña, mi corazón se quedó pensando en todas las maneras posibles de evitar la injusticia. Padre Valiente ya había sido víctima de un fraude. La deportación lo haría nuevamente víctima, así como también a sus hijas.

Yo dejé de dormir la cantidad de horas que normalmente duermo, dejé de hacer ejercicio, y aunque fueron unos pocos días de malos hábitos, fueron suficientes como para dar inicio al círculo vicioso del descuido personal. No duermes lo suficiente, estás cansada y con poca energía, comes lo que no debes y cuando no debes, y porque estás tan cansada dejas de ir al gimnasio. Y el círculo se repite durante varios días; de esa forma los malos hábitos continúan por días, meses e incluso años.

Sabiendo que esta es la profesión que amo, ¿qué puedo hacer? ¿Qué pasos puedo dar para continuar haciendo lo que me apasiona y al mismo tiempo respetar y obedecer lo que mi familia me pide? Ellos quieren que cuide mi salud, que descanse, que haga menos cosas. Debo decirte que no será sencillo porque no entiendo por qué tengo que aminorar más aún la marcha. De hecho, ya hice muchos cambios en mi agitada vida y pensé que con eso bastaba.

¿Me volveré víctima de mis circunstancias estresantes? O, como siempre he hecho, ¿trabajaré hasta conseguir la victoria? Si me conoces personalmente o si estás familiarizada con mi carrera profesional, ya sabes la respuesta. Hace mucho tiempo decidí que no sería víctima de mis circunstancias porque soy una mujer victoriosa. Nunca me doy por vencida; una y otra vez busco la victoria hasta obtenerla.

La mesa

¿Alguna vez has ido a un restaurante y te acomodan justo en la mesa que no está firme sobre sus cuatro patas y se tambalea? ¡Qué molestia pasar toda la cena tratando de que la mesa esté firme! Hasta que nos cansamos y le pedimos al mesero que ponga algo debajo de una de las patas para equilibrarla y así disfrutar de nuestra comida.

Hace algunos años, nuestro pastor dio un mensaje que impactó mi vida. Él habló de equilibrio y usó como ejemplo uno de esos banquitos que los integrantes de la banda de músicos de la iglesia usan para sentarse mientras tocan sus instrumentos. Explicó que nuestra vida es como ese banquito que no debe tambalearse. Por lo tanto, para estar firmes debemos buscar balance en los diferentes aspectos que nos integran como personas.

Yo he creado mi propia ilustración de lo que necesito para sentirme contenta y satisfecha. Es decir, he diseñado las patas de mi banco. He decidido que si no me siento cien por ciento plena es porque algo anda mal con cierta área de mi vida. Si quiero vivir feliz y al máximo debo prestar atención todos los días a estar firme y fuerte mental, espiritual, física y emocionalmente.

Al escribir este libro y recordar la enseñanza acerca del banquito, se me vino a la mente lo que a menudo le recuerdo a mis hijos: "No dejen de hacer ejercicio, aliméntense con comida saludable porque nuestro cuerpo es un templo sagrado donde reside el Espíritu Santo". *El cuerpo de ustedes es como un templo, y en ese templo vive el Espíritu Santo que Dios les ha dado. Ustedes no son sus propios dueños* (1 Corintios 6:19, TLA)

Me gusta la idea de visualizar lo que te compartiré como los cuatro pilares que nos ayudan a estar firmes en nuestra vida. Al mantener firme y fuerte cada pilar, es decir, el área mental, espiritual, física y emocional, cuidamos nuestro templo y estamos listos para responder a lo que venga.

En su página web, la Universidad de Wisconsin explica que el término bienestar no solamente se refiere a la salud física, a hacer ejercicio y a la nutrición, sino que en realidad incluye varias dimensiones: lo espiritual, físico, emocional, profesional, intelectual, ambiental y social. Así que se alinea muy bien con esas cuatro áreas que yo defino como parte de mi bienestar. Por cierto, también me ayuda a valorar las enseñanzas de nuestros pastores que invierten horas preparando mensajes para impactar nuestra vida y bendecir a otros.

Escribí mi primer libro *Mujeres victoriosas: 10 poderes para renovar tu vida y fortalecer tu fe*, porque necesitaba recordar que puedo vivir cada día usando mis diez poderes: la fe, la verdadera identidad, el propósito, las ganas, la preparación, el discernimiento, la oración, la conexión, la gratitud y la renovación. Yo consideraba estar muy consciente de la importancia de esos poderes y creía que los utilizaba a diario, pero supongo que realmente no era así, porque mi cuerpo me mandó señales de alerta.

Entonces, supe que primero debía admitir que algo andaba mal y que necesitaba tomar acción. Hace tiempo aprendí que para vivir feliz necesito trabajar a diario con el objetivo de alinearme mental, espiritual, física y emocionalmente.

Oro para que mi historia, mi camino diario en busca de un estilo de vida más sano, te desafíe a tomar al menos una acción para brindarle a tu cuerpo lo que necesita, anhela o espera, todo eso que es increíblemente singular para ti, ya que eres tú quien lo habita.

Más allá de lo que hagas o en qué etapa de la vida te encuentras, tenemos un denominador común: debemos aprender a manejar el estrés y controlarlo un día a la vez. Estas cinco palabras me llevan a un lugar de paz cuando las pronuncio en voz alta, cuando permito que mi mente, alma, corazón y cuerpo absorban su poderoso significado: ¡un día a la vez!

Reflexionemos

1. ¿Cuál fue la última señal de alerta que recibiste de tu cuerpo? ¿Qué estabas pasando en esos momentos en tu vida?

2. ¿Qué has hecho al respecto para responder a tu cuerpo y no ignorar dicha señal?

3. Si no has hecho nada al respecto, o has tratado, pero no lo has logrado, no te preocupes. Cada día es una nueva oportunidad, es un nuevo comienzo. ¿Por qué crees que tú que deberías tomar por lo menos un paso para lograr el objetivo de cuidar más de ti?

4. Escribe por lo menos tres pasos que darás este mes para decirle a tu mente, alma, cuerpo, y corazón que sí los estás escuchando.

CAPÍTULO 2:

Mentalmente firmes

¡Tú guardarás en perfecta paz a todos los que confían en ti,
a todos los que concentran en ti sus pensamientos!

ISAÍAS 26:3 NTV

En esta etapa de mi vida, puedo asegurarte que no creo en coincidencias, pero sí en "diosidencias". No es coincidencia que esta mañana, como parte de mi devocional, viera en You-Tube una enseñanza de mi querida amiga y pastora Gloriana titulada: "Guerra espiritual". En dicha prédica, ella nos recuerda que nos toca luchar la batalla mental, porque en la mente es donde empieza la guerra. Al ver esa prédica me animé a compartirte cómo manejé esa batalla durante los días de mi "descanso".

En ese tiempo no me cabía la menor duda de que mis pensamientos serían cruciales en mi jornada para alcanzar una salud óptima. Nuestros pensamientos originan nuestros sentimientos, y nuestros sentimientos dirigen nuestras acciones. Por eso, como lo explica Gloriana, debemos estar más que preparadas y alertas para combatir los dardos del enemigo con nuestras armas: la oración, la Palabra de Dios, la alabanza, la adoración, y el poder del Espíritu Santo.

Yo no sabía mucho de lo que estaba pasando en mi cuerpo, pero sí sabía que ese episodio podría destruirme física, mental, emocional y espiritualmente si no hacía algo. A veces nos dejamos abrumar por lo que no sabemos, pero existe un gran poder en enfocarnos en lo que ya sabemos. Sabía que la única manera de salir victoriosa de esa batalla era tomándome de la mano de Dios. Así que era el momento de acercarme mucho más a Él, pedirle su guía y tener mi oído atento a su voz. Me encantó que Gloriana dijera en su enseñanza: "Los momentos de pruebas no deben enfrentarse con 'flacidez espiritual', sino con el músculo de nuestra fe listo para ejercitarse y crecer".

Otra cosa que yo sabía, era que tenía la capacidad para crear una estrategia que me ayudaría a obtener la victoria en esa área de mi vida. Pero por más inteligente y sabia que fuera, no podría lograrlo a menos que me mantuviera alerta, cuidando los pensamientos que dejaba entrar en mi mente, cerrando la puerta a los pensamientos negativos y llenos de mentiras que podrían hundirme en la incertidumbre. Después de investigar y leer muchísimos artículos acerca del estrés, solo tenía una certeza: no estaba sola porque Dios me tomaría de la mano para buscar claridad mental.

Querida lectora, para obtener victoria sobre la ansiedad, la depresión y otros malestares de tu salud mental debes ser intencional. En otras palabras, necesitarás mucha fortaleza, ganas, dedicación y tomar acciones llenas de fe. Si no te sientes con las fuerzas para esta batalla, tranquila porque no estás sola. Dios te dará la fortaleza y te mandará ángeles terrenales para ayudarte. Busca ayuda, declara tu victoria y prepárate para cuando llegue el momento en que tu historia, tu testimonio, transforme vidas.

Tiempo de usar mi poderosa fórmula VCA

Si has asistido a una de las conferencias en las que he tenido el privilegio de ser invitada como conferencista, habrás escuchado mi famosa fórmula: "Visión, Convicción y Acción". Esta es una fórmula que usé y sigo usando en mi vida para alcanzar mayores niveles de realización y éxito.

Cuando tuve que quedarme en casa y trabajar desde ahí, me forzaron a recortar mis compromisos ya agendados y a decir muchos más "no". Pensé: "¿Y ahora qué? ¿Solamente asistiré a mis citas médicas y luego decidiré qué hacer?". No, esa no es mi personalidad. Yo sabía que algo debía hacer. Sabía que debía dar algunos pasos. Me llevó unos cuantos días de búsqueda en internet para entender lo que me estaba pasando.

Sabía que tenía algo que ver con el estrés y mi incapacidad para lidiar con él. Tal como sucede cuando analizo el caso de alguno de mis clientes, sabía que debía tomar en consideración todos los factores del caso y ser brutalmente honesta sobre lo que pasaba en mi vida. Al hacerlo, podría obtener una visión. Una vez que tuviera una visión, podría unirla a una convicción. Eso me ayudaría a tomar las acciones necesarias para salir de ese hueco oscuro en el que me encontraba.

Verás, vengo ejerciendo la abogacía lo suficiente como para saber que para ayudar a una familia a ganar su caso, mi equipo y yo debemos tomar en consideración cada factor y luego elaborar una estrategia. Para crear una estrategia exitosa, debemos tener una visión general de la situación. Una vez que tenemos una visión clara de hacia dónde queremos llegar, debemos creer que todo lo que haremos para obtener justicia obrará para el bien de la familia. Cuando tenemos una visión clara y una convicción, mi equipo y yo tomamos acción. Así es como logramos la increíble y gratificante tarea de mantener familias unidas en Estados Unidos.

Yo sabía que si quería cambiar esa horrible pesadilla en la que estaba sumergida, necesitaba una estrategia. Y para diseñarla precisaba visión clara, convicción y muchas acciones positivas.

¿Qué significa tener una visión?

Una visión personal significa tener un claro entendimiento de hacia dónde quieres llegar. Una visión no es lo mismo que objetivos y metas. Cada compañía exitosa tiene una visión corporativa y también es importante que tengamos una visión personal. Además de tener una visión específica cuando somos confrontadas por una prueba.

En ese momento tenía muchas dudas, pero algo sí sabía con toda seguridad: aún no estaba lista para jubilarme. En algunas ocasiones, mi familia me había hablado sobre la opción de retirarme de mi preciosa carrera y siempre les di la misma respuesta: "No estoy lista". No me malinterpretes, sé que viajar por el mundo con mi esposo sería divertido; me encanta pasar tiempo con mi amado compañero de travesía. Llevamos casados treinta y seis años, y él es mi mejor amigo, quien me hace reír cada día. Nos encanta cocinar, bailar, leer la Palabra, y disfrutar de la vida juntos. Dios sabe que no somos perfectos ni tenemos el matrimonio perfecto, pero ciertamente estamos felices en esta etapa.

Mi conflicto es que no me veo alejada de lo que estoy haciendo profesionalmente. En lo profundo de mi corazón y mi alma, durante los últimos veinte años no he salido de mi casa para ir a trabajar, más bien he salido para cumplir mi propósito de mantener familias unidas. Eso, amiga, me hace muy feliz. Me mantiene satisfecha, plena, llena de una indescriptible realización al ver las sonrisas de padres, madres, hijos, cónyuges, tíos, primos y abuelos cuando reciben la noticia de que, luego de una larga lucha, podrán cumplir sus sueños de salir de las sombras y mantener unida a su familia. Así que debía actuar sabiamente si quería continuar haciendo lo que amo y mantener unida a mi propia familia.

Para tener una visión clara de dónde estaba y dónde quería estar, necesitaba responder a las preguntas que mi hijo JP y también debía hacerme otras preguntas más fuertes. Por fortuna, tenía un ángel a mi lado, mi *coach* Cindy Clemens, quien siempre me ha recordado que mis emociones están en una montaña rusa cada semana, ya que mi profesión es muy rigurosa, especialmente durante la administración de un presidente que estableció medidas y políticas que afectaron negativamente a familias inmigrantes. Gracias a Dios, estuve rodeada de muchas guerreras de oración y un montón de gente llena de sabiduría que me ayudó a salir adelante en un tiempo profesional muy duro.

Fue gracias a las enseñanzas y recordatorios de Cindy que tuve que disciplinarme para responder las preguntas difíciles: lo que quiero de la vida y lo que no quiero, que es igualmente importante.

Al responder a esas preguntas, tienes que ser brutalmente honesta contigo misma y soñar en GRANDE. Soñar tan en grande que incluso cuando sabes que son imposibles, quieres alcanzarlos porque sabes que Dios siempre estará contigo. Lo que puede ser imposible para nosotros nunca será imposible para Él. Cuando nuestra lista de deseos incluye sueños enormes, gigantes, honramos a Dios porque creemos que Él es Señor de los sueños imposibles y también de los milagros cotidianos.

Estas son algunas de mis respuestas.

Lista de lo que SÍ quiero en mi vida

- Estar sana para disfrutar a mis nietos cuando nazcan.
- Que mi esposo y mis hijos se sientan orgullosos de que estoy sana.
- Disfrutar con Javier nuestro matrimonio al máximo. Porque después que nuestros hijos se casen, seremos nuevamente dos en casa.
- Ejercer la abogacía mientras que estoy saludable y sea capaz de sentirme contenta, realizada y satisfecha, no solo como abogada sino también como esposa y madre.
- Ser modelo a seguir por mi familia, el equipo que lidero y la comunidad a la que sirvo.
- Aprender a controlar mi estrés.
- Regresar a la oficina cuanto antes.
- Ser un buen ejemplo para los demás.
- Que *Mujeres victoriosas* siga siendo una luz en el mundo.

Lista de lo que NO quiero en mi vida

- Volver a experimentar un episodio como el de la otra noche.
- Tener un derrame cerebral.
- Que me mediquen porque no encuentro maneras naturales de controlar el estrés.
- Que Javier y mis hijos sufran porque su esposa/madre está enferma.

Para lograr todo esto, una cosa estaba clara: debía encontrar una manera de estar saludable y aprender a controlar el estrés. Mi salud es como el eje transversal de todos mis sí y mis no.

Pero no era suficiente escribirlos, debía elaborar una visión clara de lo que se requería para alcanzarlos. En mi libro anterior hablé sobre la importancia de tener metas S.M.A.R.T. [inteligentes].

Las metas nos orientan intencionalmente hacia una vida con un propósito, nos guían para llegar hacia dónde queremos, nos brindan una visión a largo plazo al dar pasos cortos hasta a la cima de la montaña.

Imagina un mueble con cajones. Al abrir uno de los cajones ves las medias mezcladas con las camisetas. En otro cajón encuentras cosméticos y lapiceros. En otro, cuentas por pagar y pijamas, y así sucesivamente. No te preocupes si lo que describí es la realidad de cómo se ven tus propios cajones. Está bien, puedo asegurarte que, al usar el método de metas S.M.A.R.T., tú también lograrás tener tus cajones organizados por el resto de tu vida.

Mira, cuando alcanzas una meta, no importa en qué área, tu calidad de vida mejora. Por lo tanto, si eres consistente al enfocarte en tus metas y trabajar por alcanzarlas, comenzarás a formar hábitos positivos que se convertirán en parte de tu cotidianidad, de manera que tener tus cajones ordenados no será problema. Lo que al principio puede verse como un enorme desafío, se convierte en una actividad automática.

Transitar el camino de la vida sin metas es como subirse a un bus sin saber a dónde nos dirigimos. Es como tomar un arco y una flecha y disparar sin tener un objetivo delante, así que la flecha podría caer en cualquier parte. Las metas son las paradas planeadas, en el mapa de tu vida, son las que te ayudan a llegar a los lugares adonde quieres llegar.

¿Qué es una meta S.M.A.R.T.?

S.M.A.R.T. significa Específica, medible, realizable, realista y con un plazo (en inglés, Specific, Measurable, Achievable, Realistic, Time specific).[1]

Específica

Tu meta debe ser concreta y clara para no desperdiciar tiempo en medio de la confusión. Para lograrlo, hazte preguntas: ¿Quién o quiénes participarán en ayudarme a alcanzar esta meta? ¿Quién quiero ser? ¿Qué estoy tratando de alcanzar? ¿Qué haré cuando la alcance? ¿Adónde quiero llegar? ¿Cómo me sentiré cuando esté allí? ¿Qué pasos debo dar para alcanzar la línea de llegada?

Medible

Debe haber una manera de medir el progreso. Cuando ponemos una meta, debemos asegurarnos de que sea medible. Por ejemplo, en vez de decir "Quiero adelgazar", determina cuánto peso quieres perder. De lo contrario, ¿cómo sabrás si has alcanzado tu meta?

Realizable

La meta debe ser posible de lograr. Recuerda que las metas se establecen para traer más satisfacción y contentamiento a tu vida. Se supone que deben motivarte, no hacerte sentir como si no pudieras lograr nada. De ahí la importancia de establecer una meta que puedas cumplir.

Realista

Las metas deben estar de acuerdo con tu realidad, deben ser significativas para ti y aunque son ambiciosas, deben ubicarte en tu contexto y circunstancia.

Con plazo fijo

Cuando fijamos metas, debemos tener una fecha objetiva como límite que te ayuda a responderte si alcanzaste. Tener un plazo fijo o una fecha de terminación te ayudará a mantenerte enfocada. Si no incluyes una fecha, tu meta es solo un sueño que no sabes cuándo se cumplirá.

Estas fueron las metas S.M.A.R.T. que yo me propuse en ese tiempo:

Dentro de los próximos treinta días, encontraré y contrataré los servicios de un especialista que tenga suficiente experiencia en el manejo del estrés, que pueda enseñarme tres técnicas de reducción del estrés.

¿Era específica mi meta?

Sí, lo era. Por favor observa que la redacté de tal manera que fuera específica sobre el paso que debía dar para comenzar esta nueva jornada. No era una meta amplia que resolviera todos mis temas con el estrés, sino solamente el primer paso que debía dar: encontrar a un experto y contratarlo.

¿Era medible?

Sí, lo era. Sabía que esa persona tendría que enseñarme al menos tres técnicas que me ayudaran en esta nueva búsqueda para aprender a manejar el estrés. No sería suficiente con encontrar una persona experta, sino que debía medir el logro de esa meta cuando contratara a la persona adecuada.

¿Era realizable?

Soy una buena investigadora y, a lo largo de los años, aprendí a entrevistar expertos para asegurarme de que tienen la experiencia necesaria para lo que yo estoy buscando. Sabía que esas habilidades me vendrían bien y que podría alcanzar la meta sin problemas.

¿Era realista?

Hoy en día, internet nos brinda muchas opciones. Es sencillo encontrar especialistas en muchas áreas. Conociéndome, yo no iba a contratar a la primera persona que hallara. Sabía que podría investigar lo suficiente para encontrar a la persona indicada. Esto me hizo creer que sí, que mi meta era realista.

¿Con un plazo fijo?

Me di treinta días –lo cual creo que es más que suficiente– para encontrar, entrevistar, decidir y contratar a la persona que estaba buscando.

Algunos ejemplos de metas que no son S.M.A.R.T.:

- Perderé veinte libras en un mes.
- Para fin de año estaré usando ese *jean* que usaba hace cinco años, aunque aumenté treinta libras desde entonces.
- Dejaré de comer azúcar el resto de mi vida.

¿Por qué estas no son metas S.M.A.R.T.? Te lo dejo como tarea. Revisa la explicación y comprenderás por qué estas metas no son específicas, medibles, realizables, realistas ni tienen un plazo adecuado.

Tener una visión es crucial para disciplinarnos y motivarnos, lo que impedirá que nos desviemos con tantos distractores que, como luces brillantes, nos deslumbran. Es una visión la que nos enseña a hoy en día decir "no" a algo que suena bueno, para que podamos decirle "sí" a algo más grande en un futuro cercano. Una visión nos mantiene enfocadas en las oportunidades correctas, así no las dejaremos pasar por estar ocupadas en otras actividades.

¿Qué es la convicción?

Si puedes imaginarlo, puedes alcanzarlo;
y si puedes soñarlo, puedes convertirte en ello.
WILLIAM ARTHUR WARD[2]

Convicción es creer con cada átomo de tu cuerpo que puedes lograr lo que te has propuesto. En este punto en mi vida, aprendí que para lograr algo, para llegar allí, no importa dónde esté, debo creer que es posible. Es mi fe en Dios la que, a lo largo de los años, me ha permitido creer incluso en lo imposible. Sé que mi Dios es Señor de lo imposible, es un Dios de milagros. No hay nada que no pueda alcanzar con Dios a mi lado. Aunque en ese momento me sentía verdaderamente perdida porque creía que lo estaba haciendo muy bien y no era así, aunque no tenía idea de por dónde empezar, tenía fe en que al final daría los pasos necesarios para luchar por salir de esa pesadilla.

Como en la historia de Padre Valiente, la fe es una de mis mejores amigas. Sé lo que es confrontar lo imposible, sé lo que se siente perder la esperanza porque todos y todo alrededor te envían el mensaje de que se acabó, que no hay nada más por hacer. Cuando te dicen que es mejor parar, que es mejor darse por vencida, porque aquello contra lo que estás luchando no es otra cosa que un sueño inalcanzable, es la fe la que te sostiene y te dice que no estás derrotada. Creo realmente, con cada célula en mi cuerpo, que mi músculo de la perseverancia se ha desarrollado gracias a los increíbles sucesos, pruebas, lágrimas, dolor y sufrimiento que he enfrentado y visto. Todo ello ha logrado que la fe sea parte de mi vida cotidiana.

Ahora bien, ¿eso significa que es fácil? ¿Será que me digo: "Ahora cierra los ojos y espera un milagro"? ¡Absolutamente no! Creo, pero también sudo con cada fibra de mi cuerpo, alma, mente y corazón para hacer lo que hago con excelencia, y no me conformo con nada menos que eso. Una vida exitosa no es para los perezosos ni para los mediocres, o para aquellos que van al trabajo solo porque tienen que hacerlo. No es para aquellos que pretenden hacer su trabajo a medias y no ven la hora de irse a su casa. La gente exitosa es la que siempre da lo mejor, aunque nadie la esté viendo.

Debemos creer, tener fe, pero no se trata de sentarnos a mirar televisión esperando que las cosas sucedan automáticamente. Usamos nuestra fe para alcanzar lo imposible porque creemos en el Dios de lo imposible, porque creemos en cada una de sus promesas. Si quieres aprender más sobre el poder de la fe, te invito a leer *Mujeres victoriosas*.

A medida que continúes leyendo este libro, aprenderás que para ser exitosas en el camino de controlar el estrés DEBEMOS —absolutamente DEBEMOS— creer. Debemos tener convicción, que es la unión de la fe con acciones para lograr resultados. Convicción en acción es la clave para alcanzar grandes y necesarias metas en nuestra vida.

Un paso a la vez

He compartido en múltiples ocasiones que los resultados significativos no suceden de la noche a la mañana. No importa en qué área de nuestra vida estemos trabajando, debemos empezar con un paso. Un maratonista no dio un salto y llegó a la meta. Empezó dando solamente un paso. Aunque yo no sabía mucho acerca del proceso para manejar el estrés, sí sabía que para lograr un resultado favorable debía dar pasos, empezando con solamente uno, que me permitieran avanzar en esta nueva jornada.

Lo primero que hice fue investigar y leer muchos artículos sobre las probables razones por qué mi cuerpo reaccionó de esa manera ese día. Encontré un montón de información sobre las posibles razones por la que experimenté ese episodio tan alarmante en el que sentí que se me congelaba la mitad de mi rostro. La información iba desde una respuesta a la incapacidad de lidiar con el estrés hasta que eran síntomas precursores de un derrame cerebral. Leí, leí y leí, y supe que el paso siguiente sería hacer una cita con el médico. Y la hice. Reservé turnos con distintos especialistas, incluyendo una neuróloga. Cada uno de ellos me pidió que realizara distintos exámenes. Después de algunos días, todos los análisis llegaron dentro del rango de lo normal y todos los médicos me dieron prescripciones similares: "Tranquilícese, descanse, relájese, respire". Todas esas palabras sonaban familiares para mis oídos y mente. Mi esposo e hijos me las han dicho constantemente durante años.

Debo decir la verdad: en el fondo de mi corazón pensaba que ya había conquistado el arte de la relajación. Me estaba haciendo faciales, manicuras y pedicuras, hasta un masaje de vez en cuando. Tenía mi tiempo devocional diario durante treinta minutos. Estaba practicando el poder de la renovación que te conté en el capítulo diez de *Mujeres victoriosas*. ¿Acaso todo eso no era suficiente? ¿Qué más debía hacer?

Pensaba en esas familias que nos confiaban, a mi equipo y a mí, su futuro estatus migratorio en Estados Unidos, y pensaba en mí. Entonces descubrí que necesitaba una persona especializada que me ayudara a controlar el estrés. Me llevó semanas leer, investigar, entrevistar y finalmente conseguir un profesional experto en enseñar técnicas para reducir el estrés. Encontré a alguien que le añadió mucho valor a mi vida, y por siempre estaré agradecida por haber decidido seguir su consejo. Quiero aclarar que todavía no soy una experta. Este es un proceso de búsqueda diaria de un estilo de vida más saludable. Batallar contra el estrés y ser exitosa en esa área no es algo que se logre de la noche a la mañana.

¿Vale la pena la terapia con un experto?

Al hacer mi investigación, encontré muchísima información. La opción que más llamó mi atención fue la terapia. También me topé con abundantes artículos en los que se planteaba que la gente hoy en día aún considera la terapia como un tabú o un paso innecesario en nuestra vida. Aunque esa es una declaración generalizada, está más extendida en las comunidades latinas. "Solo 20% de los latinos que experimentan síntomas de un desorden psicológico hablan con un médico sobre sus síntomas, y solo el 10% contacta a un profesional de la salud mental".[3]

Me entristece pensar que una persona o familia vea la consejería profesional como algo negativo. Y me entristece porque mi familia y yo somos pruebas vivientes de que la terapia funciona. En nuestros treinta y seis años de matrimonio, Javier y yo hemos considerado la consejería como una de las mejores inversiones en nuestra vida. De hecho, como familia, los cuatro hemos participado de sesiones de terapia a menudo. Lo hicimos durante varios años. Cada vez que hay un problema importante en el que los cuatro no podemos ponernos de acuerdo, agendamos un turno con nuestro consejero familiar. Debo admitir que algunas veces no estoy contenta con esta mediación, porque no era lo que quería escuchar, pero los cuatro hemos aprendido a respetar el proceso y no puedo imaginarme la vida sin nuestro terapeuta. Como conté en *Mujeres victoriosas*, Javier y yo tenemos varios consejeros sabios a quienes acudimos para recibir su guía y sabiduría en diferentes áreas: familia, trabajo y relaciones. Debes saber que no creo que podríamos haber alcanzado el nivel de afecto que disfrutamos con mi esposo si no fuera porque tuvimos el apoyo de muchos sabios consejeros. El hecho de pensar en no buscar ayuda de un consejero porque es un tabú en nuestra cultura me suena aterrador, porque la consejería se ha vuelto parte de nuestra vida.

Si sientes que necesitas terapia, pero no has acudido a ella por las creencias que tú y tu familia tienen al respecto, te desafío a que hables con alguna amiga de confianza, alguien en quien puedes confiar porque es discreta, sabrá mantener la confidencialidad, y te ayudará con una sabia opinión.

Entonces, ya que tenía una visión clara de dónde quería estar, ya que creía y tenía fe y estaba totalmente convencida de que podía llegar ahí porque había tomado acción para encontrar un especialista que me asistiera y guiara en mi travesía, sentía que estaba lista para aprender lo necesario y cumplir uno de mis deseos: volver a la oficina tan pronto como fuera posible.

Con mi meta S.M.A.R.T. a mano, establecí que, en los próximos treinta días, encontraría y contrataría a un especialista con suficiente experiencia en el manejo del estrés, uno que pudiera enseñarme tres técnicas de reducción del estrés.

Como puedes ver, me di treinta días para encontrar, entrevistar y contratar a la persona experta. Simplemente lo hice. Antes de que terminaran los treinta días encontré, entrevisté y contraté los servicios de un especialista con suficiente experiencia. Me sentí como una estudiante lista para asistir a su primer día de universidad o de secundaria. Ahora bien, quiero dejar claro que esta meta S.M.A.R.T. que compartí contigo era solamente una de las muchas que tuve que establecer para ayudarme con lo que estaba viviendo.

Gracias a mi meta S.M.A.R.T., tuve una visión clara de hacia dónde quería llegar. Tuve la convicción de que podía hacer que sucediera y tomé acciones para ponerme en marcha. Estar mentalmente preparada era de suma importancia y tener mi meta S.M.A.R.T. en mente era el primero de muchos pasos.

Reflexionemos

1. ¿Qué significa para ti tener una visión clara? ¿Te has preguntado donde quieres estar de aquí a 5, 10 años o tal vez el próximo año?

2. Atrévete a soñar en grande y tómate unos minutos para escribir esa visión aquí.

3. ¿Tienes una meta que quieras alcanzar? Escríbela aquí. Si no tienes una, hagamos una pausa y vamos a desarrollarla o tómate el tiempo de refinar tu visión usando el método S.M.A.R.T.

Pregúntate si lo que quieres alcanzar es:

- Específico
- Medible
- Realizable
- Realista
- Con plazo fijo.

Vuelve a tu visión y escribe una meta usando el método S.M.A.R.T, que te acerque un poquito más a esa gran visión que Dios ha puesto en tu corazón. Solamente una es necesaria para empezar. Luego podrás añadir otras, hasta que el vivir retada e inspirada por tus metas sean una parte de tu vida cotidiana.

ESCANÉAME

CAPÍTULO 3

Espiritualmente firmes

El Instituto Estadounidense del Estrés comparte información impresionante acerca de la cantidad de personas en Estados Unidos que padecen algún trastorno por estrés. Un 33% de personas reportan sentir un estrés extremo. Un 77% de las personas experimentan un estrés que afecta su salud física. Un 77% reportan que el estrés afecta su salud mental.[1]

De acuerdo con la Asociación Estadounidense de Ansiedad y Depresión, los trastornos de ansiedad son la enfermedad más común en Estados Unidos y afectan anualmente a 40 millones de adultos del país, aproximadamente 18% de la población.[2]

¿Qué es el estrés?

Nuestro cuerpo fue creado para reaccionar al estrés de manera que nos proteja de amenazas de depredadores o agresores. Estoy segura de que debes haber escuchado sobre la respuesta de lucha o huida, *fight or flight*. En la actualidad, podrás decir que no luchamos con depredadores o agresores. Aunque puede sonar cierto, desafortunadamente eso no significa que vivamos libres de estrés. Debido a las múltiples responsabilidades y tareas que llevamos a cabo cada día, nuestro cuerpo procesa dichos eventos como si estuviéramos luchando en contra de amenazas. La buena noticia es que tú y yo podemos tomar una decisión y aprender a desarrollar hábitos positivos que nos den la victoria en esta batalla, de manera que controlemos el estrés y no que el estrés nos controle.

Cuando nos sentimos bajo presión, nuestro sistema nervioso le ordena al cuerpo liberar las hormonas del estrés como la adrenalina y el cortisol. Entonces, los cambios psicológicos que experimentamos nos ayudan a enfrentar la amenaza o el peligro que percibimos. En otras palabras, la respuesta del estrés es de lucha o huida.

El Diccionario Merriam-Webster define estrés como:

a) Fuerza ejercida cuando un cuerpo o una parte del cuerpo, presiona, empuja contra o tiende a comprimir o doblar otro cuerpo o parte del cuerpo.

b) Un factor físico, químico o emocional que causa tensión corporal o mental y puede ser un factor en la causalidad de enfermedades.[3]

Espera, ¿qué? Necesitamos leer un poco más sobre esto. Tengo curiosidad específicamente por saber lo que mi cuerpo experimenta cuando sufre estrés. Sigamos analizando, querida lectora. No importa cuánta información hayamos leído o sepamos sobre el estrés, siempre es bueno un recordatorio.

Podemos encontrar otra definición de estrés en la página web del Instituto para el Manejo de la Ansiedad y el Estrés:

Por definición, estrés es un estado de presión mental o emocional, una tensión resultante de circunstancias adversas o muy demandantes que causa fuertes sentimientos de preocupación o ansiedad.[4]

El estrés es la forma en que el cuerpo humano reacciona física, emocional, cognitiva y conductualmente a los cambios en la vida diaria. Estoy segura de que leíste o escuchaste sobre esto antes. Podemos definir el estrés de varias maneras, pero me referiré al estrés que todas experimentamos en algún momento. Es al que el Instituto para el Manejo de la Ansiedad y el Estrés se refiere. Ese estrés surge porque estamos bajo circunstancias muy demandantes que nos ponen en un estado de presión, tensión mental o emocional. Te suena familiar, ¿cierto? Todas hemos estado allí. Hemos sentido estrés en diferentes niveles, dependiendo de la situación que enfrentemos. Creo que cada una de nosotras puede decir que conoce el tema, las reacciones y los sentimientos que el estrés produce.

Hay reacciones que se desencadenan debido al estrés agudo o crónico. Podemos describir el estrés agudo como el que presenta síntomas que se manifiestan rápidamente y que en general no duran mucho. El estrés crónico, por otro lado, según webmd.com es:

> Si el sistema de estrés permanece activado en un período largo de tiempo (estrés crónico), puede conducir a problemas de salud más serios. La avalancha constante de las hormonas del estrés puede deteriorar el cuerpo, causando envejecimiento de un modo más rápido y dejándolo más propenso a la enfermedad.[5]

Este era el tipo de estrés con el que yo me enfrentaba. Por las exigencias de mi profesión, estaba experimentando estrés crónico. Necesitaba encontrar formas de lidiar sabiamente con esta realidad. Si eres como yo, después de ver la información anterior podrías pensar: "¡Vaya, esas son malas noticias!". Incluso puedes pensar que una persona que sufre estrés crónico –que por cierto somos la mayoría de nosotras– tiene el futuro perdido. O eso parece.

No te preocupes, pronto leerás sobre el antídoto para tratar el estrés crónico o la mejor medicina natural y gratuita para curarlo. Es un regalo que todas tenemos al alcance. Ah, pero eso sí, la receta incluye nuestro esfuerzo continuo por alcanzar dicho estado. Es vivir de una manera intencional para alcanzarlo. Lee y ajústate el cinturón de seguridad porque es muy simple, aunque muy poderoso. No es de maravillarse que haya un versículo en la Biblia que hable de ello, aconsejándonos que siempre estemos en este estado mental... ¿Quieres saber cuál es? Sigue leyendo, en unas cuantas páginas más te compartiré este poderoso antídoto.

Aunque es imposible evitar el estrés, es posible mantenerlo bajo control. La manera de lograrlo es establecer expectativas realistas sobre ti, aprender a poner los problemas en perspectiva y disfrutar de pausas relajantes frente a las demandas de la vida diaria. Esto suena más fácil de decir que de hacer. Afortunadamente, más adelante te contaré las maneras que encontré, las formas en que aprendí y sigo aprendiendo cada día.

Efectos del estrés

Con una agenda abrumadora, responsabilidades familiares por doquier, una profesión altamente exigente y el aumento en las cifras de la tarjeta de crédito, no es complicado ver por qué el estrés se apodera de nosotras tan fácilmente. Además de afectar nuestro bienestar y deteriorar nuestra salud. Los efectos pueden ser físicos, mentales, emocionales y de conducta. No me sorprendió leer que el estrés crónico altera casi todos los sistemas de nuestro cuerpo, al punto de: "Inhibir el sistema inmunológico o alterar el sistema digestivo, hasta aumentar el riesgo de ataque cardíaco o de un derrame cerebral. Incluso puede reconfigurar el cerebro y dejarlo más vulnerable a la ansiedad, la depresión y otros problemas de salud mental".[6]

El estrés crónico es un tema muy importante que debe hablarse, por eso insisto que escribo este libro por obediencia, convencida de que muchas mujeres victoriosas en diferentes carreras, posiciones y en diferentes grupos han enfrentado la dura realidad de las consecuencias del estrés crónico y que desean tener un mejor estilo de vida. Aprendí repetidamente que es vital incorporar maneras para controlar el estrés y calmar la ansiedad, ya que pueden provocar problemas de salud como depresión, ansiedad, dolor, alteraciones del sueño, enfermedades autoinmunes, trastornos digestivos, enfermedades de la piel, problemas cardíacos, alteraciones del peso, dificultades en la reproducción y alteraciones en la memoria.

Es un tema serio que no podemos y no debemos ignorar. Vivimos en un mundo demandante y, si tiendes a estresarte con frecuencia, necesitas encontrar formas de dominar esa tensión. Recuerda que es una travesía constante. Es un desafío diario para nosotras. Deseo que juntas logremos un estilo de vida más sano y recuperemos el control de nosotras mismas.

El resultado del estrés crónico se manifiesta de distintas formas: tensión muscular, dolores de cabeza, mareos o sentimientos agobiantes. La forma en que se manifestó en mí fue con palpitaciones y aceleración del ritmo cardíaco, sudoración tan abundante que las axilas se me humedecieron y ese calambre muscular que te conté. Lo triste es que no era la primera vez que padecía esos síntomas. Ya había notado que en ciertas ocasiones el pecho se me ponía algo rojo y mis niveles de sudoración eran más elevados. Incluso ya había experimentado el parpadeo en los ojos y había leído que se debía a los niveles de estrés. Sin embargo, no fue sino hasta que sentí ese adormecimiento en una parte de mi rostro cuando temí que algo serio estuviera desencadenándose. Así que, una vez que somos capaces de identificar el estrés, es importante aprender a responder a ello.

¿El estrés puede ser bueno?

Leí en un artículo que el estrés incrementa el desempeño solo si es de la clase y en la cantidad correctas. Ese dato me hizo analizar situaciones en las que estuve estresada, pero fui capaz de enfrentarlo y hacer que trabajara para mí. El estrés no tiene que ser tu enemigo. Un poco de esa adrenalina puede ser buena, pero el estrés negativo es aquel que hace que nuestro cuerpo reaccione de maneras poco saludables. Es importante cambiar la manera en que pensamos acerca de esto.

Kelly McGonigal, psicóloga especializada en salud, dice que si cambiamos la manera de pensar respecto del estrés, puede llegar a ser un amigo.[7] Ella cree que la gente necesita pensar, no en lo que está mal, sino en lo que está bien al lidiar con el estrés. Explica McGonigal:

> Los participantes que aprendieron a ver la respuesta del estrés como útil en su desempeño, bueno... están menos estresados, menos ansiosos y más confiados. Pero el hallazgo más fascinante para mí fue cómo cambió su respuesta física. Normalmente, cuando una persona se siente estresada,

su ritmo cardíaco aumenta y sus vasos sanguíneos se contraen. Un estado cardiovascular que no es realmente saludable mantener por mucho tiempo. Pero en el estudio, se detectó que aquellos que veían los efectos del estrés como provechosos mantuvieron relajados los vasos sanguíneos.[8]

De hecho, ella afirma que la respuesta es similar a la que ocurre cuando alguien está feliz o incluso cuando se siente capaz de enfrentar algo con valentía. Comparado con los efectos de percibir el estrés como algo negativo, abrazar su presencia en nuestra vida no solo es una mejor alternativa, sino una mucho más saludable. La próxima vez que estés lidiando con una situación estresante, detente y enfócate en cómo estás reaccionando al estrés. ¿Qué está pasando por tu mente? ¿Estás percibiendo el estrés como algo negativo en el momento o como un empujoncito que te fortalece a responder mejor a la situación que enfrentas? Es lo que permites que pase por tu mente, la clave de cómo tus pensamientos guiaran, tus emociones, tus sentimientos y eventualmente llevarán a tu cuerpo a actuar de acuerdo a lo que tu mente le dicte. Focaliza tu energía en lo que está saliendo bien y en lo que tu cuerpo te está ayudando a enfrentar, cualquiera que sea el desafío.

¡A la que madruga, Dios la ayuda!

Hoy debía levantarme a las cuatro de la mañana para participar de un segmento del programa televisivo "Despierta América". Como te conté en *Mujeres victoriosas*, el poder de la preparación es un ingrediente de suma importancia en mi vida. Gracias a ese poder, tomé tiempo anoche para dejar mi ropa lista. Mi vestido, los accesorios, los zapatos, el maquillaje: todo quedó organizado para estar lista en treinta minutos. Dejar todo preparado implicaba también el maquillaje, incluyendo los pinceles, elementos de limpieza de cutis, etcétera. ¿Adivina qué? Me levanté con una buena actitud. Con mi corazón agradecido, respiré profundo y pensé: "¡Vamos!". Sin embargo, cuando me paré enfrente del espejo para comenzar a maquillarme –una tarea que domino, y solo me lleva entre quince y veinte minutos– me di cuenta de que... "Oh, no, ¿dónde están mis sombras para ojos?". ¡Pude sentir la tensión corriendo por mi cuerpo! Pero me contuve y, mientras sonreía, me dije: "Mujer preparada vale por dos". ¿Sabes por qué lo dije? Porque a solo tres pasos en mi armario, donde guardo mis maquillajes, pude elegir otro juego de sombras. Lo tomé y la tensión en mi cuerpo se desvaneció. Por supuesto que tuve que manejar un poco las respiraciones. Quizá te rías de que te cuente que, a menudo, tengo que dejar todo a un lado y enfocarme en respirar profundamente, pero eso es porque aún no has leído el siguiente capítulo sobre la importancia de la respiración en mi búsqueda por conquistar el estrés y combatir la ansiedad.

Regresando a la historia, durante esos minutos mi corazón estaba lleno de una actitud de agradecimiento. Decidí agradecer por el hermoso juego de sombras que tenía enfrente. Mi corazón agradecido me hizo lucir más bella. Quiero tomar unos segundos para agradecerle a mi querida Elena Vásquez. Ella es la maquillista de "Despierta América" aquí en Los Ángeles y hace un trabajo maravilloso. También quiero agradecer a Elizabeth Olivera, la maquillista de "Despierta América" en Miami. ¿Por qué? Porque gracias a ellas tengo algunas sombras extras en mi armario. Fueron muy buenas y me regalaron algunos maquillajes hermosos.

Estaba agradecida de tener esas sombras extra porque me ayudaron a resolver de inmediato el problema. También tomo tiempo para agradecerles y confirmar que de ninguna manera yo me maquillo tan bien como ellas lo hacen cuando estoy en sus manos. Gracias Elena y Eli por eso. Las aprecio a ambas. Rodeada de diferentes opciones de colores de sombras, volví a mirar al espejo al aplicármelas, y continué diciéndome: "¡Bien hecho, Jess! Esta es la forma correcta de lidiar con el estrés". Como verás, era un logro enorme. Como dijo la psicóloga de salud Kelly McGonigal, cambié mi manera de pensar acerca de las circunstancias inmediatas.

En el momento que sentí la tensión en el cuerpo y el estrés afectándome, cambié mi enfoque, orientándome primero a buscar una solución y a tener una actitud de agradecimiento. Tomé la decisión intencional de enfocarme en lo que andaba bien, no en lo que andaba mal. Fui organizada. Pensé en lo bendecida que era de tener en mi vida personas como Elena y Eli. Me siento agradecida por la decisión de no enfocarme en que no encontraba mis sombras y, en cambio, dar el siguiente paso, un paso tremendo para hacer un avance en este camino de aprendizaje diario para lidiar mejor con el estrés y combatir la ansiedad.

Causas/estresores

Lo que causa el estrés se determina por factores externos, internos e incluso autogenerados. Hay muchas causantes del estrés y lo que puede resultar estresante para mí quizá no lo sea para ti. Quizá te asombre saber que la mayoría de nuestro estrés lo generamos nosotras mismas. Sí, somos las que creamos la mayor parte de nuestro propio sufrimiento, por ejemplo, cuando nos preocupamos excesivamente por algo que tal vez nunca llegue a suceder o cuando tenemos pensamientos irracionales.

Seamos sinceras, ¿cuántas de nosotras hemos perdido el tiempo pensando en escenarios probables o cosas que podrían salir mal, pero en la realidad es más probable que nunca ocurran? No estás sola, todas hemos estado ahí. Tu percepción de una situación y básicamente cualquier cosa altamente demandante puede generarte estrés. Intento trabajar a diario en estar consciente de cómo mis pensamientos hacen que mi cuerpo sienta el estrés y la tensión que le causa a mi sistema nervioso. Digo que trato porque me resulta difícil y se requiere mucho trabajo para lograrlo.

Estoy muy consciente de que siento el estrés que yo misma genero a diario. ¿Por qué? Porque todo me gusta hacerlo con excelencia. Esta mañana estaba preparando una sopa de verduras. Me gusta poner todas las deliciosas verduras que elijo en mi olla de cocción lenta y hervirla con caldo, a veces caldo de verdura y agua. Lo dejo cocinar durante media hora y luego puedo saborear una deliciosa sopa de verduras, especialmente en los meses de invierno. Bueno, pues cuando estaba sacando las verduras del refrigerador noté que no tenía calabacín, zanahorias, ni suficiente apio. Inmediatamente pensé: "¿Qué clase de sopa sería esa, si le faltan casi todos las verduras?".

Envié un mensaje a mi hijo Josh para preguntarle si él había comprado las verduras que hacía algunos días le había encargado para mi sopa. Me dijo que no. Recordé que le había entregado una lista, así que me preguntaba por qué no había traído las verduras. Me tomé el trabajo de revisar todos mis mensajes de texto y encontré la lista, por cierto, no incluía las verduras que ahora no tenía en casa. Recordé que tenía otra lista, pero no tenía claro cuándo o a quién se la había enviado. Los minutos pasaban y podía sentir el estrés que estaba creando en mi cuerpo. Si tuviera que explicarlo, diría que comenzó como una rigidez leve en mi estómago y algo de pesadez en mis hombros. Estaba a punto de revisar otros textos que le había enviado al resto de mi familia, pero me contuve y me dije: "¡Para, Jess! ¿Qué tiene de malo disfrutar una rica sopa con las otras siete verduras que tienes en el refrigerador?". Al hacerme esa pregunta, enseguida me respondí: "¡Sé agradecida por las verduras que sí tienes!". Y así lo hice. Debo decirte que logré un delicioso plato de sopa para el almuerzo de hoy. No solo el sabor me hizo feliz, también me alegró el logro de identificar y poner un alto firme a las circunstancias que permití afectaran mi ánimo en esos momentos. Aunque parece un esfuerzo mínimo, significó un logro enorme porque fui capaz de detener una reacción que yo genero y que perjudica a mi sistema nervioso.

A esta altura debes haber notado que hablo mucho sobre mí y que uso las palabras en forma deliberada. Pronto veremos la importancia de aprender a identificar cada uno de nuestros pensamientos negativos y cortarlos cuando están floreciendo antes de que se vuelvan frutos venenosos en nuestra mente.

¿Qué es un estresor?

Es común que confundamos el término "estresores" con "desencadenantes/*triggers*". Cuando estaba haciendo mi investigación, descubrí que los estresores implican un "aumento de la adrenalina que activa el mecanismo de respuesta al estrés interno".[9] Un estresor puede ser una actividad, un hecho o estímulo que te causa estrés. Puede haber muchas razones para sentirnos estresadas. Una de nuestras mayores victorias es aprender que esos estresores están presentes en nuestra vida diaria. Los pensamientos negativos, la gente, el dinero o el ambiente de trabajo que nos causan estrés se llaman estresores.

¿Qué es un desencadenante/*trigger* de estrés?

Es "una respuesta sintomática a través de uno de los cinco sentidos (la vista, el oído, el tacto, el gusto o el olfato). Está basado únicamente en una conexión directa con el hecho traumático real experimentado".[10] Si quieres ser exitosa en tu objetivo de aprender a controlar el estrés, es imperativo que te tomes el tiempo para saber qué cosas desencadenan tu estrés. ¿Qué días de la semana eres más propensa a querer comer todo lo que hay en tu refrigerador? ¿Qué está alimentando tus niveles de estrés? Porque reconociendo esos desencadenantes, puedes crear mecanismos de afrontamiento y hábitos positivos para responder a ellos, en vez de reaccionar impulsivamente, lo que incrementa tus niveles de estrés en vez de reducirlos y estabilizarlos. Identificar tus desencadenantes es clave para mejorar tu control y resiliencia.

Ahora que has determinado lo que desencadena tu estrés, debes analizar cómo reaccionar ante ellos. Generalmente, la forma en que respondemos es aplicando una conducta de afrontamiento desadaptativo,[11] que "es un comportamiento compulsivo al que acudimos cuando nos sentimos ansiosos". Echamos mano a las conductas de afrontamiento para sentirnos mejor. Los psicólogos llaman conductas de afrontamiento desadaptativo a estas reacciones impulsivas. Básicamente son las cosas que hacemos para intentar aliviar el estrés, pero que en realidad, pueden empeorar las cosas, porque nos ayudan a sentirnos menos estresadas en el momento, pero son apenas un alivio temporal. Con el tiempo tus malas estrategias de afrontamiento pueden convertirse en malos hábitos.

Todas tenemos formas de responder a los desencadenantes cotidianos. Una vez que eres consciente de ellos, puedes aprender a escoger tus reacciones. ¿Sientes que no lo logras? ¡No te preocupes! Reconocer y entender tus emociones y reacciones es un proceso que lleva tiempo y requiere práctica. Se trata de un intencional y constante esfuerzo por cambiar nuestra perspectiva de lo que sucede alrededor. Me resultó muy útil en mi vida cotidiana descubrir la importancia de elegir conscientemente cómo reaccionar a esos desencadenantes/*triggers*.

Si eres capaz de cambiar la forma en que ves tu estresor, verás que algunos de ellos no desencadenan la misma reacción luego de un tiempo. Por ejemplo, después de tener un largo y agotador día laboral, al llegar a casa puede ser que busquemos comer todo lo que encontremos en el refrigerador. Muchas comemos sin control, porque al hacerlo recibimos satisfacción temporal que adormece nuestros sentimientos de cansancio.

¿Qué tal si en lugar de andar en automático, nos detenemos unos segundos? ¿Qué tal si en lugar de seguir el mismo patrón de comernos todo lo que encontramos, decidimos hacer una pausa? Tomemos un momento para decirnos: "Hey, mira, puedes hacer lo de siempre y comerte todo lo que encuentras a tu paso...sí, estás agotada, el día fue extenuante... pero qué tal si pruebas hacer algo diferente, como una deliciosa ensalada, relájate, toma un baño, lee un libro, escucha música y baila, respira y descansa, lo mereces". Suena raro, pero hacerlo será como un entrenamiento para tomar mejores decisiones que remplacen acciones negativas frente al estrés. De esa forma percibirás las situaciones como menos amenazantes.

Otra forma de responder a los desencadenantes es retrasándolos. Toma un momento para analizar lo que estás sintiendo. Si los ignoras, la mayoría de los fuertes deseos se desvanecerán en menos de diez minutos. Trata de irte y evitar situaciones que puedan ser desencadenantes. En lugar de quedarte cerca del refrigerador, sal de la cocina y ve a tu recámara a organizar un cajón. O ve a otro cuarto a leer un libro. Verás que al no estar cerca del refrigerador te distraerás lo suficiente. Responde a tus desencadenantes aceptando y manteniendo tus deseos en perspectiva. No eres débil si deseas comer todo lo que tengas en frente, eres normal, porque los deseos son normales y todas los tenemos. Observa cuándo y dónde tienden a aparecer, para elaborar las estrategias de control sobre ellos. Por último, puedes sustituirlos. Cuando un deseo llega, que tú sabes no es positivo para tu salud, reemplázalo con una conducta divertida o saludable.

Sucesos estresantes de la vida

Los sucesos estresantes pueden ocurrir en cualquier momento y lugar. No podemos elegir las pruebas que enfrentaremos. La mayoría de las veces son impredecibles e inevitables. Según la ampliamente validada escala del estrés de Holmes y Rahe, los diez principales eventos estresantes de la vida, que pueden contribuir con el deterioro de nuestra salud son: fallecimiento de un cónyuge, divorcio, separación matrimonial, pérdida de empleo, encarcelamiento, muerte de un familiar cercano, lesiones o enfermedades, reconciliación matrimonial y jubilación.[12]

Una variedad de eventos comunes en la vida, la mayoría difíciles de evitar, pueden causar estrés. Lidiar con la pérdida de un familiar, amigo o ser querido puede ser uno de los mayores estresores. Cuando tú o un ser querido enferman, toda la familia recibe el impacto. También puede ser estresante que debas cuidar a un familiar que necesita tu apoyo. Perder tu trabajo y tu fuente de ingresos puede costarle caro a tu salud.

El sentimiento de incertidumbre o pérdida de control puede hacerte sentir agitada. Separarte de un ser querido, lo que veo a menudo en mi profesión, es otro estresor. Ese sentimiento de impotencia, de pérdida del control puede ser estresante y contribuir con la enfermedad. Aunque quizá no estés preparada para estas situaciones, sí puedes ser intencional para controlar la forma en que reaccionas a una situación estresante. La forma en que ves el estrés y cómo reaccionas ante él en esas situaciones te ayudará a mantenerlo bajo control.

Cuando experimenté los síntomas desagradables que ya te comenté, hubiera deseado tener algunas herramientas a mano que me ayudaran a lidiar con lo que luego se convertiría en el comienzo de un círculo vicioso. Tú y yo enfrentamos hechos estresantes a menudo, y debemos aprender a manejarlos de modo que no afecten negativamente nuestro cuerpo y sistema nervioso. Incluso vale la pena recordarnos que somos guerreras, así que podemos luchar y vencer, aunque parezca imposible llevar una carga tan pesada. Como guerreras en el pasado ya hemos ganado muchas batallas y esta no es la excepción.

Frente a una situación que nos estresa, repitamos las palabras: "Esto también pasará". Nuestros pensamientos producen emociones, las emociones producen sentimientos que desencadenan acciones. La acción de confiar, tener fe y resistir el temor es poderosa. Ten en cuenta que los sucesos felices también causan estrés. Por ejemplo, puedes estresarte porque te casas o tendrás un bebé. Estos hechos conllevan grandes cambios que pueden resultar muy estresantes. Cuando enfrentamos sucesos tristes o felices que nos estresan, la clave es aprender a responder positivamente.

¿Estás estresada por las finanzas? Elabora un presupuesto. ¿Te sientes abrumada con tantas tareas diarias, que no sabes por dónde empezar? Anótalas en un calendario y decide cuáles son prioridad para ese día y cuál no.

¿Los plazos de entrega te están produciendo ansiedad? Anticípate al plazo de entrega, en otras palabras trabaja en el proyecto como si la fecha plazo fuera uno o dos días antes que la actual.

Es esencial determinar la fuente de tu estrés. Un ejercicio simple es tomar una hoja de papel y hacer una lluvia de ideas, anotando cuáles actividades diarias te están causando estrés. Las épocas de incertidumbre o las excesivas responsabilidades pueden ser estresantes. La suma de muchas pequeñas presiones también estresa, con el agravante de que puede resultar difícil identificar cuáles son las que te afectan.

Entonces, anota todas las cosas que te vengan a la mente que pueden estar causando o elevando tu nivel de estrés. Una vez que completes la lista, puedes analizarlas una a una; esto te puede brindar un pequeño sentido de control. Un artículo de Tony Robbins[13] decía que, para dejar de vivir en temor, debemos descubrir lo que nos está causando la angustia. Una vez que realizas una lluvia de ideas, haz un círculo en los puntos que son preocupaciones tangibles. Por ejemplo, el temor de que se incendie tu casa, de que tus hijos se pierdan o que te quedes sin trabajo.

Comienza a darte un sentido de control escribiendo algunas acciones que puedes tomar para impedir que eso suceda. Además, reconoce las preocupaciones intangibles como temor al apocalipsis, o una invasión de marcianos o el colapso económico mundial. Verás que estas cosas tienen poca probabilidad de suceder, pero muchas veces los temores tienen raíces profundas. Si tus temores entran en esta categoría, necesitarás algo de reflexión personal para descubrir cómo dejar de vivir en temor.

Reconocer las señales y síntomas es clave

Las anécdotas que te compartí reflejan los momentos en que intencionalmente identifiqué los estresores que afectaban a mi cuerpo y tomé acciones para frenar la tensión. Sin embargo, tendría que admitir que es muy difícil hacerlo todo el día. Resulta muy fácil ignorar las señales y síntomas del estrés. Todas estamos ocupadas y necesitamos que las tareas se realicen. El ritmo acelerado me impide detenerme cada vez que noto que mi cuerpo está enfrentando tensión que debo manejar, pero esto no me desanima, al contrario, ahora lo considero como un reto que quiero conquistar a diario.

Por años, en mi intento por finalizar con mi "lista de cosas para hacer" o los compromisos de mi agenda, rara vez me daba el lujo de detenerme. Pero ahora a diario trato de intencionalmente parar, experimentar y estar presente para cada momento en el que tengo que combatir el estrés y salir victoriosa. Pensamos que pasar por alto las señales será lo mejor porque no hay tiempo que perder. No podemos detenernos, no tenemos tiempo de hacer un descanso, debemos seguir a toda costa. Sin saberlo, estamos ignorando las señales y los síntomas, entonces, de algún modo los naturalizamos. Todas lo hemos hecho. Ignoramos los dolores de cabeza, la transpiración, los dolores corporales, el mareo y las palpitaciones. Los minimizamos, nos decimos que son normales y que pronto se irán. Para controlar el estrés, debemos estar atentas a las señales de advertencia y síntomas de sobrecarga.

Estos síntomas abarcan lo cognitivo, emocional, físico y los de conducta. Algunos de los síntomas en lo cognitivo son problemas de memoria, incapacidad para concentrarnos, poco juicio, el malhumor, la irritabilidad, pensamientos ansiosos o acelerados y preocupación constante. La próxima vez que tengas problemas para concentrarte o te notes constantemente preocupada, o molesta detente y toma un minuto para reflexionar y analizar la situación en la que te encuentras. Tu mente podría estar tratando de enviarte un mensaje.

Otros síntomas pueden ser emocionales como depresión, ansiedad, humor cambiante, irritabilidad, enojo, agotamiento y soledad. Es necesario observar que tu cuerpo tratará de hablarte de diferentes maneras. Nuestro cerebro y cuerpo son increíbles. Tratan de enviarnos señales para hacernos saber que no todo está bien, intentan advertirnos y decirnos que aminoremos la marcha, que nos tomemos las cosas con calma, pero la mayoría de las veces ni siquiera podemos escuchar los que nuestros cuerpos tratan de gritarnos a los cuatro vientos debido a lo ansiosas que estamos por terminar nuestras tareas o responsabilidades diarias.

No todas experimentamos las mismas señales y síntomas, de manera que, si sientes que algo no es común para tu cuerpo, tu mente o la manera de sentir, podría ser tu cuerpo intentando decirte algo. Por favor, ¡no lo ignores! Cuando pasamos por alto los síntomas, después ya no notamos cuando de veras nos están afectando. Sé consciente y mantente atenta a estas señales.

Algunos síntomas físicos son dolores y molestias, diarrea o constipación, náuseas, mareos, dolor en el pecho, aceleramiento cardíaco, pérdida de deseo sexual, frecuentes resfríos o gripe. En cuanto a los síntomas en la conducta, comer más o menos de lo habitual, dormir demasiado o muy poco, retraerse de las personas, procrastinar o ser negligente con las responsabilidades, consumir alcohol, cigarrillos o drogas para relajarse.

El estrés no solo te afecta de manera física, también afecta tu salud emocional y cognitiva. Préstale atención a las señales y síntomas. Tu salud y bienestar siempre deben ser tu prioridad. Puedo decirte ahora lo afortunada y bendecida que soy por tener el amor y el apoyo de mi familia. Estoy agradecida porque ellos me impulsaron a tomar control de la situación, hacer mis citas médicas, descansar y recuperarme. Está bien sentirse vulnerable y admitir que necesitas descansar y escuchar a tu cuerpo. ¿Sabes algo? Ahora que lo pienso, todas somos afortunadas y tenemos mucho que agradecer, estemos solteras, casadas o divorciadas, porque estamos vivas y somos hijas de un Padre amoroso que se ocupa de nosotras, que nos cuida y respalda. Precisamente por ese cuidado especial que viene del Señor es que llegó a tus manos este libro que escribí con tanto cariño para ti.

¿Qué es la ansiedad?

La ansiedad es una emoción que se caracteriza por sentimientos de tensión, pensamientos de preocupación y cambios físicos. Las personas con trastornos de ansiedad se caracterizan por pensamientos invasivos recurrentes. Pueden evitar ciertas situaciones por preocupación.[14]

No me sorprende saber que la palabra ansiedad, una de las respuestas corporales al estrés, es una de las más buscadas en Google.[15] Hay bastante información sobre el tema, así que permíteme empezar con lo básico.

La ansiedad es la respuesta natural de tu cuerpo al estrés. Es una respuesta normal y necesaria para nuestra supervivencia. Es normal sentirte ansiosa porque estás dando un paso importante en tu vida. Es un sentimiento que va y viene, pero que no debe interferir negativamente con tu rutina diaria. La ansiedad nos orienta hacia el peligro y puede motivarnos a tomar acción. Por ejemplo, cuando tenemos un plazo que cumplir, nos sentimos un poco incómodas, como en una montaña rusa. Podríamos ser menos capaces de enfrentar los riesgos del ambiente si no sintiéramos ansiedad.

Esa emoción es la reacción de tu cerebro ante el estrés, una forma de alertarte sobre un potencial peligro. Es una emoción normal. Por ejemplo, puedes preocuparte cuando tienes un problema en el trabajo, antes de rendir un examen, antes de ingresar a una reunión importante o antes de tomar una decisión trascendental en tu vida. La ansiedad ocasional es común.

¿Cuándo se vuelve un problema?

El problema es cuando el sentimiento es intenso y no desaparece, cuando incluso te lleva a que dejes de hacer las cosas que te gustan. Se conoce como trastorno de ansiedad cuando esa emoción comienza a intervenir en tus rutinas diarias, familia y trabajo. Un artículo señala que:

Los trastornos de ansiedad son uno de los problemas de salud mental más comunes que tienen las personas. La Asociación Canadiense de Psiquiatría reporta que, en el último año, alrededor del 18% de los canadienses padecieron desórdenes de ansiedad; asociados con una elevada tasa de ausentismo laboral. El costo total de los desórdenes de ansiedad en Estados Unidos se ha estimado que oscila entre 42,2 y 46,6 millones de dólares anuales.[16]

Sí, la ansiedad es real y necesita ser atendida más que nunca. El cuidado personal no parece ser tan poderoso como la ansiedad, pero cuidarnos es una estrategia que ayuda a combatirla y puede reducir los síntomas. Necesitamos informarnos sobre este tema y ayudarnos para ayudar a otros.

Querida lectora, como te darás cuenta, la mayoría del contenido de este libro tiene que ver con el tema de la ansiedad porque fue el diagnóstico que llegó a afectar mi vida los últimos años. Pero no quiere decir que el tema de la depresión no tenga la misma importancia. Ambos son estados que afectan nuestra salud mental y que merecen gran atención. Personalmente ambas me han afectado.

Como te conté en mi primer libro, *Mujeres victoriosas*, mi vida cambió cuando nació mi hijo menor y experimentó múltiples necesidades médicas. Verlo en el hospital con máquinas y agujas en su pequeño cuerpo durante los primeros años de su vida provocó que la tristeza y la depresión fueran parte de mi día a día. Incluso contemplé la idea de acabar con mi vida, ya que verlo enfrentar tanto dolor me hacía sentir que no valía la pena seguir adelante.

Gracias a Dios, el amor por mi familia me llevó a compartir esta situación con mi esposo, quien inmediatamente me buscó ayuda profesional. Esto ya te lo había contado, pero lo que no te conté es que los médicos recomendaron que me ingresaran en una clínica. Contarte esa experiencia de quedarme en una clínica durante varios días es material para otro libro, pero puedo asegurarte que fue el primer paso para encontrar la sanidad que tanto necesitaba durante esos días. Era una clínica de psicólogos cristianos que se enfocaron en mi salud física y mental, además de mi salud espiritual. Fue de la mano de mi Padre Celestial que pude salir victoriosa de ese hueco negro oscuro, triste y doloroso.

No es fácil contártelo porque hacerlo es un llamado a ser vulnerable y siempre existe el miedo al "qué dirán". ¿Me verán cómo alguien débil de ahora en adelante? ¿Será que ya no me verán como la guerrera incansable que soy? Aplasto con la verdad cada una de estas mentiras. Una verdad que me atrevo a compartirte porque muchas mujeres me han contado que mi historia las ha inspirado a transformar su vida para convertirse en mujeres que al conocer un poquito de mí, han recibido la inspiración para tomar la decisión de no pensar ni actuar como víctimas del pasado sino como las mujeres victoriosas que Dios creó.

Son ustedes quienes me inspiran a obedecer esa vocecita que escucho, ese susurro del Espíritu Santo que me dice una y otra vez: "Cuéntales...cuéntales de esa prueba y de esa jornada, para que descubran que, aunque no es nada fácil, vale la pena luchar día a día para perseguir una salud óptima".

Tengo muy en cuenta que la depresión y la ansiedad muchas veces van de la mano y que como mujeres victoriosas debemos buscar ayuda. La depresión es algo muy serio y peligroso en la vida de una persona. Por eso en esta ocasión me alegra mucho contar con el apoyo de una experta en el área de salud mental que brinda luz a la vida de miles de personas. Ella es una profesional cristiana, Danisa Suárez, M.A, Licenciada en Consejería Profesional, ST, terapista licenciada en Estados Unidos.

Estoy agradecida de que haya aceptado mi invitación y que su valiosa experiencia ahora forme parte de este libro, cuyo humilde objetivo es ayudarte a comprender la importancia de buscar ayuda cuando nos afectan estados mentales que convierten nuestros días en oscuros y de tinieblas. Ella nos explicará la diferencia entre la depresión y la ansiedad, por qué es importante buscar ayuda, y nos compartirá algunos consejos para combatir la depresión, el estrés y la ansiedad. Danisa nos dice:

Ansiedad y depresión

Por M.A. Danisa Suárez

De acuerdo con la Asociación de Ansiedad y Depresión de América, 40 millones de estadounidenses sufren trastornos de ansiedad cada año, y unos 16 millones padecen de depresión. Estas cifras vienen de estudios realizados meticulosamente y se estima que el número real de personas que padecen estos problemas es mayor, ya que las personas tienden a no admitirlo, debido a su naturaleza.

¿Y qué sucede con mi gente latina? Existen muchísimas variantes que influyen en la posibilidad de tener una data cien por ciento confiable, ya que somos muy diversos y nuestras circunstancias se ven afectadas por localización geográfica, nivel académico, idioma, historia cultural, estatus legal y género, por mencionar algunos factores. Veamos resultados de los esfuerzos de varias organizaciones.

La Alianza Nacional de Enfermedades Mentales (conocida en inglés por sus siglas NAMI), afirma que los latinos tienen la misma incidencia en las condiciones de salud mental, comparados con el resto de la población. Sin embargo, las inquietudes, experiencias y manera de entenderlas y tratarlas pueden ser diferentes. La Organización Vecinos (que provee un programa de salud para trabajadores agrícolas) presenta un reporte donde se compara la población latina con la población anglo-blanca, y muestra que 60% de la población anglo buscan ayuda, a diferencia del 36% de latinos que lo hacen.

Dependiendo del lugar donde vivimos, existen diversos factores que contribuyen con que la población latina no hable sobre la salud mental, mucho menos que busque ayuda. Los estudios en Estados Unidos reflejan algunas razones, y aunque válidas, excluyen una realidad más compleja donde el estigma de la cultura hispana toma protagonismo. Estas son algunas razones (tomando en cuenta a los hispanos que viven en Estados Unidos):

- Falta de información y conocimiento.
- Preocupaciones de índole migratorio.
- Problemas de comunicación respecto al idioma.
- Recursos económicos limitados (incluyendo falta de seguro médico).

Si bien es cierto que la comunidad latina no habla sobre problemas de salud mental, y que no hay conciencia al respecto, también es cierto que en nuestros países crecimos creyendo que los problemas psicológicos nos convierten en locos, lo que acarrea una gran dosis de vergüenza. Además, crecimos con la convicción de que "los trapos sucios se lavan en casa", por lo que buscar ayuda externa es mal visto. Esto se agrava si tomamos en cuenta que ni en casa se habla del tema.

Más que un problema de lenguaje, vemos que existe un problema de cultura. Aunque aparezcan algunos terapeutas que dominen el idioma español o que se provea de intérpretes, ninguno ha sido entrenado para entender y conocer lo intrínseco y complejo de nuestra hermosa gente latina. Es típico ver que ciertos atributos de nuestra esencia pueden ser malentendidos y mal interpretados. Las prácticas de psicoterapia americanas tienden a no ser tan multiculturales. Por ejemplo, en nuestra cultura es de gran valor y estima la unidad familiar, el apoyo mutuo, la lealtad y fidelidad a nuestra familia y amigos, además de nuestro desempeño en la comunidad. Esto puede ser calificado por un terapeuta como comportamientos codependientes o falta de límites saludables. Otro ejemplo es la depresión o la ansiedad, ya que, al no reconocer los síntomas, nuestra gente usa palabras como "estoy desgastada" "estoy cansada" "tengo nervios", así que el terapeuta pudiera no reconocerlo como parte del diagnóstico y obviar un tratamiento adecuado.

Además del problema generacional de estigma que enfrentan los hispanos que aún viven en sus países, se encuentra el problema de apoyarse en la "medicina" curandera que carece de evidencias científicas, o de justificarse a través de una fe y espiritualidad religiosas que ignoran la consideración profesional.

Claro que creo cien por ciento en la medicina natural responsable. Y valido a los médicos que se especializan en medicina alternativa sustentada en estudios que dan evidencia de su efectividad. También creo en una fe que sana y transforma. De hecho, he sido testigo de muchos milagros inexplicables ante la ciencia. Pero creo que la fe debe practicarse sin manipulaciones y con la responsabilidad de que si Dios sana, el doctor te dirá que no necesitas más los medicamentos.

No estoy sugiriendo que abandones tus creencias en los remedios naturales y caseros, mucho menos que disminuyas tu fe, solo te recomiendo que abras tu mente a la experiencia y al cuidado que un profesional te puede ofrecer. Háblale de tus intereses por lo natural, cuéntale sobre tus preferencias, pero asegúrate de escuchar su consejo experto.

Tus disciplinas espirituales como la oración y la lectura bíblica, pueden ser parte de tu plan de tratamiento. Habla con tus líderes espirituales y vive en cercanía con tu comunidad religiosa, ya que en ellos puedes encontrar ayuda y apoyo en situaciones difíciles por causa de tu salud mental. Sin embargo, tristemente, hemos visto casos en donde las comunidades religiosas pueden ser fuente de juicio y crítica que provocan angustia y frustración. No sucede porque las personas sean malas, sino porque a veces no se tiene el conocimiento adecuado para brindar ayuda.

Tú, mi mujer bella, que eres la cuidadora de tu familia, aunque no estés casada. Tú, que eres una mujer esforzada, necesitas ser empoderada para que puedas identificar estos males, diferenciarlos, y saber qué hacer para manejarlos exitosamente. A ti dedico esta información que te comparto de la manera más clara y sencilla para garantizar que cumplamos con el objetivo de cambiar el estado mental y psicológico de las mujeres que así lo dispongan, y que anhelo sean todas las lectoras.

Primero aclaremos que todos, absolutamente todos, experimentamos episodios de ansiedad o tristeza una que otra vez. La vida es complicada y atravesamos por momentos difíciles, como la pérdida de un trabajo, una enfermedad, la mudanza de un país a otro, o la muerte de un ser amado. Eso es normal. Sin embargo, si te sientes triste o desanimada con mucha frecuencia, si has perdido el interés en cosas que una vez amaste y disfrutaste, o descubres que estás atrapada por cierta preocupación que interrumpe tu capacidad de vivir con normalidad, que dificulta tu capacidad de descansar física y mentalmente o que no te deja dormir, es posible que estés padeciendo de ansiedad, depresión, o de ambas.

¿Qué sucede primero?

A veces es confuso y me preguntan: "Doctora, ¿cómo es que sucede esto, me pongo ansiosa y luego me deprimo, o me pongo ansiosa porque estoy deprimida?" ¿Y qué del estrés? ¿Qué papel juega en todo esto? Aunque existen un sin número de estudios que sugieren lo uno y lo otro, considero que lo importante es ayudarte para que te conozcas y tomes conciencia de tus circunstancias, de modo que puedas identificar síntomas y sentimientos que comienzan a llevarte en dirección hacia el estrés, la ansiedad, o la depresión. Conocerte y aprender cómo te afectan los retos de la vida es de gran valor para mantener una buena salud mental, para mantener control de tu vida y llevarla en dirección a las metas que te has trazado. Como nos recuerda Jessica, mujeres victoriosas son aquellas que pueden reflexionar sobre su identidad y son capaces de mantenerse intencionalmente enfocadas en su propósito hasta lograrlo.

Independientemente de que los estudios no están completamente de acuerdo en un orden cronológico para estos males, me atrevo a decir que el estrés viene primero. El estrés se detona por un factor externo. Pero es de suma importancia que entiendas que tiene su función y no debemos verlo como algo malo o negativo de inmediato. Dios formó tu cuerpo con detalles altamente sofisticados. Así es, tu mente y cuerpo incluyen un montón de elementos súper elaborados que no son perceptibles a simple vista.

Dios creó en tu cerebro la capacidad de percibir cosas en el área emocional, en el área cognitiva (emociones y pensamiento), en el área física y en los comportamientos que te alertan. Son como banderas rojas cuya misión es mantenerte a salvo y protegida porque gritan "¡CUIDADO!". Por eso, frente a un peligro, el cuerpo reacciona. Por ejemplo, cuando vas caminando por un callejón oscuro y ves la sombra de una persona, tu corazón se acelera para ponerte en alerta de que pudiera ser alguien que probablemente te haga daño de alguna manera, por lo que te avisa que debes tomar medidas al respecto. Puede ser que aceleres el paso o que regreses por donde llegaste, pero esa alerta te da la oportunidad de tomar una decisión rápida. Este es un sistema que viene integrado en cada una de nosotras.

Vale aclarar, que si creciste ignorando estas señales (ya sea por voluntad propia o porque no se te hizo caso cuando reaccionaste), es necesario reentrenarnos para permitir que nuestro cuerpo cumpla con su trabajo. Muchas de nuestras mujeres latinas sufrieron abusos y atropellos durante su infancia y aún como adultas, y no se les permitió reaccionar para protegerse. Así que han sido entrenadas para ignorar estas reacciones saludables. Permíteme hablarte como profesional y asegurarte que es correcto que reacciones para protegerte, aunque hayas creído que estaba mal. Tienes todo el derecho como ser humano y como mujer de prestar atención a tus sentidos y darte permiso de protegerte. Eso no te hace ser dramática, tonta, débil, o exagerada.

Ahora bien, el estrés mal manejado crece, se desarrolla y se convierte en ansiedad que, en la mayoría de los casos, no es buena. Cuando ignoramos el estrés, este comienza a decirle a tu cerebro que hay peligros incluso cuando el peligro ya no está presente. Si este sistema se afecta, se daña, se enferma, en vez de impulsarte a responder con precisión, puede paralizarte ocasionando otro tipo de daños como enviar mensajes equivocados a tu cerebro. Entonces, se deteriora tu capacidad de confiar en ti misma y en los demás.

La ansiedad

En sentido general, se caracteriza por una preocupación persistente que afecta el desempeño de una persona. Es una preocupación constante por el futuro, basada en hechos reales o no. Este nerviosismo desproporcionado provoca un aumento de pensamientos negativos y una irritabilidad a veces excesiva.

La Asociación Americana de Psicología (APA por sus siglas en inglés) publicó un artículo en su página web, donde aborda el tema de los trastornos de ansiedad. La APA enfatiza que la aparición de estos síntomas es común en todos estos trastornos de ansiedad:

1. miedo extremo
2. sensación de ahogo
3. taquicardias
4. insomnio
5. náuseas
6. temblores
7. mareos.

El trastorno de ansiedad generalizada que se caracteriza por miedos o preocupaciones excesivas o recurrentes sobre actividades o acontecimientos relacionados con cosas cotidianas de la vida diaria como la salud y la economía. Con frecuencia, las personas pueden experimentar una sensación constante de que algo malo está a punto de suceder. Algunos síntomas físicos pueden ser inquietud, fatiga y dificultad para concentrarse.

La crisis de angustia (ataque de pánico) se caracterizan por la aparición repentina e intensa de sentimientos de terror o pánico sin que exista un peligro real. Las personas afectadas desarrollan fuertes temores acerca de cuándo y dónde tendrá lugar el próximo episodio, lo que los lleva a restringir sus actividades habituales.

Las fobias o miedos intensos a ciertos objetos y/o situaciones están asociados a estímulos articulares (por ejemplo, animales, volar en avión). También existen las fobias sociales que se caracterizan por el miedo a enfrentar situaciones sociales o estar en público por temor a que resulten embarazosas.

El trastorno obsesivo-compulsivo se caracteriza por pensamientos, ideas o imágenes obsesivas y persistentes, incontrolables y no deseadas, que se consideran intrusas o inapropiadas, además incluye la ejecución consecuente de una serie de comportamientos o rituales compulsivos cuyo propósito es prevenir o suprimir estos pensamientos o impulsos. Algunos ejemplos comunes serían lavarse persistentemente las manos, o comprobar sistemáticamente alguna tarea.

El trastorno de estrés postraumático es el que pudiera darse luego de ser expuesto a un acontecimiento estresante y extremadamente traumático (un accidente grave o un atentado). Los recuerdos del evento que suelen aparecer de manera recurrente e invasiva afectan los patrones de pensamiento, sentimientos y conductas, provocando que la persona vuelva a experimentar el acontecimiento traumático.

Para diagnosticar un trastorno de ansiedad, la persona debe experimentar los síntomas anteriores de una manera significativa durante seis meses o más.

La depresión

Según la Organización Panamericana de la Salud (OPS), la depresión es una enfermedad común, pero grave, que interfiere con la vida diaria, con la capacidad para trabajar, dormir, estudiar, comer y disfrutar de la vida. La depresión es causada por una combinación de factores genéticos, biológicos, ambientales y psicológicos.

Algunas investigaciones indican que la depresión es el resultado de la influencia de varios genes que actúan junto con factores ambientales y otros factores de riesgo.

Algunos tipos de depresión tienden a darse en familias. Sin embargo, la depresión también puede ocurrir en personas sin antecedentes familiares de la enfermedad. No todas las personas con enfermedades depresivas experimentan los mismos síntomas. La gravedad, la frecuencia y la duración de los síntomas varían dependiendo de la persona y su situación en particular.

¿Qué significa todo esto?

Pues para comenzar, esto significa que, en la mayoría de los casos, no tenemos control de que la depresión llegue a tocar nuestra puerta. Ya sea que aparezca por genética familiar, por factores biológicos de desbalances químicos, o por factores ambientales y circunstanciales, no hay culpables, como tampoco hay mucha escapatoria para no vernos cara a cara con ella en algún momento.

¿Qué es lo más importante? Que depende de ti abrirle la puerta, ofrecerle que se acomode y brindarle un cafecito. Aunque parezca chistoso, tú decides qué tanto le permites que te afecte. Tú tienes control. Obviamente, de cómo te afecte de forma particular, dependerá qué acción tomarás para que no te robe el control de tu vida. De eso hablaremos más adelante. En este momento, veamos cómo la podemos identificar. La depresión puede vestirse de varios colores, así que hablaremos de sus formas más comunes.

La depresión mayor que se caracteriza por tener al menos cinco de nueve síntomas comunes:

1. Una sensación abrumadora de tristeza.
2. Pérdida de interés/placer en la mayoría de las actividades habituales.
3. Disminución o aumento del apetito.
4. Insomnio o hipersomnia.
5. Agitación o retraso psicomotor.
6. Fatiga constante.
7. Sentimientos de inutilidad o culpa excesiva e inapropiada.
8. Pensamientos recurrentes negativos, incluyendo pensamientos de muerte e ideación suicida (con o sin planes específicos para suicidarse).
9. Dificultades cognitivas (disminución de la capacidad de pensar, concentrarse y tomar decisiones).

Para diagnosticarla, los síntomas deben persistir durante dos semanas o más y representar un cambio significativo respecto a cómo se funcionaba antes. En muchos casos también vemos que otras áreas de la vida son afectadas, como el trabajo, las interacciones en el círculo social, la escuela (comenzamos a faltar o a no desempeñarnos de la misma manera).

También existe el trastorno depresivo persistente (distimia o depresión crónica). Se caracteriza por un estado de ánimo bajo, oscuro o triste que está presente de forma persistente durante la mayor parte del día, casi todos los días, durante por lo menos dos años (en adultos). Para diagnosticarlo deben presentarse al menos dos de los siguientes síntomas:

1. Falta de apetito o comer en exceso.

2. Insomnio o hipersomnia.

3. Baja energía o fatiga.

4. Baja autoestima.

5. Falta de concentración.

6. Dificultad para tomar decisiones.

7. Sentimientos de desesperanza.

Durante este período, no se está sin síntomas por más de dos meses. Los síntomas no son tan graves como con la depresión mayor. Pero es importante saber que la depresión mayor puede preceder al trastorno depresivo persistente, y se pudiera experimentar episodios depresivos mayores durante el trastorno depresivo persistente.

No te apresures al leer esta parte. Es muy importante que te detengas a pensar y a analizar estos puntos. Aunque esta información nunca reemplazará la evaluación profesional de un terapeuta licenciado, o el diagnóstico de depresión, tu capacidad de entender estos conceptos y síntomas te ayudará a tomar la mejor decisión en favor de tu salud mental.

Dentro de la categoría de trastornos depresivos también encontramos el trastorno disfórico premenstrual y el síndrome premenstrual. Los dos son una manifestación de la depresión que pudiera ser grave y hasta incapacitante. Aunque ambos comparten síntomas físicos y emocionales, los cambios de humor en el primero son mucho más graves y pueden interrumpir las áreas sociales, ocupacionales y otras áreas importantes del funcionamiento, así como, tristeza o desesperanza, ansiedad o tensión, mal humor extremo, irritabilidad o ira. De igual manera, los síntomas generalmente comienzan de siete a diez días antes del inicio de un período menstrual y continúan durante los primeros días del período. Estos pueden causar sensibilidad en los senos, hinchazón, fatiga y cambios en los hábitos de sueño y alimentación.

Debes estar alerta, no solamente en cómo se manifiesta esto en ti, sino también en tus hijas y hermanas (sobre todo si tienes hermanas menores). Esto te ayuda a entender que no eres malcriada cuando experimentas estos síntomas, que no estás loca, sino que debes darte más atención para llevar tu vida de una forma más asertiva, sana, y con menor complicaciones. Aprende a brindarte gracia y autocompasión, y también hacerlo con las demás mujeres a tu alrededor. ¿Ya ves por qué es tan importante que te sigas conociendo? Vas a descubrir que el conocimiento abre los ojos desde adentro, y trae salud y estabilidad a todas las áreas de tu vida.

Hagamos un alto aquí. Completa el siguiente formulario, y exploremos dónde te encuentras. Aunque esto no es un diagnóstico exacto, te dará una idea de la necesidad que puedes tener de buscar ayuda profesional y de qué tan urgente es que lo hagas.

Depresión mayor (solo se necesitan cinco para ser diagnosticable).

SÍNTOMA   DOS SEMANAS O MÁS DE DURACIÓN
   Piensa en cinco síntomas que hayas experimentado y en su duración.

Trastorno depresivo persistente (solo se necesitan dos para ser diagnosticable).

SÍNTOMA   DOS SEMANAS O MÁS DE DURACIÓN
   Piensa en dos síntomas que hayas experimentado y su duración

¿Qué otras cosas caben dentro de los desórdenes depresivos que debemos notar?

- Los desórdenes depresivos causados por alguna otra condición médica, incluyendo algunos medicamentos.
- Desórdenes de ajuste con estado de ánimo depresivo.
- Trastorno Afectivo Estacional (conocido por las siglas SAD en inglés).
- La depresión postparto.

Entonces, ¿tengo ansiedad o depresión?

De nuevo, los estudios investigativos suelen llevar una danza alrededor de esta respuesta. Pero aun cuando no es tan simple hacer la distinción, un terapeuta profesional puede evaluarte y determinar si padeces ansiedad, depresión o ambas cosas. Pero no hay necesidad de que te alarmes, que estas dos coexistan es bastante común, ya que son como primas. Aunque los dos desórdenes son diferentes, comparten un lazo neuroquímico y están relacionadas con bajos niveles de ciertas hormonas en el cerebro (serotonina y dopamina).

¿Y que opciones tengo para el tratamiento?

La ciencia está muy avanzada y no hay necesidad de que sufras por ningunos de estos males. Existen varios tratamientos muy efectivos que puedes implementar comenzando en este mismo momento. Es extremadamente importante que te recuerde que ambas condiciones, la depresión y la ansiedad, pueden tener un grave efecto en tu vida, causándote daño físico, poniendo en peligro tu vida, y arruinando tus relaciones.

Dependiendo de la respuesta de tu cuerpo y de la severidad o complejidad de tu situación, puede que encontrar el tratamiento exacto tome un poco más de tiempo del deseado, y que haya que experimentar con varias cosas hasta encontrar la respuesta precisa. ¡No te desanimes! Recuerda que se trata de tu vida, de tu bienestar y el bienestar de tus seres queridos.

Aquí te doy algunas opciones:

Busca un terapeuta. Aprende a desarrollar técnicas y estrategias para que tus síntomas se reduzcan. La terapia es uno de los tratamientos más efectivos para la depresión y la ansiedad, y se puede combinar con medicamentos.

Medicamentos y suplementos. Para ambas opciones, un médico puede ayudarte a decidir cuál es el mejor curso de acción para tu caso. Asegúrate de que tu médico te escuche y que te preste atención el tiempo adecuado para que juntos decidan lo mejor para ti.

Experimenta con terapias alternativas:

- Ejercicio cardiovascular.
- Clases de yoga y meditación.
- Una dieta rica en alimentos que reducen la ansiedad y la depresión.
- Aceites esenciales de alta calidad para la ansiedad y la depresión.

La pregunta del millón:
¿se puede controlar el estrés?

¡Qué bueno compartir contigo la perspectiva de una experta como Danisa! Definitivamente añadió mucho a mi conocimiento y estoy segura de que también al tuyo.

Ahora intentemos explorar respuestas para la pregunta del millón, es decir para esta interrogante tan importante y también algo difícil de responder.

En mi profesión, antes de convencer a un juez para que decida en favor de un cliente, debo asegurarme de haber realizado la investigación para determinar la ley que se aplica y demostrarlo. Primero, una familia llega con un caso. Enumero los puntos, encuentro las reglas de la ley, analizo el asunto y concluyo si este cliente puede aplicar a un beneficio inmigratorio o no. Ese proceso, dicho sea de paso, es uno que todos los abogados aprendemos desde el primer día en la escuela de leyes. Se le llama el método IRAC [por sus siglas en inglés: *issue* (problema), *rule* (regla), *analysis* (análisis), *conclusion* (conclusión)]. Nuestra tarea desde el primer día de clases es leer varios casos decididos por tribunales aplicando este método. Cuando tomamos el examen para obtener la licencia de la facultad de Derecho, también lo empleamos en el temible examen de dos o tres días, dependiendo del Estado en el que vivas, que necesitamos aprobar para obtener nuestra licencia como abogados. Te contaré un poco más sobre cómo usar el método IRAC al final de este capítulo.

¿Cambiarse los lentes?

Cuando luchas con el estrés, debes cambiarte los lentes que estás usando. Me encantó leer estas palabras hace unos años: "Cuando cambias la forma de mirar las cosas, las cosas que miras cambian".[17] Las dijo Wayne Dyer y tenía mucha razón. Cambiar el modo de ver las cosas es una herramienta muy poderosa. Aunque hay mucha información por ahí sobre el estrés, estoy agradecida de haber encontrado cómo hacer del estrés un amigo.

Durante mucho tiempo pensé en el estrés como un enemigo que quería evitar e ignorar todo lo posible. Siempre lo consideré negativo y obstructivo. La forma en que piensas sobre el estrés importa. Cuando cambias tu manera de pensar acerca de él, cambias la reacción de tu cuerpo, por lo tanto, puedes hacer que trabaje para ti y no en tu contra. Si cambias los lentes que tienes puestos al pensar en el estrés y empiezas a verlo como algo provechoso, comenzarás a experimentar sus efectos positivos en tu vida y en tu cuerpo.

Mira, aprendí que la oxitocina es una hormona muy poderosa que producimos cuando estamos bajo estrés. Al liberarse, nos motiva a buscar ayuda. De manera que, cuando te encuentres en situaciones difíciles, te animo a buscar ayuda, a contactar gente que se interesa por ti, a encontrar apoyo en tus seres queridos. Esta hormona actúa en tu cerebro y tu cuerpo para ayudarte a sanar de los daños relacionados con el estrés. Cuando pasas por una situación estresante y te conectas con otros, liberas esta hormona y te recuperas más rápido. Generas resiliencia al conectarte con otros; por eso, no tienes que enfrentar sola los desafíos de la vida. Puedes y debes buscar el apoyo de tus seres queridos, amigas de confianza, o de profesionales. Parte de mi éxito en cada jornada diaria tiene que ver con encontrar apoyo en mi familia. Poder sentarnos y hablar sobre lo que me causa estrés, sobre mi vida agitada y mis muchas responsabilidades, me ayudó a encontrar apoyo y amor incondicional como parte de mi historia de éxito.

Tu percepción del estrés puede cambiar de una fuerza negativa a una más positiva y es algo que puedes controlar. Piensa que el estrés está allí para ayudarte a sobrevivir y no para dañarte. Espero que cada vez que te sientas estresada, trates de redefinir tu percepción al respecto.

¿Por qué usé la palabra "controlar"?

Tengo una razón muy poderosa por la que decidí usar la palabra "control" como parte del título de este capítulo. En *Mujeres victoriosas*, en el capítulo sobre el poder de nuestras palabras, te di una lista de palabras que cargan un enorme peso. Como leíste antes, la forma en que nos hablamos a nosotras mismas es muy importante en nuestra búsqueda de aprender a lidiar con el estrés crónico. Si recuerdas en la introducción donde conté que se me adormeció la mitad del rostro, habrás notado que dije en varios momentos que no podía controlar esos sentimientos. El parpadeo en el ojo y la mitad de mi cara congelada estaban fuera de control. Nunca quisiera volver a vivirlo. Por eso a diario debo aprender a controlar el estrés que experimento en mi vida cotidiana.

Veamos la definición de control. Según el diccionario Merriam-Webster, es "un acto o instancia de controlar; también, poder o autoridad para guiar o manejar".[18] Todas sabemos que ser controladoras no es bueno. Por años hemos escuchado que soltar y dejar ir son mejores opciones. La realidad es que nunca estamos en control de una situación o persona. Tratar de controlar cada aspecto de nuestra vida es realmente agotador. Creo que somos mujeres más sabias cuando no intentamos controlar las situaciones o a los demás. Pero no me refiero a eso aquí. Estoy hablando de controlar algo en mi cuerpo que, de lo contrario, continuará dañándome y afectándome de manera negativa.

¡Oh, sí, deseaba con todo mi corazón controlar mi estrés! Deseaba encontrar una forma de manejarlo y dominarlo. Permíteme ser sincera: se necesita ser valiente para tomar ese compromiso. Yo quiero ser valiente. Quiero decirle: "Estrés, eres bienvenido. De hecho, debes formar parte de mi vida, pero no te entrometas con mi salud. Si lo haces, estarás disminuyendo mi calidad de vida, afectarás a mis seres queridos y mi desempeño. Así que, hagamos un trato. Puedes quedarte bajo mis reglas, mis políticas y mis propias condiciones. ¿Lo entendiste? Si no, házmelo saber para que te lo repita una y otra vez hasta que finalmente lo entiendas".

Como bien observaste, utilicé la palabra "controlar" en su forma activa. ¿Por qué? Porque el camino para lidiar con el estrés de una manera saludable es un verbo activo. Ya que debemos perseguirlo a diario, un desencadenante, una respuesta, una situación estresante a la vez. Me refiero a controlar el estrés al identificar nuestros desencadenantes/*triggers* –aunque no siempre podamos eliminar sus causas– y encontrar formas de manejarlo. Hay muchos reductores del estrés y cada una de nosotras encontrará la ayuda correcta. Los reductores del estrés pueden incorporarse como hábitos para ayudarnos a tener mejor calidad de vida.

Una de las formas que encontré para mí es aplicar el método IRAC en mis situaciones tanto como sea posible. Para mí es muy sencillo aplicarlo en el caso de un cliente, pero es más difícil usarlo en mi vida diaria. Por ejemplo, utilicemos el método IRAC para ver cómo me funcionó cuando no encontraba las verduras para mi sopa.

I: Problema [*issue,* en inglés] - ¿Cuál es el problema? No encuentro suficientes verduras en el refrigerador para preparar una rica sopa. Sentí frustración y eso se convirtió en un estresor que estaba haciendo que mi cuerpo sintiera la tensión.

R: Regla - ¿Cuál es mi regla en dicha situación? La regla será diferente para cada una de nosotras. Dependiendo de nuestra historia y de la situación que se desencadena. La mía en ese momento fue: "Cuando ocurre un problema que te hace sentir tensión en el cuerpo, debes DEJAR de enfocarte en el problema que percibes y empezar a enfocarte en lo positivo". En otras palabras, de nuevo recuerdo la frase de Wayne Dyer: "Cuando cambias la forma de mirar las cosas, las cosas que miras cambian".[19] Al cambiar la forma de ver lo que sucede, somos capaces de cuidar mejor de nuestro cuerpo y nuestro sistema nervioso, lo que nos ayudará en nuestra búsqueda diaria por tener una salud óptima.

A: Análisis – Tomando en consideración el problema y la regla, el análisis rápido me hizo pensar que debía cambiar el enfoque de inmediato. En vez de concentrarme en las verduras que no tenía, debía estar agradecida por las otras que podía usar. De esta forma, inmediatamente le puse un freno al estresor.

C: Conclusión – Decidí cambiar mi enfoque de una mirada negativa hacia una positiva. Cambié mi frustración por gratitud. Usé toda mi energía, no para mirar en mi celular y encontrar el mensaje que determinaría quién olvidó comprar mis verduras, sino más bien para hacer una deliciosa sopa de verduras con lo que tenía. A decir verdad, todavía siento curiosidad por saber quién se olvidó de mis verduras, pero no gastaré ni un segundo más en ese tema.

Conocer las respuestas anteriores no habría sido posible si no me hubiera tomado el tiempo para aprender muchas cosas durante mi "período sabático forzado". Leí muchos artículos, revistas y vi muchos videos. Como te he comentado, la información es buena, pero no es suficiente para guiar a una persona a la transformación. Debo admitir que me sentí abrumada por toda la información que encontré, pero estaba lista para empezar una jornada diaria que me llevara a un mejor lugar en el cual pudiera gozar de una salud óptima. Una salud, que yo creía que ya gozaba, pero la que por años había ignorado la importancia de cuidar de mi sistema nervioso.

¿Qué es el sistema nervioso? Básicamente, el cerebro está compuesto de redes neuronales y gliales en constante comunicación. Estas redes trabajan en conjunto para controlar las funciones corporales, las emociones, el pensamiento, la conducta y otras actividades.[20] El estrés "inyecta" a nuestro cuerpo una hormona llamada adrenalina que **afecta** temporalmente al sistema nervioso. Como resultado, tu ritmo cardíaco y tu respiración se aceleran, te sudan las palmas de las manos o te tiemblan las rodillas.[21]

Como te darás cuenta, esta jornada diaria no es nada fácil porque necesitas mucha dedicación y esfuerzo. Aunque lo más difícil para mí ha sido aprender que el estrés y la ansiedad no desaparecen de un día para el otro, ni existe una píldora mágica para curarme inmediatamente. Lo que corresponde es esforzarnos diariamente para obtener resultados positivos y mejores hábitos que me ayuden a gozar de una salud óptima. Además de toda la información, tenía mi arma más poderosa: la fe. Tenía mi visión, la convicción y estaba lista para tomar acción.

Reflexionemos

1. ¿Cómo intentas controlar el estrés en tu jornada diaria?
2. ¿Qué te hizo sentir ansiosa hoy, el mes o el año pasado?
3. Mientras trabajabas en esta autoevaluación, ¿hay algo te haya sorprendido a lo que debas prestarle más atención?
4. Al leer la información presentada por Danisa, ¿crees que debes buscar ayuda profesional? De ser así, escribe un paso que tomarás esta semana para acercarte a lograr esa meta.

CAPÍTULO 4:

FÍSICAMENTE FIRMES

Al iniciar estos próximos dos capítulos quiero recordarte que ningún contenido de este libro debería sustituir el consejo de tu médico de confianza o de un profesional de la salud calificado.

Bueno, hecha esta aclaración, puedo continuar más aliviada. Armada con mi meta S.M.A.R.T. a mano, me entusiasmaba dar el próximo paso. Si te estás preguntando qué es una meta S.M.A.R.T., regresa al capítulo 2 y léelo de nuevo. Para la mujer que quiere vivir con un propósito, las metas son como el agua: necesarias para una vida saludable porque nos proporcionan un sentido de dirección. Regresando a mi meta de manejar el tema específico del estrés, comencé mi camino para poder alcanzarla.

Mi meta era: "Dentro de los próximos treinta días, encontraré y contrataré a un especialista con adecuada experiencia en el manejo del estrés, para que pueda enseñarme tres técnicas para reducirlo". Me tomó algunos días, pero encontré alguien de quien podría aprender bastante. Su oficina estaba a pocos minutos de mi casa. Su página web decía que era asistente social clínico licenciado y tenía varios artículos publicados. En uno que leí, mencionaba algo acerca del estrés que llamó mi atención. Decía que, aunque el estrés es parte de la vida y no lo podemos evitar, no tenía que controlarnos.

Me gustaron esas palabras porque sentí que alguien a quien todavía no conocía sabía lo que yo estaba enfrentando. Además, esas palabras confirmaron lo que ya sabía y creía: que el estrés es inevitable. Otra cosa que me gustó de la frase es que también me animaba y me recordaba que el estrés no tenía por qué controlarme. Sus palabras fueron como música para mis oídos. Leí muchos de los artículos que este profesional tenía en su página web. Otro que llamó mi atención fue escrito por una de sus colegas que hablaba sobre maneras sencillas de reducir el estrés. Los pasos y las acciones eran tan sencillos que me parecía hasta imposible que realmente pudieran ayudarme.

Ella explicaba que nuestro cuerpo no puede reconocer la diferencia entre los disparadores físicos y psicológicos del estrés. Eso significa que sentimos estrés debido al ritmo de vida tan agitado, a lo que nuestro cuerpo reaccionará como si estuviéramos frente a una amenaza física. También decía que si puedes entender tus limitaciones y reconocer tus disparadores, serás más exitosa en el manejo del estrés en momentos demandantes. No es poco frecuente el aumento progresivo del estrés cuando estamos bajo mucha presión por las responsabilidades, cuando enfrentamos la muerte o enfermedad grave de un miembro de la familia, o ante un plazo en el trabajo. En esas situaciones, es esencial que nos tomemos momentos en el día para hacer algo que nos ayude a reducir y manejar el estrés. Tomemos acciones tan fáciles como meditar, hacer ejercicio, comer más saludable y contar nuestras bendiciones. ¿Sería posible que acciones tan fáciles me ayudaran?

Ni siquiera me había encontrado con el terapeuta, pero mucho de lo que estaba leyendo me indicaba que él era un experto en el área y que podía enseñarme las tres técnicas de reducción del estrés que yo quería incorporar a mi vida. En otro texto, él explicaba que una de las excusas más frecuentes para no aprender a manejar el estrés era la falta de tiempo. Quien le dijo eso bien podría ser yo. Era prácticamente mi respuesta a muchas cosas que tenían que ver con mi propio bienestar, casi todos los días. Y lo que él respondía a quienes le decían eso es una verdad para muchas de nosotras. Si no hacemos tiempo para aprender, incorporar, practicar acciones y técnicas que puedan ayudar a nuestro sistema nervioso, eventualmente nuestro cuerpo, alma y mente pagarán un alto precio. Cuando sus clientes le dicen que no tienen tiempo, él simplemente les responde: "Pues encuéntralo".

Él explica que cuidarnos es clave para evitar consecuencias que afecten nuestra salud negativamente. Para esto, debemos valorarnos lo suficiente como para creer que merecemos un tiempo a diario en el que practiquemos conductas de autocuidado.

Supe que yo era una de esas personas. El hecho es que él ya había escuchado esa excusa, la de "no tengo tiempo", antes y tenía una buena respuesta para llamar mi atención. También me gustaron las ideas que daba en su artículo para ayudar a disminuir el estrés; cada una de ellas sonaba maravillosa. Había consejos que yo había leído, escuchado o puesto en práctica antes. Sin embargo, por las exigencias de la vida, no las pude integrar a mi rutina de manera regular. Ahora tenía que admitir que era difícil para mí dar el siguiente paso. Agendar la cita y asistir a la primera sesión requiere mucho valor. El hecho de haber sido obligada por mi familia a tomar un tiempo sabático del trabajo era incentivo suficiente para hacerlo.

Asistí a la primera de muchas consultas. Tuve visitas semanales durante cinco meses. Al entrar a la sala de espera y ver las paredes pintadas en un tono suave, dos sofás que combinaban con ese color y algunos accesorios, experimentaba una tranquilidad que ya había sentido antes en la oficina de otros terapeutas. Te conté que mi familia y yo tenemos la bendición de que una familia de terapeutas y consejeros han sido parte de nuestra vida por décadas. Para nosotros, esto es seguir un excelente consejo que se encuentra en la Biblia. Proverbios 11:14 dice: "Donde no hay dirección sabia, caerá el pueblo; mas en la multitud de consejeros hay seguridad".

Entrar por primera vez a ese consultorio y sentir esa familiaridad fue bueno para mi alma. Me senté en la sala de espera durante unos minutos, y cuando se abrió la puerta, el especialista salió a saludarme y me hizo pasar a su oficina. Al levantarme de mi asiento, pensé: "Aquí vamos, ¡hagámoslo!". Me inundó una sensación de plena seguridad en que obtendría la información adecuada, que la pondría en práctica, y que pronto todo esto se convertiría en otro capítulo de mi vida, uno que podría cerrar fácilmente aprendiendo con este especialista.

En cada sesión Javier o Josh me acompañaban. Ellos querían estar presentes para asegurarse de que los mantendría informados de todo lo que estaba pasando. También querían aprender las maneras en que podrían ayudarme. Por último, querían acompañarme como una forma de que todos pudiéramos hacer una eficaz rendición de cuentas. Lo cierto era que mi esposo y mis hijos estaban preocupados por mí. Primero, tuve que completar algunos formularios y responder ciertas preguntas, la primera sesión siempre es para "comenzar a conocerse".

Enfrentando una nueva realidad

Después de hablar por algunos minutos y repasar mis respuestas a los cuestionarios, el especialista me dijo que yo estaba luchando con la ansiedad. Mi respuesta inmediata fue: "No lo creo. Yo lucho con el estrés de cada día y necesito encontrar formas de reducirlo, pero... ¿ansiedad? No creo". Como haría todo buen experto, me explicó que, con base en mis síntomas y el análisis de todo lo demás, yo estaba sufriendo de ansiedad. Él debe haber percibido mis dudas, porque enseguida sacó su tableta y me hizo ver algunos videos de testimonios de pacientes suyos que los habían publicado porque sabían que podían ayudar a otros.

Estoy contenta de que hayan sido tan valientes porque es a través de historias reales de gente genuina, que nuestra vida es transformada. En ese sentido, yo también estoy siendo llamada a ser valiente al mostrarme vulnerable y compartir este aspecto de mi vida. A muchas de nosotras no nos agrada hacerlo porque no queremos ser juzgadas o ser vistas como débiles.

Pude verme reflejada en cada una de esas situaciones. Ellos hablaban de síntomas como las pulsaciones aceleradas, la presión en el pecho, la transpiración o el enrojecimiento del cuello en situaciones estresantes. Se me llenaron los ojos de lágrimas; me di cuenta de que me estaban diciendo una verdad que había sido parte de mi vida por un tiempo y que yo ignoraba. Cuanto más escuchaba esos testimonios, más me hacía sentido la información. Como podrás imaginar, le hice un montón de preguntas al especialista. Javier también tenía muchas preguntas.

El terapeuta tuvo brillantes respuestas, aunque fueron difíciles de digerir para nosotros. Me hubiera encantado escuchar que tratar con esta nueva realidad sería una experiencia que duraría solo un par de meses. La realidad era que aprender a lidiar con el estrés y la ansiedad se convertiría en toda una travesía que consistía en incorporar pasos y prácticas diarias para lograr un cambio de estilo de vida.

Tan pronto como llegué a casa, entré a mi cuarto de guerra y escribí un versículo que me resultaba muy conocido, y que mis dos hijos habían memorizado cuando estaban en Awana, un ministerio internacional centrado en la Biblia.[1] Yo solía llevarlos los miércoles al ensayo del coro y asistíamos juntos a Awana todas las semanas. Yo trabajaba como voluntaria en ambos ministerios y juntos creamos recuerdos imborrables. Este fue el versículo que escribí:

> No se inquieten por nada; más bien, en toda ocasión, con oración y ruego, presenten sus peticiones a Dios y denle gracias. Y la paz de Dios, que sobrepasa todo entendimiento, cuidará sus corazones y sus pensamientos en Cristo Jesús. (Filipenses 4:6-7)

Han pasado más de tres décadas en las que Javier, mis hijos y yo oramos y presentamos nuestras peticiones a Dios. No sabemos lo que significa dejar nuestra casa y dirigirnos a un lugar o tomar una comida sin orar antes. La oración es parte de nuestra vida. Sabía eso con todo mi corazón, mente y alma. Yo estaba hablando con Dios y dejándole todas mis cargas y preocupaciones. ¿Por qué no estaba sintiendo su paz al cien por ciento cada día? Solo Dios sabe cuánto yo anhelaba recibir su paz 24/7. Cada segundo de mi vida la necesitaba. Precisaba la seguridad de que todo iba a estar bien.

Lo que más me asustaba era lo desconocido. Siendo una experta en mi campo, solía compartir estrategias con otros.

Como parte de la asesoría sobre sus casos, podía hacer una estimación de cuánto podría durar el proceso. Digo "estimar" porque la ley y los procesos dependen de los tiempos que manejan las agencias gubernamentales y que cambian a menudo. Pero en esa situación, mi terapeuta me explicó que esto requería un cambio de estilo de vida que se efectuaría diariamente.

Al escribir estas líneas, esa verdad me sigue molestando tanto que literalmente siento escalofríos en el lado derecho de mi cabeza. ¿Sabes por qué? Porque no tengo control sobre esta nueva realidad. Basada en lo que aprendí hasta el momento, y porque intencionalmente debo dar pasos para cambiar la reacción de mi cuerpo a esta situación, me cambié los lentes y comencé a pensar en una verdad que sí sabía: puedo lograrlo y no estoy sola. Además yo sé y creo en la verdad de que el Espíritu Santo reside en mí, por lo tanto tengo un poder sobrenatural para batallar contra el estrés y la ansiedad de tal manera que seguiré aprendiendo a cerrar las puertas a sus efectos negativos en mi vida.

¿Cuál es la principal diferencia entre el estrés y la ansiedad?

La diferencia entre el estrés y la ansiedad es que el estrés es típicamente causado por un desencadenante/*trigger* externo. Ese desencadenante puede ser una fecha o plazo límite, algunos cambios enormes en la vida, una promoción, un nuevo matrimonio o un divorcio, una pelea con un amigo o la muerte de un ser querido. La ansiedad se caracteriza por un fuerte y persistente sentimiento interno de preocupación excesiva o aprehensión que no se va. Es un sentimiento de temor o incomodidad en situaciones que no son realmente amenazantes.

Hay diferentes factores que pueden ocasionarlo. Algunos incluyen lesiones, accidentes, dolor físico, estrés crónico o trauma. Después de varias reuniones con mi terapeuta, yo aprendí que la ansiedad que yo estaba experimentado y que algunas veces todavía experimento es debido a estrés crónico en mi vida diaria. No es que tenga miedo al pasado, el presente, o el futuro, para mí es acerca de que algo en mi que me impulsa a menudo a hacer más de lo que un ser humano debe tratar de hacer a diario y pensar que no podré lograr cumplir con mis responsabilidades diarias me preocupa. Además, mis expectativas llevan consigo altos niveles de excelencia, esa combinación es la que presenta estrés en mi vida cotidiana a tal punto que la ansiedad llegó a ser parte de mi vida diaria.

Créeme cuando te digo que aprender a controlar el estrés y la ansiedad no solo vale tu tiempo, sino que también es la mejor inversión que puedes hacer por ti y para ti. La ansiedad es una condición que tiene tratamiento; hay muchos recursos y estrategias que pueden ayudarte. Habla con tu terapeuta o médico sobre las maneras en que puedes manejar el estrés y la ansiedad. En mi caso, buscar ayuda fue una bendición y estoy contenta de haberlo hecho.

Por favor recuerda que si estás preocupada por la forma en que te estás sintiendo, no demores en hablar con tu terapeuta o médico. No podemos evitar el estrés, pero con algunas estrategias, podemos frenarlo e impedirle que nos abrume. Cuando tengas síntomas de estrés, haz ejercicio físico. Incluso una caminata puede contribuir. Tómate un momento para pensar en lo que lograste durante el día y no en lo que no llegaste a hacer. Otra cosa que puedes hacer para lidiar con síntomas del estrés es aprender a decir "no" a responsabilidades adicionales cuando estás demasiado ocupada o estresada. Finalmente, permanece conectada con personas que te calmen, que te hagan feliz y te brinden apoyo emocional. Lidiar con los síntomas de la ansiedad es posible. Cuando veas que te estás preocupando, puedes hacerte las siguientes preguntas: ¿mi preocupación es razonable?, ¿me beneficia en algo?, ¿qué podría hacer en vez de preocuparme? Esas preguntas son prácticas porque te ayudarán a poner las cosas en perspectiva y darte una mejor idea de lo que te está pasando. También te ayudará a cambiar el enfoque, pasando de temor o preocupación a la búsqueda de una solución. Te lo dije desde un principio, esta jornada requiere que seamos intencionales a diario. Requiere arduo trabajo e inversión de tiempo, pero vale la pena.

Lo que aprendí de mi terapeuta

Las herramientas que aprendí de mi terapeuta y mencionaré en este capítulo son apenas una minúscula fracción de todo lo que él enseña. Hay algunas que vale la pena escribirlas aquí porque me dieron un excepcional buen comienzo en mi travesía de perseguir un cambio para vivir como mujer victoriosa y gozosa en lugar de esclava del estrés y la ansiedad. Por favor observa los verbos que usé: "perseguir", "vivir"; ambos están en infinitivo, y eso significa que se harán presentes constantemente. Eso es justamente, querida lectora, lo que significa perseguir un cambio en el estilo de vida que aumenta nuestra calidad de vida, un cambio 24/7, es decir 24 horas, los 7 días de la semana. La buena noticia es que se puede lograr con una inversión de solamente un día a la vez.

RÍE: Reconoce, Inhala y Exhala

Aprender, incorporar y practicar técnicas de reducción del estrés es un proceso diario que a menudo hacemos de lado debido a las demandas que cada una de nosotras sufrimos en nuestra ocupada vida. Para hacerlo más fácil a la hora de tratar con este esfuerzo, decidí armar un acrónimo, una palabra que fuera fácil de recordar. RÍE = sé feliz. La palabra RÍE es la conjugación del verbo reír en imperativo. Cuando piensas en RÍE te estás obligando a sonreír.

Me encantó este acrónimo en el que la **R** es para Reconocer, la **I** para Inhalar y la **E** para Exhalar. Lo pensé mucho y le di gracias a Dios por enviarme la respuesta. Tiene un significado fuerte, porque debemos decidir reírnos tan pronto como notemos que nuestro cuerpo está experimentando estrés o ansiedad. Al hacerlo, estamos dando un paso automático para lograr que se desvanezcan esos síntomas negativos. Recuerda que la alegría es un ingrediente para borrar los síntomas negativos. ¿No me crees? Pon el libro a un lado y sigue estas instrucciones:

1. Piensa en algo que alguien te hizo y que te enojó, algo normal. Por ejemplo, tus hijos se olvidaron de sacar la basura, tu amiga dijo algo a tus espaldas para tratar de herirte, tu jefa te pidió que terminaras algo cuando ya estabas saliendo de la oficina.

2. Ahora piensa en lo que le dirías cara a cara. Debe ser algo real, y que exprese tu enojo. No te preocupes, nadie puede verte ni responderte.

3. Ahora di en voz alta lo que les quieres decir. Asegúrate de usar el tono de voz que deseas para que el mensaje llegue.

4. ¿Cómo sonó? ¿Qué sintió tu cuerpo? ¿Sonaste enfurecida? ¿Tu rostro reflejó la respuesta que tenías para ellos?

5. Ahora dilo de nuevo, con la misma intensidad y emoción, pero con una sonrisa mientras lo dices.

¿Notas la diferencia? Cuando estás sonriendo es casi imposible decir el mensaje completo que pensaste mientras estabas enojada y bajo estrés. Observa de nuevo cómo se siente tu cuerpo cuando sonríes. A todo nuestro cuerpo, nuestros órganos, células, mente, alma, le encanta cuando sonreímos.

Primer paso: R de Reconocer

Primero, debemos ser capaces de reconocer lo que estamos sintiendo, lo que siente nuestro cuerpo. Debemos aprender a reconocer cuando el cuerpo está percibiendo la ansiedad. Ya sea que sientas un nudo en la garganta, dolor de cabeza, deseos de comer todo lo que encuentres en tu refrigerador tarde en la noche, transpiración intensa, ganas de morder tus bolígrafos, enrojecimiento del rostro o el pecho, o cualquier otra cosa que experimentes y que para ti sea fuera de lo normal. Reconocer las señales de nuestro cuerpo es el primer paso.

Sé que es algo desafiante, porque la mayoría de nosotras pensamos que algunos síntomas son solamente temporales y eventualmente desaparecerán una vez que nos relajemos. Para comenzar nuestro aprendizaje sobre cómo batallar con la ansiedad para disfrutar de una vida victoriosa y gozosa, primero debemos reconocer que existe un problema. Así que es preciso entender la diferencia entre el estrés y la ansiedad, para reconocer en qué momento nos enfrentamos con la ansiedad. Cuando somos capaces de identificar nuestros disparadores/*triggers*, dónde y cuándo aparecen, recién ahí podemos comenzar a entender.

En otras palabras, debemos aceptarlo, no ignorarlo, no empujarlo hacia un lado o hacer de cuenta que no está ocurriendo. Después de reconocer que estás luchando con la ansiedad, es tiempo de aceptar que tu cuerpo también la siente. Uno de los consejos sabios que me dio mi terapeuta fue reconocer y aceptar el hecho de estar padeciendo ansiedad. No te mientas a ti misma pretendiendo que no existe, no lo niegues o postergues como si fuera algo que hay que atender más adelante. En cambio, acéptalo y sé transparente con la situación para cortarla de raíz. Solo entonces podrás enfrentarla. No te escondas ni te avergüences, solo acéptala. Muchas de nosotras deseamos creer que todo está bien. Preferimos ignorar el tema y no tener conversaciones sobre esto. Sé que es difícil reconocer la lucha con la ansiedad, pero este paso es crucial; aceptarlo te puede hacer más poderosa porque le quitas el poder que ejerce sobre tu calidad de vida.

Al comenzar esta jornada para aprender a reconocer y aceptar que lidias con ansiedad, hazte las siguientes preguntas: ¿qué estoy sintiendo?, ¿qué me está ocurriendo? Sé que suena increíblemente sencillo, pero realmente te ayudará no solo a reconocerlo sino a aceptar que estás ansiosa. Porque solo en la aceptación te das permiso para invertir tiempo en ti misma a fin de obtener una mejor calidad de vida.

Si crees que tú o alguien que conoces puede estar sufriendo de ansiedad, podrás encontrar en línea varias pruebas o cuestionarios que puedes realizar sin costo. Imagina lo que sucedería si trabajaras en tu ansiedad y no contra ella. La forma en que respondemos a la ansiedad puede llevarnos al éxito o al fracaso. Cuando la ansiedad se presenta, asegúrate de reaccionar rápidamente. Tendrás que practicar estas cosas, no será natural al principio, pero con el correr del tiempo aprenderás que cada minuto invertido vale la pena.

¡RESPIRA! Inhala-Exhala

¡Simplemente respira! Bueno, en este tiempo probablemente estés pensando que respirar es muy fácil. Eso es lo que la mayoría pensamos. Después de todo, no podríamos vivir si no respiráramos e ingresáramos oxígeno al cuerpo. Donna Farhi en su libro *The Breathing Book* [El libro de la respiración], dice que si así fuera, si respirar realmente fuera tan sencillo, si aprendiéramos a respirar y lo usáramos en nuestro beneficio, habría menos personas desdichadas y enfermizas en el mundo. La forma en la que respiras afecta todo tu cuerpo. Respirar profundo es una de las mejores formas de disminuir el nivel de estrés del cuerpo. Cuando lo haces, le envías un mensaje a tu cerebro para que se calme y se relaje, y tu cerebro le envía ese mensaje al resto del cuerpo.

Encontré la siguiente información en un artículo de *Harvard Health Publishing* y me abrió los ojos. Habla sobre la importancia de inhalar hondo y de cómo la respiración abdominal impulsa el completo intercambio de oxígeno, que puede aminorar el ritmo cardíaco y estabilizar la presión sanguínea.[2] Debemos respirar para que nuestros pulmones se llenen con el oxígeno necesario. El artículo menciona que la respiración profunda es antinatural para la mayoría de nosotros y tiene sentido. En nuestra cultura, especialmente a las mujeres, no nos gusta nuestro vientre si no es plano. Así que evitamos respirar profundo para que no se nos salga el estómago y nos veamos infladas, pero en realidad esa es la acción que debemos realizar para combatir la ansiedad.

Los ejercicios de respiración profunda son simples de aprender, y puedes practicarlos todas las veces que quieras y en cualquier lugar. ¿Por qué son importantes estos ejercicios y cuáles son sus beneficios? Sigue leyendo. Cuando averigüé sobre el provecho que esto tiene ¡me llené de alegría! Unos simples ejercicios respiratorios demostraron disminuir el ritmo cardíaco y la presión sanguínea, mejorar la resistencia y fuerza pulmonar y liberar endorfinas que levantan el ánimo.[3] Eso no es todo, la respiración profunda también ayuda a disminuir los niveles de estrés. Te mostraré tres ejercicios respiratorios que me han ayudado mucho. Me los enseñó mi terapeuta, quien me mostró cómo implementarlos sin que nadie se dé cuenta. No es la clase de respiración en donde todos los que te rodean pueden escucharte, o donde tienes que inhalar haciendo ruido y exhalar haciendo un ruido más fuerte todavía.

La relajación por medio de la respiración es un aspecto crucial en el aprendizaje de cómo manejar la ansiedad. La puedes hacer cuando meditas, haces yoga, o cuando haces ejercicios de relajación. Te mostraré cuáles son mis tres preferidos.

Asegúrate de consultar con tu doctor para asegurarte que tu salud te permite llevar a cabo estos ejercicios.

1. Respiración concentrada

Significa que te enfocas y concentras en el acto de respirar.

Puedes comenzar con este ejercicio. Mientras tomas una bocanada de aire y respiras profundo, usa una imagen mental que te ayude a sentirte más relajada, o piensa en una palabra o frase.

  a. Cierra los ojos.

  b. Haz algunas respiraciones profundas.

c. Inhala y, mientras lo haces, imagínate que el aire que ingresa está lleno de un sentido de paz y calma.

d. Exhala y, mientras lo haces, imagínate que el aire que sale se lleva tu estrés y tensión.

e. Ahora, pruébalo con una palabra o frase. Mientras inhalas, di en tu mente: "Respiro en paz y quietud".

f. Al exhalar, di en tu mente: "Suelto todo el estrés y la tensión".

g. Repítelo todas las veces que sea necesario.

2. Iguala el tiempo de inspirar y espirar

En este ejercicio nos enfocamos en igualar la longitud de la inspiración y la espiración.

a. Siéntate cómoda en el suelo o en una silla.

b. Inhala por la nariz. Al hacerlo, cuenta hasta cinco.

c. Mantén la respiración hasta la cuenta de cinco también.

d. Luego exhala por la nariz contando hasta cinco de nuevo.

e. Repite 10 veces. ¡Y ya! Te aseguro que todo tu cuerpo y tu mente sentirán la diferencia.

Con el tiempo, siempre y cuando te sientas confortable, ve aumentando la duración de la inspiración y la espiración. Cuando te sientas cómoda con la última cuenta de cinco, aumenta la cantidad de tiempo de ambos movimientos. Yo he llegado hasta contar ocho.

3. Respiración del vientre

La respiración ventral es muy relajante y no es complicada. Es un ejercicio básico que puedes hacer para aliviar el estrés.

a. Siéntate en una posición cómoda.

b. Pon una mano sobre el vientre, debajo de las costillas. Pon la otra en tu pecho.

c. Haz una inhalación profunda por tu nariz y deja que tu vientre empuje la mano. Tu pecho no debería moverse.

d. Exhala como si estuvieras silbando y siente cómo baja la mano que está sobre tu vientre. Úsala para empujar todo el aire hasta que salga.

e. Realiza este ejercicio respiratorio entre tres y diez veces. Tómate un buen tiempo con cada respiración.

Muchas de nosotras no sabemos o hemos olvidado las maravillas de la respiración profunda y, muchas veces, la damos por sentado. Los ejercicios de respiración profunda son una buena forma de relajarse, reducir la tensión y aliviar el estrés. Son sencillos de aprender y no necesitan ningún equipamiento o accesorio especial. Hay un montón de esta clase de ejercicios que puedes realizar; pruébalos y fíjate cuál funciona mejor para ti. La próxima vez que te sientas estresada y agobiada, solo recuerda hacer una respiración profunda. Inhala y exhala. Recuerda que se necesita práctica, así como cuando se aprende una nueva habilidad, pero intenta incorporar un ejercicio respiratorio cada día.

La próxima vez que comiences a transpirar o sientas el estrés llegar sobre tu cuerpo, cuando te quieras comer todo lo que encuentras en el refrigerador, o peor aún, cuando estés lista para gritar o maltratar a alguien, recuerda **RÍE**. Detente y **Reconoce** que la ansiedad está a punto de tomar lo mejor de ti. **Inhala** y luego **Exhala**.

Meditación

Mi terapeuta me enseñó que la meditación era parte de mi prescripción médica para batallar contra la ansiedad. Él dice que la meditación nos ayuda a desacelerar la mente y el sistema nervioso. Hay numerosos beneficios en ella, la mayoría que no conocemos. Si pasas un tiempo cada día meditando, te sorprenderá el bien que le hará a tu mente y cuerpo.

Quiero contarte mi propia experiencia con la meditación, y también quiero que sepas que batallar contra la ansiedad es un desafío constante. Es un proceso diario y no un tema que resuelves de la noche a la mañana. Hay muchas opciones de meditación por ahí, pero busca la que más funcione para ti.

Yo sé que para muchas la meditación es un tema del que escuchamos mucho pero del que no sabemos mucho. Como bien lo dice pastora Liliana Gebel en su libro, *Busca tu propio Ángel*: "Como cristianos, le tenemos mucho miedo a esta palabra, sentimos que es de la Nueva Era o parte de las técnicas humanistas. Pero en la Biblia podemos ver muchos versículos al respecto".

Primero, me gustaría compartirte sobre la importancia de meditar en la Palabra de Dios. Sí, yo creo que es importante meditar sobre la lectura de la Biblia, pero no es la única forma de meditar que existe. Al meditar pensamos en lo maravilloso que es Dios, y leemos sus promesas para nuestra vida, comenzamos a tomar control sobre nuestras emociones y podemos reducir el sentimiento de temor o ansiedad.

Uno de mis versos favoritos para meditar durante mis sesiones de meditación es:

JEREMÍAS 29:11 NVI
Porque yo sé muy bien los planes que tengo para ustedes —afirma el Señor—, planes de bienestar y no de calamidad, a fin de darles un futuro y una esperanza.

Al meditar y saber que Dios es nuestro protector, sentimos mucho alivio de la ansiedad. ¡Oh, sí! Tan solo pensar en todos esos hermosos y poderosos versículos me empodera para mi día. Tengo que admitir que mi día está lleno de responsabilidades y decisiones que tengo que tomar que yo sé afectan la vida de muchas personas. Saber que puedo combatir mis incertidumbres con la verdad de su palabra me ayuda mucho. NO es nada fácil, pero poquito a poquito, un día a la vez me entrena a desarrollar más el musculo de la fe. Siento mucho alivio porque son versos como estos los que me recuerdan que no tengo que preocuparme porque sus planes y promesas son simplemente perfectas para mí.

Esa convicción trae gozo y deleite a nuestra vida. Es una bendición vivir llena de alegría, porque nuestro enfoque está en las promesas de Dios y no en las situaciones negativas con las que todas luchamos.

Salmos 119:14-16 dice:

"Me regocijo en el camino de tus estatutos más que en todas las riquezas. En tus preceptos medito, y pongo mis ojos en tus sendas. En tus decretos hallo mi deleite, y jamás olvidaré tu palabra".

Meditar en las promesas del Señor puede brindarte un inmenso gozo y un sentimiento de paz. Entonces, ¿cómo hacemos para meditar en la Palabra de Dios? Déjame darte un ejemplo. Comienza apagando la televisión, el celular o cualquier otro dispositivo que pueda ser una distracción. Encuentra un lugar confortable donde no te interrumpan. Haz algunas inhalaciones profundas y relájate. Comienza con un tiempo de oración a Dios. Luego toma uno de tus versículos preferidos y léelo en voz alta, cortándolo en varias partes para obtener el significado más completo. Repásalo una y otra vez en tu mente y visualiza lo que representa para ti y cómo puedes aplicarlo. Hazlo personal, como si hubiera sido escrito solamente para ti.

Piensa en positivo y medita en sus promesas para tu vida, sabiendo que Dios conoce tus luchas y suple todas tus necesidades. Cuando acabes, solo quédate en silencio un poco más y siente el amor de Dios. Permite que su amor te envuelva y te llene de gozo. Al final, tú misma encontrarás tu propia manera de meditar. ¡Inténtalo! Este es solo un ejemplo de cómo hacerlo.

La meditación es poderosa. Es una práctica que te ayuda a brindar quietud a tu mente, a enfocarte en el momento presente y estar consciente de tus pensamientos, sentimientos, sensaciones físicas y entorno, y ser amable, pero firme con tu mente hiperactiva que quiere mantenerte constantemente alerta y sobrestimulada.

Yo descubrí el círculo vicioso en el que mi mente quedaba atrapada. Los sucesos traumáticos o sin resolver del pasado y más aún la preocupación de lo que podía pasar si no me apuraba siempre a hacerlo todo, con frecuencia empañaban lo bueno que estaba viviendo, haciendo que cada pequeño episodio de estrés reprodujera esos viejos pensamientos y sentimientos de preocupación en mi mente. Ahora aprendí y aprendo a diario la importancia de sintonizar lo que siento en el presente y derrotar cada mentira que ataca mi mente con la verdad que Dios está en control, y nada de lo que yo haga o deje de hacer va a cambiar lo que él ya tiene planeado.

Los beneficios de la meditación

Aunque hay muchos beneficios al practicar la meditación, yo experimenté y hasta el día de hoy experimento de manera directa dos muy importantes. Primero, me ayudó a fortalecer el músculo de la resiliencia. Siento que mi mente está más calmada y puede auxiliarme mejor en manejar el nivel de amenaza que percibo en medio de algunas situaciones. Los estresores y disparadores/*triggers* del pasado o presente ya no siempre dictan mis acciones. Hago una pausa y elijo mi reacción. O, como nos dice la ciencia:

> Según la investigación neurocientífica, las prácticas de conciencia plena [mindfulness] –meditación– reducen la actividad de la amígdala mientras que aumentan las conexiones entre la amígdala y la corteza prefrontal. Ambas áreas del cerebro nos ayudan a ser menos reactivos a los estresores y recuperarnos más rápidamente del estrés.[4]

En segundo lugar, al desarrollar la práctica de la meditación encontré que ha mejorado mi habilidad para concentrarme e incorporar a mi flujo de información todo lo que me rodea. Así es, la meditación puede incrementar tu capacidad de concentración y enfoque. Ahora paso menos tiempo permitiendo el "cuchicheo" mental que me distraía con "espejitos de colores" y más tiempo en el momento presente. Este aumento en el enfoque y período de atención ha sido confirmado por varios estudios científicos. El enfoque es la capacidad de prestar atención a una sola cosa a expensas de todas las demás, lo cual puede resultar difícil, especialmente en una sociedad que alaba la multitarea.

> La atención humana naturalmente se enfoca en aspectos amenazantes, placenteros o novedosos. Nuestra mente es atraída hacia esas preocupaciones y heridas, lo que nos lleva a pensamientos erróneos o vagos. En nuestro cerebro,

una red de neuronas llamada "red neuronal por defecto" puede predisponernos a la depresión, ansiedad, déficit de atención y trastorno de estrés postraumático. Varios estudios muestran que la meditación puede revertir algunas de esas anormalidades, produciendo cambios estructurales en el cerebro.[5]

Mis prácticas de meditación

Encontré una meditación guiada de Ciudad de Esperanza que sigo usando y me ayudó muchas veces cuando sentía que el estrés tomaba el control. La palabra meditación para mí era grande e importante. Hace muchos años, también había intentado meditar en un par de ocasiones, pero sentí que no podía hacerlo bien porque mis pensamientos continuaban invadiendo mi mente y me distraían a tal punto que consideraba la meditación una pérdida de tiempo. Desde entonces aprendí que está bien tener pensamientos en medio de mi tiempo de meditación, pero ahora los observo hasta que se van y entonces regreso a mi práctica. Quiero que sepas que meditar no requiere de una gran cantidad de tiempo, pero sí de una presencia enfocada y comprometida con el proceso. Tener tu celular a mano o tener el audio de las noticias en la televisión mientras meditas no es respetar el proceso como se merece.

Caminar más lento

Todavía recuerdo cuando mi terapeuta me dijo que tenía un plan para esa sesión. Quería que caminara a su lado y le siguiera el paso. Mi familia le había contado que yo caminaba muy rápido y quería que lo hiciera a su ritmo y que le dijera por qué no podía caminar más lento. Pensé que estaba bromeando o, peor aún, que me estaba haciendo perder el tiempo. Yo estaba tan comprometida con aprender maneras de controlar el estrés que acepté salir y caminar juntos. Era una experiencia rara. Él caminaba en lo que dijo que era un paso muy normal. Debo ser sincera contigo: caminar por los pasillos a un ritmo tan lento me resultó extremadamente difícil. Tal como él me lo explicó, yo no me siento cómoda, es más me siento súper incómoda caminando despacio, lo que significaba que debía practicarlo. Me dijo que andando lento y aprendiendo a respirar despacio, podría volverme una persona más tranquila que le enviaría mensajes a mi cerebro y cuerpo que estaba todo bien, todo tranquilo. Para mí, eso de caminar súper lento era una tarea muy difícil.

Mientras caminábamos, me preguntó cómo me sentía. Le dije la verdad, que me sentía incómoda y que lo veía como una pérdida de tiempo. Me siguió preguntando por qué lo veía así, por qué tenía que caminar aprisa y no podía bajar la velocidad. Yo no tenía una respuesta. Siendo el buen psicoterapeuta que es, siguió indagando hasta que finalmente obtuvo una respuesta con la que podía trabajar. "Porque no conozco otra forma de caminar. Toda mi vida estuve corriendo y a las apuradas; ir más despacio para mí no es una opción", le dije finalmente. También admití que, para mí, andar lento es ser improductivo. Dios sabe que yo tengo estándares demasiado elevados y metas descomunales en mi vida, y siento que para llegar ahí tengo que ir rápido. Le gustó esa respuesta, porque era la verdad y porque dijo que podía usar esa información para ayudarme a establecer algunas metas para reducir la velocidad, lo que contribuye con el manejo del estrés.

Comenzaría con un paso a la vez. Incluso aprender a caminar más despacio tendría que ser un paso a la vez, un día a la vez.

Lo que me enseñó es tan fácil de escribir y leer, pero tan difícil de hacer e incorporar en mis prácticas diarias que realmente implicaron un esfuerzo, aunque fueron las mejores decisiones para cambiar mi vida. Es más, fueron las mejores decisiones para salvar mi vida. Y sé que también serán buenas para ti. De ninguna manera estoy diciendo que ya domino todo. Todavía estoy aprendiendo y continúo en la búsqueda diaria de un estilo de vida más saludable, uno que me ayude a batallar contra la ansiedad y vivir completamente plena y gozosa.

La información que compartí sobre lo aprendido con mi terapeuta es inmensamente poderosa para mí y espero que también lo sea para ti. Deseo expresar mi completa gratitud y aprecio por mi terapeuta, quien me enseñó tanto y trabaja arduamente para cambiar vidas día a día.

Esta experiencia de constante aprendizaje afortunadamente no exige la perfección, solo el progreso que puede medirse un día a la vez, un paso a la vez. No te desanimes si consideras que no estás avanzando como desearías. Sé paciente y sigue intentando, aun cuando falles. Batallar contra la ansiedad es un desafío a largo plazo. Un poquito de progreso cada vez es más que suficiente para ayudarnos a permanecer firmes como las asombrosas *mujeres victoriosas* que somos.

Reflexionemos

Tómate un momento para practicar lo que aprendiste en RÍE: Reconoce, inhala y exhala.

Encuentra un lugar tranquilo y date el espacio para escuchar y analizar los pensamientos que en estos momentos están pasando por tu mente No te apures, aprovecha el momento de soledad. ¿Qué te dice tu mente a medida que haces este ejercicio?

¿Tus pensamientos, te hacen sentirte estresada, ansiosa, triste, decepcionada?

1. Reconoce
2. Inhala
3. Exhala.

Y si tienes tiempo, medita. Regálale a tu mente, cuerpo y alma ese gran obsequio. No te arrepentirás.

CAPÍTULO 5

Espiritualmente fuertes

Esta área de mi bienestar personal es la más importante. Decidí empezar esta conversación contigo abordando la importancia de sentirnos mentalmente firmes y perseguir dicho estado porque cada pensamiento nos lleva a sentimientos y eventualmente a tomar acciones. Por lo tanto, lo que tú y yo permitimos entrar a nuestra mente es crucial cuando buscamos transformar nuestra vida. Sin embargo, para mí es de suma importancia asegurarme de que estoy espiritualmente fuerte cuando atravieso etapas en las que no me siento completamente contenta, plena y satisfecha. De no ser así, tengo que poner manos a la obra para garantizar que no ignoraré esta área, esta dimensión de mi bienestar.

Pienso y siento que la dimensión espiritual es, para mí, la base de todas las otras. Es la que le permite a mi alma sobrellevar todo lo demás en la vida. Quiero aclarar que ser una mujer espiritualmente fuerte no quiere decir que me considero una persona religiosa y mucho menos legalista. Para mí estar espiritualmente fuerte se demuestra con la manera en que vives y cómo tratas a las personas a tu alrededor. Ser espiritualmente fuerte, para mí, es exhibir los frutos del espíritu como el amor, la fe, el gozo, la paz, la paciencia, la caridad, la bondad, la dulzura de alma, la prudencia, la sencillez, la modestia, la perseverancia, y la constancia de ánimo frente a los obstáculos y las adversidades.

Te comparto algunas de las herramientas espirituales que me ayudan a disfrutar de una vida más saludable.

Oración

Comienzo el día orando. Hacerlo es esencial en mi vida. No existe poder más grande que el de la oración. Nos ayuda a permanecer firmes al reconocer que una fuerza mayor y superior obra en nosotros: nuestro Padre Celestial. Mi rutina diaria me ofrece ese tiempo para poner en práctica la oración que me conduce hacia un sentimiento de paz en ese momento y trato de extender ese sentimiento a lo largo de la jornada. Le pongo mucha atención a orar, agradecer a nuestro Padre Celestial por su amor y sus bendiciones. Por la mañana, también dedico tiempo para pedirle su guía en cada decisión que vaya a tomar y últimamente añadí a mis oraciones mañanera lo siguiente: "Padre en mi calendario del día de hoy tengo numerosas responsabilidades, pero si tú necesitas distraerme con algo o alguienal que dedicar mi tiempo para que traiga gloria y honra a tu nombre. ¡Interrúmpeme!". Lo aprendí de un pastor y me encantó.

La oración nos ayuda a darnos cuenta de que no tenemos que hacerlo todo con nuestras propias fuerzas, ni llevar las cargas a solas, ni encontrar por nuestra cuenta todas las respuestas a los desafíos que enfrentamos. La oración es conversar con Dios, no con palabras memorizadas, sino con las que salen directamente del corazón. La oración nos hace desarrollar una relación con Él, nos lleva a conocerlo como un Padre amoroso que está a nuestro lado, y no como un ser inalcanzable que vive en un lugar distante. La oración y la meditación en la Palabra de Dios nos ayuda a conocerlo mejor para entender que es imposible que solo el universo se encargue de nuestro futuro, sino que Dios es el creador de ese universo, por lo tanto, tiene el poder de lograr hasta lo imposible.

La maravillosa noticia acerca de la oración es que no tiene que ser de una cierta manera, por eso, orar no debería ser una carga. Dile a Dios cómo te sientes. No tienes nada que temer. Dios quiere hablarte. Mi objetivo es mostrarte, de la manera más simple posible, lo que significa la oración para mí y qué efectos tiene en mi vida. Realmente me gustaría ayudarte, querida amiga, si por alguna razón crees que la oración es una tarea difícil o piensas que estás muy ocupada para orar, como si la oración fuera una acción que debe encajar en algún molde para tener efecto. Cuando oras no necesitas palabras perfectas, ni un formato perfecto, ni una ubicación perfecta. La oración debería ser una bendición siempre presente en y para nosotras.

Al entregarle algo a Dios en oración, debes confiar en Él, aun cuando parece no haber respuesta. Debes estar segura de que todo se desarrolla de acuerdo con su tiempo perfecto. Durante tu tiempo de duda o impaciencia, cuando parece que Dios no responde las oraciones, debes sostener y poner en práctica el poder de la fe. Debes creer, sin dudas, que Dios tiene la situación bajo control, que te sostiene en sus brazos llenos de amor y te hace esperar por alguna razón.

Cierta vez, escuché que Dios tiene tres respuestas a las oraciones: sí, no, o todavía no. Quizá no es el tiempo perfecto de Él para responder a tu oración, a tu pedido. Tal vez es demasiado pequeño para la grandeza que tiene para ti, o te está cuidando y protegiendo de algo que tú piensas que es bueno, pero realmente Él sabe que sería algo eventualmente malo para tu vida y la vida de quienes amas. Debes tener fe en que Él sabe qué es lo mejor para ti. Siempre lo sabe. Confiar y rendirse a la voluntad de Dios es un proceso diario. Recuerda tomar un tiempo en silencio para escuchar sus respuestas. Usa el poder de la oración para conversar, escuchar y obedecer a Dios. Multiplica las bendiciones al conocer el significado de la palabra *shemá*, una palabra hebrea que nos pide escuchar y obedecer la guía que recibimos. Haz de la oración un hábito diario. Cambiará tu vida para siempre.

Leí esta cita de Samuel Dickey Gordon, que fue un prolífico autor y un activo ministro laico evangélico durante finales del siglo xix y principios del siglo xx:

> Al acercarnos al nombre de Jesús, es como cuando Jesús oró. Es como —déjame decirlo muy suavemente para que parezca muy reverente—. cuando Jesús te rodeó con sus brazos y te llevó al Padre, y dijo: "Padre, ésta es una amiga mía; nos llevamos muy bien. Por favor, dale lo que te pida en mi nombre". Y el Padre rápidamente se inclinará y con amor dirá: "¿Qué recibirás hija mía? Puedes tener todo lo que pidas cuando mi Hijo me lo pida".

Cerremos los ojos y pensemos en ello. ¡Es simplemente hermoso!

Una de las razones por las que Javier y yo asistimos a la misma iglesia desde hace más de treinta años es porque amamos las enseñanzas de nuestro pastor. Él explica sus enseñanzas de una manera muy simple y fácil de entender. A menudo les dice a los nuevos creyentes que no teman para comenzar a leer la Palabra de Dios y para incorporar un tiempo de oración cada mañana, que empezar con cinco minutos al día está bien. Luego puedes ir aumentando de acuerdo con lo que tus horarios te permitan. Quizá durante los días laborales, solo puedes dedicar unos pocos minutos, y durante los fines de semana, puedes dedicar unos minutos extra. Es algo entre tú y Dios. Que nadie establezca normas que añadan estrés a tu vida. Jesús es Dios de amor, a quien le encanta tener una relación directa contigo; no es un Dios de legalismos. Escucha la voz y la guía del Espíritu Santo y encuentra gozo en la obediencia de acuerdo con tus circunstancias.

Tal como te conté en mi libro anterior, junto con mi familia empezamos el día con una oración. Javier y yo empezamos por las mañanas después de leer nuestro devocional del día, oramos de rodillas y por varios minutos conversamos con Dios. No hay mejor manera de empezar nuestros días. Como familia, cuando salimos de casa, utilizamos la señal de alto en la esquina de casa como recordatorio de que a esas alturas de la rutina diaria ya deberíamos estar orando juntos en el auto o haber terminado la oración que hacemos al salir de nuestro hogar. Mis sesiones personales de oración por la mañana son diferentes, ya que dependen de lo que tenga que hacer ese día. Estoy muy agradecida con mi pastor. Durante muchos años, nos ha recordado que lo importante no es lo que dure nuestra oración, sino la calidad de tiempo que dedicamos a hablar con Dios. La oración ha sido y es uno de los pilares más importantes de mi vida.

Meditar en la Palabra

Cuando enfrento una prueba o una tarea difícil, tengo la bendición de saber que la Palabra de Dios contiene la guía para iluminarme durante esos momentos. Como me lo explicó mi querida amiga Gloriana Montero, la Palabra de Dios es la mejor defensa que tengo para luchar contra los dardos diario que me manda el enemigo. Por ejemplo, cuando estoy muy ocupada y llena de pruebas. Con frecuencia enfrento jornadas de intensas batallas legales que me fatigan muchísimo. Mi equipo y yo luchamos por aquellas familias que nos encomiendan su futuro en este país. Durante esos días es muy importante recordar que los planes de Dios continúan siendo perfectos. Es necesario tener en mente que, aunque no recibía respuestas positivas a las oraciones por un asunto específico, la voluntad y el tiempo de Dios siguen siendo perfectos. Tengo marcado en la mente Jeremías 29:11 para ayudarme a meditar en la verdad y recibir un poco de luz en medio de tanta oscuridad por las noticias negativas que recibíamos. La meditación en la Palabra de Dios me recuerda sus promesas. Saber que Él está a mi lado, y al lado de tantas familias que creen y confían en Él, que nunca nos abandonará ni nos desamparará trae alivio a mi mente, cuerpo y alma.

Meditación

Fue un cambio en mi vida incorporar la meditación, de acuerdo con el consejo de mi terapeuta. No me refiero a la clase de meditación que nos aleja de nuestras creencias acerca de Dios. Hablo de la meditación que brinda quietud a la mente y hace que tu cuerpo se detenga.

La meditación establece una conexión entre el mundo interno y el externo. Impacta de forma positiva la salud física y mental. Otorga muchas ventajas y voy a compartir contigo mis favoritas. La meditación nos ayuda a enfocarnos en el presente. Según el sitio web Insider, un estudio del año 2016 de unos investigadores de la universidad Carnegie Mellon University demostró que la meditación de atención plena puede mejorar la concentración y la toma de decisiones.[1] También puede mejorar la autoestima y el conocimiento de uno mismo.[2] Al alentarte a bajar la velocidad, tienes la oportunidad de hacer una autorreflexión. Te ayuda a descubrir atributos positivos de ti misma. Un análisis del 2014 publicado en JAMA Internal Medicine descubrió que la meditación puede aliviar la ansiedad y la depresión.[3] Solo te mencioné algunos beneficios, pero existen muchos más.

Sin embargo, quiero contarte que durante los momentos más ocupados de mis días laborales, cuando siento que el estrés me genera ansiedad en el cuerpo, me tomo unas minivacaciones y hago diez minutos de meditación guiada. El resultado final en mi sistema nervioso es increíble. Me siento calmada, relajada, enfocada y contenta. Eso me permite disfrutar del resto de la jornada porque el sistema nervioso está mucho más preparado para continuar. Este es el enlace de la meditación guiada que uso a menudo y que encuentro en el canal de YouTube de City of Hope: https://www.youtube.com/watch?v=t1rRo6cgM_E

¡Físicamente firme!

Durante muchos años escucho el dicho: "Cuida de tu cuerpo, cuídalo mucho porque si lo descuidas eventualmente te pasará factura". Decir que tu cuerpo te pasará factura significa que pagarás un precio alto si no atiendes las señales que te envía y dejará de funcionar con la misma fortaleza de antes, tal y como me sucedió a mí. Mi cuerpo me forzó a hacer un inventario y reducir muchas cosas de mi calendario para demostrarle que respetaba su advertencia. Entonces comencé a alimentarme con comidas más saludables, hacer ejercicios y dormir.

Desde pequeña me ha gustado el ejercicio. Cuando era adolescente hasta participé en un equipo femenino de fútbol *soccer*, porque me gustaba mucho correr. Tengo que confesar que no era nada buena en ese deporte, pero me encanta haberme atrevido a hacerlo pues estoy segura de que el ejercicio añade algo positivo a mi vida y mi cuerpo me devuelve con creces el tiempo que invierto en ello: tengo más energía, la mente más clara y me siento realmente bien.

Reflexionemos

Déjame invitarte a simplemente tener un momento de oración y permitirte a ti misma meditar en las palabras.

A veces ayuda escribirle tu plegaria a Dios. Busca un momento y encuentra para ti toda la tranquilidad posible mientras comienzas a escribir tus pensamientos, preocupaciones y ansiedades. Cuéntaselas a Dios, permite que la tinta de tu bolígrafo sea la oración sincera que Dios lee hoy.

CAPÍTULO 6

Lo que aprendí de mi doctora de medicina funcional

Hace más de veinte años decidí que no tomaría medicamentos solo porque un doctor o farmacéutico me los recetara. Antes de tomar algún medicamento hago un montón de investigaciones. Aunque ahora busco maneras más naturales de tratar con mi salud, no significa que no tome medicina prescrita por un doctor cuando es necesario. Por favor, no me malinterpretes y no pienses que estoy diciendo que no debemos de tomarlos cuando los necesitamos para lidiar con alguna enfermedad.

Yo creo que somos muy bendecidos al vivir en un país con tantos avances médicos. Como se nos ha dicho en muchas ocasiones, debemos buscar el consejo y asesoramiento de los profesionales en la salud. Sin embargo, en mi caso, no me conformo con lo que la medicina occidental me dice que haga. ¿Qué es la medicina occidental? En mis propias palabras, creo que está orientada a recetar medicamentos al paciente para poner una curita en la herida o tratar los síntomas, sin ir a la raíz del problema. Esta perspectiva fundamentada en suficiente investigación me motivó a buscar una forma alternativa para mi familia y para mí. Quería encontrar médicos que nos ayudaran a lidiar con las raíces de los problemas y corregirlos con cambios sustanciales en nuestro estilo de vida, no simplemente dándonos una pastilla que nos ayudara temporalmente.

En una ocasión, hace muchos años, estaba sintiendo unos horribles y punzantes dolores de cabeza. Era esa clase de dolor que te hace sentir que tu cabeza está a punto de estallar. Los doctores me habían recetado pastillas contra las migrañas. El problema fue que mi estómago es sensible y no tolera muchos medicamentos. Entonces terminé en el consultorio de un gastroenterólogo porque las pastillas me provocaban una sensación de ardor en el estómago. Afortunadamente, una doctora en Nueva York me aconsejó que hiciera una prueba de alergia a las comidas. Los resultados mostraron que era alérgica al azúcar, al aceite de oliva, al limón y a la frambuesa. ¿Puedes creerlo? Cuando eliminé esos productos de mi dieta, las migrañas desaparecieron. A partir de ese momento, me realizo una prueba de alergia a los alimentos cada dos años.

A través del tiempo, las alergias a la comida van cambiando. Por ejemplo, ya no soy alérgica al aceite de oliva, sino que me causan alergia el gluten y los lácteos. Cada vez que ingiero algo a lo que soy alérgica, mis glóbulos blancos reaccionan y me hacen saber que mi cuerpo está rechazando ese producto. Las consecuencias son o un dolor de cabeza, flema en la garganta, sensibilidad en mis oídos, y hasta dolor de huesos por la inflamación de mi cuerpo que ya no está acostumbrado a comer comida chatarra. Desearía decirte que soy perfecta y me mantengo alejada de esas comidas, pero todavía no he llegado a ese punto. "Lo que vale es el progreso, no la perfección", me repito cada día.

En tres ocasiones de mi vida los médicos me dijeron que estaba sufriendo de depresión. En cada una de ellas, me prescribieron antidepresivos. Todavía recuerdo la primera vez que llegué a casa luego de comprar el medicamento. Javier y yo leímos los efectos colaterales, y había tantos, incluyendo pensamientos de suicidio, que mi esposo me dijo que mejor buscáramos una segunda opinión.

La última vez que un médico me recetó antidepresivos fue hace más de una década cuando fui a su consultorio porque no tenía suficiente energía. Había mañanas en las que no quería salir de la cama, ni siquiera deseaba levantarme y darme una ducha. Todo a mi alrededor era sombrío. No lograba dormir bien y me levantaba para ir al baño en la madrugada. Durante una de esas madrugadas, en un fin de semana, mientras hacía *zapping* con el control remoto, pasé por un canal donde un médico hablaba sobre las terapias naturales, la importancia de hacerse análisis de sangre cada año y de no quedarse solamente con las respuestas generales que dan los médicos acerca del colesterol y otros temas. Realmente me encantó tanto lo que decía, que quise verlo en persona ese mismo día. Encontré su información de contacto enseguida: él estaba en San Diego. Le conté a Javier y conseguimos una cita para dos semanas después.

Lo que más llamó mi atención fue lo que decía el sitio web sobre este doctor. Decía que su secreto era buscar el equilibrio. Como médico, había recibido entrenamiento intensivo tanto en medicina tradicional como en medicina alternativa natural. Por lo que sus pacientes se beneficiaban de una combinación de avanzada tecnología moderna y poderosas terapias tradicionales. El sitio también declaraba que este médico ha desarrollado su carrera durante más de veintiséis años, lo que significa que tiene experiencia y excelente formación. También sirvió como médico especialista en varios programas de televisión, incluso fue anfitrión de su programa semanal que se había transmitido por la televisión abierta y por canales de cable en todo el país. Estaba convencida de que debía ir a verlo.

¿Qué es un médico naturópata?

La Asociación Americana de Médicos Naturópatas dice que un doctor en naturopatía puede "diagnosticar, prevenir y tratar enfermedades agudas y crónicas para restaurar la salud óptima".[1] Lo hacen apoyando y acompañando el proceso de sanidad inherente a la persona. Trabajan para identificar las causas ocultas de la enfermedad y desarrollar un tratamiento personalizado. Tratan de manera holística, usando los poderes sanadores de la naturaleza. Ven a cada paciente como una persona integral, considerando los distintos factores que comprenden la salud general. Ellos están bien entrenados para diagnosticar, pero también se especializan en cuidados preventivos, lo que significa establecer hábitos que ayudan a mantener controlados los problemas de salud.

¿Qué es la medicina naturopática?

La medicina naturopática o naturista utiliza remedios naturales para ayudar al cuerpo a sanarse a sí mismo. Abarca muchas terapias y combina siglos de conocimiento y filosofía que afirma que la naturaleza es el más efectivo agente sanador, según recientes investigaciones de salud y sistemas humanos.[2] Enfatiza la prevención, y su objetivo es tratar a la persona integral: su mente, cuerpo y espíritu. Me encanta que se enfoca en sanar de raíz las causas de la enfermedad y no solo detener los síntomas.

Según la página WebMD, la naturopatía llegaría a Estados Unidos en el 1800, importada desde Alemania, pero sus orígenes estarían en las medicinas indígenas del mundo, por lo cual cierta área de sus tratamientos tienen siglos de existencia.[3] Entre las modalidades utilizadas en la medicina naturista se cuentan la manipulación física, la medicina botánica, la nutrición clínica y la hidroterapia; además, el doctor te dará una dieta, ejercicios o consejos para manejar el estrés.[4] También pueden usar medicamentos complementarios como medicina herbal y acupuntura.

Fundamentos de la práctica médica naturopática

Déjame contarte los principios básicos de la práctica de la medicina naturista.

1. No hacer daño. Los médicos naturópatas eligen no practicar tratamientos invasivos y realizar el tratamiento menos tóxico. Usan el método que minimiza el riesgo de efectos colaterales dañinos.
2. El poder sanador de la naturaleza. La medicina naturista reconoce la habilidad inherente del cuerpo para sanarse a sí mismo.
3. Identificar y tratar las causas. Los médicos naturistas tratan de identificar, tratar y remover las causas de la enfermedad, no solo buscan suprimir los síntomas.
4. El doctor es un maestro. Los médicos educan y apoyan a sus pacientes en el manejo de la salud personal, animándolos a asumir la responsabilidad de cuidar su salud. Reconocen el valor terapéutico y potencial de la relación médico-paciente.

5. Tratar a la persona como un todo. Los doctores naturópatas reconocen el cuerpo como parte de un todo. Consideran los diferentes factores físicos, mentales, emocionales, genéticos, ambientales, sociales y espirituales del paciente y lo animan al paciente a buscar su desarrollo espiritual.

6. Prevención. Los médicos naturistas promueven el enfoque en la salud general, el bienestar y la prevención de enfermedades.[5]

Ahora voy a contarte lo que experimentó mi cuerpo durante esos días en que me dijeron que estaba pasando por una depresión. Para hacerla breve, después de realizarme análisis de laboratorio, mi médico determinó que tenía carencia de vitamina D y vitamina B, por eso es que mi cuerpo estaba cansado y me sentía fatigada. Ese mismo día me dio una inyección de vitamina B12. Ese momento en mi vida fue una gran motivación para el comienzo de un maravilloso cambio en mi estilo de vida, no solo para mí sino para toda la familia.

Una deficiencia de vitamina D significa que no tenemos suficiente en nuestro cuerpo, y esa es una de las muchas vitaminas que necesitamos para estar saludables. De hecho, la D es una vitamina de extrema importancia. Yo descubrí que cuando uno tiene déficit de vitamina D puede experimentar los siguientes síntomas:

- dolor en los huesos
- fatiga y cansancio
- cambios de estado de ánimo, como sentirte triste y deprimida
- debilidad muscular, dolores musculares o calambres.

La mayoría de las personas ni siquiera nota cuando tiene deficiencia de vitamina D, porque los síntomas generalmente son sutiles e inespecíficos. En ese entonces, mi médico me recomendó tomar vitamina D a diario y aplicarme una inyección de vitamina B12 semanalmente. También me dio algunos consejos sobre cómo cambiar mi estilo de vida para disfrutar de buena salud. Dormir al menos ocho horas por noche fue uno de esos consejos. Yo lo seguí y me sentí como nueva en menos de un mes. Me siento muy agradecida de haber encontrado un doctor que practica la medicina desde este punto de vista.

Visité su consultorio con frecuencia durante esos años. Luego, ya sabes cómo funciona todo, te sientes mucho mejor y no necesitas volver a cada rato al médico. Alcancé esa meta y logré recuperar mi salud, por lo tanto, no tuve que viajar tan lejos para visitarlo. Mi familia y yo estamos inmensamente agradecidos con nuestro doctor porque su cuidado médico cambió nuestra vida.

Al pasar los años, yo estaba entrando en esa etapa a la cual toda mujer eventualmente llegamos, a una nueva temporada en mi vida. Muchas dirán que estaba luchando con la menopausia y los cambios hormonales (lidiar con los desequilibrios hormonales es una pesadilla, y ahora entiendo bien por qué). Como de costumbre, Dios me envió un ángel que me recomendó un especialista en medicina funcional. Le estaré por siempre agradecida.

Estaba lista para un nuevo desafío. Fui muy afortunada de encontrar la medicina integrativa, una disciplina médica holística que considera a la persona en su todo, incluyendo cada aspecto de su estilo de vida.[6] También enfatiza la relación terapéutica entre el médico y el paciente; ambos son socios en el proceso de sanidad. La mente, el cuerpo y el alma son tomados en consideración para promover el bienestar y la sanación.

Algunas prácticas comunes incluyen acupuntura, aromaterapia, masajes, suplementos alimenticios, por nombrar algunos. También se enfoca en los hábitos nutricionales y de ejercicio. La medicina integrativa busca restaurar y mantener la salud y el bienestar, al comprender las circunstancias singulares y particulares de cada individuo. Yo me siento muy bendecida al estar bajo el cuidado de un profesional de medicina integrativa.

En mi caso, la profesional médica que visito es extraordinaria. Ella no solo escucha mis síntomas, sino que también se interesa por mi estilo de vida: cómo estoy durmiendo, qué estoy comiendo, si estoy haciendo ejercicio, qué estoy haciendo para batallar contra el estrés y la ansiedad. Presta atención a mis resultados de laboratorio como las cifras del colesterol, revisa mis hormonas, mis niveles de vitamina D y B, y la alergia a los alimentos.

Chequea tus hormonas, suplementos y vitaminas

Visité por primera vez su consultorio en noviembre de 2016. Esa es una de las mejores decisiones que tomé en mi vida. Durante la primera consulta, me hizo un montón de preguntas. En ese tiempo tenía problemas para dormir, palpitaciones, dificultad para concentrarme y niebla mental.

Lo primero que ella me indicó fue hacerme análisis de sangre en un laboratorio para medir mis hormonas, el colesterol, el nivel de vitamina B y otras vitaminas. Gracias a esos resultados ahora tomo vitamina D, vitamina B y suplementos tiroideos cada día. Al principio estaba tan ocupada con mi agenda que le prestaba poca atención o no seguía al pie de la letra sus recomendaciones. Por ejemplo, comer algunas semillas durante la fase lútea y otras durante la fase folicular del ciclo de la mujer.

Me llevó años disciplinarme para tomar los suplementos que me recomendó y cambiar ciertos hábitos con el fin de encontrar el equilibrio hormonal. Aunque ella fue fantástica brindándome guía y dirección, la responsabilidad de llevar a cabo los cambios era mía. Aprendí –y sigo aprendiendo– a dar un paso a la vez y a vivir un día a la vez. Nunca olvidaré que después de mi primera consulta, ella me dio una página en blanco y negro con un calendario. De un lado estaban los doce meses del año separados en días, en los que había resaltado los días en que caía mi fase lútea y mi fase folicular. Lo hizo para que yo supiera cuándo debía aplicarme la crema de progesterona que me prescribió. Del otro lado de la página había un dibujo con ambas fases y una lista de semillas que debía ingerir durante esos días.

¡Cómo hubiera deseado prestar atención mucho antes a la sabiduría que había en lo que en ese momento me parecía un trozo de papel insignificante! Con el correr de los años y, al estar lidiando con diferentes etapas de la menopausia, con necesidad de sentirme mejor, comencé a aprender más acerca del tema. Durante mi investigación descubrí la siguiente información que, si aprendes a utilizarla, mejorará tu vida.

Nuestro ciclo menstrual está organizado en torno al aumento y disminución de las diferentes hormonas. Tenemos diferentes fases en nuestro ciclo, por lo tanto, nuestras emociones, energía e incluso síntomas físicos pueden cambiar durante el mes. Aunque es natural que las hormonas fluctúen, si entendemos nuestro cuerpo y sus fases, seremos capaces de alimentarnos con los nutrientes necesarios para sostener el balance óptimo de hormonas. Entender cómo esas fases te afectan es una bendición para tu cuerpo y mente, porque saber en qué fase te encuentras te permitirá entender por qué sientes ciertos impulsos como limpiar toda la alacena o el ropero en un solo día, poner el grito en el cielo o comerte todo lo que hay en el refrigerador en una noche.

La fase folicular

Esta fase comienza el primer día de la menstruación y termina con la ovulación. Tus hormonas reproductivas comienzan a prepararse para los siguientes días de ovulación durante esta fase. Con el aumento de las hormonas viene un refuerzo de energía, así que tu energía florece, tu piel brilla y te sientes optimista y confiada. En síntesis: esta fase se percibe como un nuevo comienzo y te sientes feliz e inspirada.

Algunos nutrientes esenciales durante esta fase folicular son las semillas de lino (linaza), de zapallo y el chocolate amargo.

¿Qué hacer en este tiempo? Durante la fase folicular (días 1-14), es una buena idea transpirar la camiseta. Es decir, puedes planear pasar tiempo en la naturaleza, hacer buenos ejercicios energéticos, o salir a caminar o correr. ¡Utiliza toda la energía posible!

La fase lútea

Esta otra fase (días 15-28) se inicia cuando el óvulo empieza a descender por las trompas de Falopio. Finaliza cuando comienza tu próxima menstruación. Es la fase más larga del ciclo. Durante la fase lútea, se da un aumento de estrógeno y progesterona. La respuesta de la mujer al estrés es única porque está basada en el tiempo de su ciclo hormonal. La hormona del estrés, llamada cortisol, participa de forma natural a diferentes niveles en cada fase.[7] Es importante observar que el estrés eleva el cortisol que impide dormir bien por la noche, te hace retener líquidos y aumentar de peso en la zona de tu barriga. Entonces, ¿qué ocurre? Bueno, podemos experimentar estos síntomas: cambios de humor, dolores de cabeza, acné, hinchazón y disminución de consistencia en las mamas. Puedes notar que tus niveles de energía decaen porque tu cuerpo se está preparando para un nuevo ciclo.

Es tiempo de comprar tu chocolate negro preferido. Asegúrate de incluir comidas ricas en hierro y magnesio. Verduras de hoja, quinoa, espinaca y semillas de zapallo son alimentos que te ayudarán a combatir la fatiga. Como tu cuerpo se está preparando para otro período, será mejor cambiar tu entrenamiento basándote en tu ciclo menstrual. Hacer ejercicios suaves será más beneficioso.

¿Qué hacer en este tiempo? Es importante estimular la progesterona. Una manera de hacerlo es consumiendo semillas de girasol y de sésamo. Relájate y exponte por treinta minutos a la luna, date un buen baño de inmersión o escribe en tu diario. Esto le señalará a tu cuerpo el regreso al equilibrio.

Lo que debes evitar durante esta fase es correr, hacer entrenamiento de alta intensidad y practicar yoga fuerte.

Hubiera deseado saber esto mucho antes, y habría evitado ejercitar mi cuerpo hasta el límite durante esta fase por años. Hacerlo no contribuyó en absoluto con mi salud, sino que acentuó el desequilibrio emocional. Estoy feliz de compartirlo con muchas mujeres en este libro.

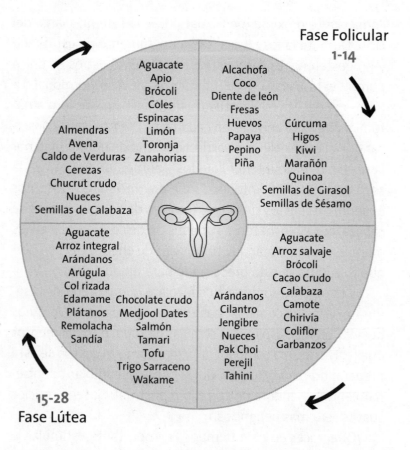

Fase Folicular
1-14

Aguacate
Apio
Brócoli
Coles
Espinacas
Limón
Toronja
Zanahorias

Almendras
Avena
Caldo de Verduras
Cerezas
Chucrut crudo
Nueces
Semillas de Calabaza

Alcachofa
Coco
Diente de león
Fresas
Huevos
Papaya
Pepino
Piña

Cúrcuma
Higos
Kiwi
Marañón
Quinoa
Semillas de Girasol
Semillas de Sésamo

Aguacate
Arroz integral
Arándanos
Arúgula
Col rizada
Edamame
Plátanos
Remolacha
Sandía

Chocolate crudo
Medjool Dates
Salmón
Tamari
Tofu
Trigo Sarraceno
Wakame

Arándanos
Cilantro
Jengibre
Nueces
Pak Choi
Perejil
Tahini

Aguacate
Arroz salvaje
Brócoli
Cacao Crudo
Calabaza
Camote
Chirivía
Coliflor
Garbanzos

15-28
Fase Lútea

Mantén una dieta sana y balanceada

Javier y nuestros dos hijos también son pacientes de mi doctora, y puedo decirte que sus recomendaciones son diferentes para cada uno de nosotros. Por esa razón siempre me escucharás decir que las dietas no funcionan. ¿Por qué? Porque mi cuerpo no es igual al tuyo. Los cuerpos de Javier y de mis hijos tienen distintas necesidades, y cada uno lleva un estilo de vida diferente. Por eso aunque nuestra doctora nos recomienda diferentes pasos a tomar, un común denominador en sus consejos es el comer sano y nos da instrucciones específicas y diferenciadas.

Lo que aprendí es que una dieta balanceada le aporta a nuestro cuerpo los nutrientes que precisa para funcionar. Cuando hablo de una dieta balanceada me refiero a que seleccionamos una variedad de alimentos de distintos grupos y hacemos cambios saludables en nuestra manera de alimentarnos para ayudar a prevenir enfermedades, controlar el peso, y por supuesto, sentirnos mejor. De veras, no debe ser complicado. Una dieta equilibrada le aportará a tu cuerpo importantes vitaminas, minerales y nutrientes para mantenerte fuerte y sana.

El evento que me llevó a descubrir que estaba lidiando con ansiedad no fue fácil. Pero si no hubiera sido por ese gran susto en el que sentí que se me adormeció la mitad de la cara no habría prestado atención a lo que mi cuerpo estaba pasando. Como te lo dije desde el principio de este libro, no es fácil vivir cada día persiguiendo el logro de una óptima salud física, mental y espiritual. Requiere de un proceso diario intencional lleno de decisiones para aprender a reemplazar hábitos negativos por hábitos que añaden y no restan a nuestra calidad de vida. Es un arduo trabajo que no se enfoca en la perfección sino en el progreso.

He aprendido que para transformar vidas necesitamos ser transparentes y vulnerables, por eso te comparto un documento que mi doctora me entrega después de cada visita que tengo con ella. Un documento llamado "Mi plan de bienestar", es una guía, un mapa que incluye las diferentes áreas que contribuyen a gozar de una óptima salud. Mi obediencia y disciplina con estas sugerencias me ayudan a tener días más saludables. Por ejemplo, comparto aquí algo de información de mis últimos planes de bienestar. Por favor, ten en cuenta que este plan de bienestar está basado en las evaluaciones que la especialista hizo sobre mis análisis de sangre, alergias a los alimentos y mi estilo de vida actual y que lo que es bueno para mí no significa que también lo sea para ti. Por eso debes tomar el tiempo de consultar con tu propio médico para asegurarte que los consejos y pasos a tomar sean diseñados específicamente para ti.

Mi plan de bienestar

Nuestra salud se ve afectada por lo que comemos o no comemos, me explicó la doctora claramente. La comida es un ingrediente muy importante en la forma en que las defensas de nuestro cuerpo pueden ayudarnos a controlar el estrés. Al igual que con todo, comienza con un paso a la vez, un día a la vez.

Hay muchas dimensiones del bienestar personal, por lo tanto, cada dimensión debe ser nutrida, desarrollada y mantenida para lograr bienestar general. Consultar con un médico para elaborar un plan de bienestar es una excelente manera de mejorar tu vida y tu salud. Por supuesto, tu plan de bienestar no será igual al mío, porque nuestros cuerpos tienen distintas necesidades. Son planes personalizados para ayudarte a mantener tu salud y bienestar. Hablar con un doctor me impulsó a realizar una evaluación más precisa. No te preocupes, si no tienes un médico todavía, espero que con lo que aprenderás en este capítulo te sientas inspirada a buscar ayuda y comenzar esta iniciativa de crear un plan de bienestar especial para ti.

Nutrición

Comer bien es necesario para tener una buena salud, y cada persona tiene necesidades nutricionales distintas. A mí me aconsejaron, por ejemplo, no comer gluten ni lácteos. Una dieta más vegetariana y libre de azúcar. Yo debía mantener la ingesta de carbohidratos y de grasas saturadas bajo control. La doctora me sugirió aumentar las grasas buenas como palta (aguacate) y salmón[8], y me dijo que estaba bien agregar aceitunas a mis ensaladas algunas veces a la semana. Tenía que comer más verduras, comidas balanceadas, y asegurarme de comer tres veces al día. Podía probar *snacks* a base de algas marinas al menos una vez por semana. Tenía que evitar el alcohol, la cafeína y el azúcar. También me aconsejó continuar agregando semillas de lino (linaza) y de chía en mi batido diario, pero molerlas primero.[9]

Tu médico determinará lo que necesitas comer más y lo que debes evitar. La nutrición es esencial para que tu estado de ánimo y desempeño sean óptimos a lo largo del día.

Manejo del estrés

Los programas de manejo del estrés están diseñados para promover el bienestar general. Los métodos incluyen variedad de herramientas de afrontamiento para liberar el estrés y reducir sus efectos negativos, lo que nos ayuda a ser más felices y productivos. Parte de lo que mi doctora me recomienda para mi estrategia de manejo de estrés incluye cuatro sesiones de diez respiraciones profundas por día, yoga dos veces por semana y meditación diaria. ¿Esto te suena a que es demasiado y difícil de practicar? La verdad es que lo es. ¿Estás diciendo: "Yo no tengo tiempo para eso"? ¡Bienvenida al club! Yo solía decirlo siempre. Tuve que darme cuenta de que, o disponía del tiempo o debía prepararme para que mi cuerpo me pasara factura y me obligara a dejar de hacer cosas que amo debido a mi salud. Me encantaría decirte que cumplo con las recomendaciones de mi doctora todas la semanas, pero no es así. Pero todos los días trato de adherirme a su receta para esta área de mi vida y cuando lo hago me siento mucho mejor para enfrentar todas mis responsabilidades.

Porque tu cuerpo, de algún modo, pagará las consecuencias de no disponer del tiempo para cuidarlo. Si quieres leer un libro maravilloso sobre cómo usar bien este precioso don del tiempo, te recomiendo uno escrito por mi querida amiga Luz María Doria, *El arte de no quedarte con las ganas*. Ella escribió muchas ideas sobre cómo reconciliarnos con el tiempo. También habla de la importancia de no medir nuestro tiempo con el reloj de los demás y sobre cómo organizarte para ser más productiva. Es un libro muy influyente que te recomiendo leer.

Ahora bien, ¿acaso soy perfecta en cuanto a seguir al pie de la letra todo lo que me recomiendan o recetan? No. Sin embargo, estoy orgullosa de mí porque no estoy en el mismo lugar que hace cinco años. Y lo más importante: no estoy donde estaré dentro de cinco años si continúo haciendo tiempo para cuidar de mi cuerpo y asegurarme de que podré disfrutar de una salud óptima. ¿Cómo? Un paso a la vez, un día a la vez, así es como llegamos a disciplinarnos y crear nuevos hábitos positivos que nos ayuden a disfrutar constantemente de una salud óptima.

Ejercicio-movimiento

Parte de mi plan de bienestar incluye el ejercicio y el entrenamiento físico. Agregar ejercicios a tu rutina puede afectar positiva y saludablemente tu vida. Puede ayudarte a prevenir problemas de salud, ya que aporta fuerza y energía. Me aconsejaron mantenerme en una rutina y ser consistente con ellas. Yo debería tener como meta hacer al menos sesenta minutos de ejercicios aeróbicos, *kickboxing* o caminar, y hacer ejercicios con pesas, todo ello tres veces a la semana. Esto te puede sonar exagerado, especialmente si no te gusta mucho hacer ejercicio, pero no te preocupes, y asegúrate de ir a tu propio ritmo.

Aunque siempre comprendí los muchos beneficios del ejercicio físico, recién ahora llegué a apreciar plenamente el impacto positivo que tiene sobre mi capacidad de manejar el estrés. Sabía que caminar, bailar y entrenar con pesas mantiene mis músculos tonificados, mi peso en su justa medida y mi capacidad de presentarme con confianza al mundo y delante de las cámaras, pero ahora me doy cuenta que siempre y cuando seamos sabias al ejercitar nuestros cuerpos de acuerdo a las fases hormonales que estemos experimentando, el ejercicio es grandioso para ayudarnos a combatir el estrés.

Cuando necesité desarrollar más herramientas para liberar el estrés, me di cuenta de que la actividad física consistente me ayudaba en mi actitud mental. Sé que la mayoría de las personas lo entienden de manera intuitiva. El ejercicio ayuda tanto al cuerpo como a la mente a manejar el estrés. No es de sorprender que todo esto haya sido bien documentado por la profesión médica. Tú misma puedes encontrar un montón de estudios e investigaciones que apoyan esta conexión (uno de mis recursos favoritos de información es la Clínica Mayo) y que confirman tres beneficios clave en la reducción del estrés.

1. **Aumenta las endorfinas.** La actividad física puede ayudar a aumentar la producción de estos neurotransmisores del sentido del bienestar. Cualquier actividad aeróbica, como un partido de tenis recreativo o una caminata placentera, puede contribuir con este sentimiento de bienestar.

2. **Meditación en movimiento.** Después de un largo paseo, un buen trote o varias vueltas en la piscina, descubrirás que estás concentrada en el movimiento de tu cuerpo y te has olvidado de tu día estresante. Al hacerlo con constancia, la tensión diaria se diluirá en la actividad física. Concentrarte en una sola tarea puede aportar energía y optimismo, lo que puede ayudarte a encontrar calma.

3. **Mejora tu estado anímico.** Ejercitarte de manera regular puede aumentar la confianza personal, mejorar el estado de ánimo, ayudarte a relajarte, e incluso disminuir los síntomas leves de depresión y ansiedad.

Es muy útil saber que, aunque el mejor plan es comprometerse a mover el cuerpo al menos cinco veces a la semana, la realidad es que cualquier cantidad de ejercicio es útil para ayudar a combatir el estrés. Tal como lo confirma la Clínica Mayo: "Prácticamente cualquier forma de ejercicio, desde el aeróbico hasta el yoga, puede actuar como un liberador del estrés. Si no eres atleta o incluso si no estás en forma, aun así, puedes hacer que un poco de ejercicio te ayude a recorrer un gran camino hacia el manejo del estrés".[11]

Un refrán dice que hacer ejercicio te mantiene joven. Desde el punto de vista de nuestro cerebro, ¡hay una gran verdad en ello!

El ejercicio aeróbico incrementa la neuroplasticidad, el volumen de la materia gris y blanca del cerebro. Un estudio publicado en el *Journal of Neuroscience* demostró que cuando movemos el cuerpo, producimos un factor neurotrófico derivado del cerebro [BDNF, por sus siglas en inglés]. BDNF es una hormona del crecimiento que nos posibilita crear nuevas neuronas, y nos ayuda a crecer y remodelarnos. El ejercicio físico dispara cambios bioquímicos que estimulan la neuroplasticidad.[12]

¡Baila como si no hubiera un mañana y como si fueras la única que está mirando!, es algo que mi abuelita materna me solía decir cuando pequeña, y que buen consejo que me dio.

Cuando bailas como si fuera tu última vez, sueltas todo. Cuando danzas como si nadie te estuviera mirando, tiendes a dar todo de ti. ¿Por qué? Porque estás feliz por tomarte el tiempo para hacer algo que tu cuerpo ama y las hormonas que tu cuerpo desprende te hacen sentir estimulada. Tu cuerpo ama moverse, y hacerlo al compás de la música que te gusta es una fórmula mágica. No solo tu cerebro libera las hormonas de la felicidad, las endorfinas, sino que también tu corazón obtiene la satisfacción de estar contento (y recuerda que esa es una de nuestras metas: ser mujeres victoriosas y alegres).

Ya sé lo que estás pensando: "No tengo tiempo de ir al gimnasio". Pero no te preocupes. Si no tienes tiempo de ir al gimnasio o de hacer ejercicio con un video de YouTube, no hay problema. Algo tan simple como hacer una postura de poder cada día cambiará tu vida. Una postura de poder es una confiada y expansiva. Significa pararte con una posición de confianza, incluso si no te sientes segura. En una charla TED, la profesora Amy Cuddy habló sobre los beneficios de la postura de poder, también conocida como la postura de la 'Mujer Maravilla'. El primero de ellos es que cuando una persona se para en esta posición por dos minutos, aumenta la testosterona en un 20 %. La profesora Cuddy asoció este aumento de la testosterona con una mejora de la confianza y la motivación.[13]

Segundo, disminuye los niveles de cortisol. Hola, cortisol, nos volvemos a ver. Ten en cuenta que, como mencioné anteriormente, esta es la hormona del estrés que regula la respuesta de tu cuerpo. Cuando estamos estresadas, el cortisol sube. Pero bajos niveles de cortisol nos ayudan a pensar con más claridad, especialmente cuando estamos enfrentando esas situaciones desafiantes o problemáticas.

La testosterona alta y el cortisol bajo trabajan juntos para ayudar a las personas bajo presión; esa combinación nos ayuda a manejar las fechas o plazos límite, a tomar mejores decisiones, a ser resueltos, a relajarnos, a sentirnos seguros y a tener claridad mental. ¿No es increíble? Entonces, trabaja en tu postura fuerte y expansiva, la postura de la 'Mujer Maravilla', porque impactará en cómo te sientes.

¿Y en dónde puedes hacer una postura de poder? ¡En todas partes! En casa, en el trabajo o en cualquier lugar donde te sientas cómoda. A la postura de poder se la conoce también como pose de superhéroe. Piensa en la pose de la Mujer Maravilla, por ejemplo, y prueba hacerla.

Postura de la Mujer Maravilla
1. Párate derecha con tus piernas separadas.
2. Pon tus manos sobre tu cintura y el mentón en alto.

3. Saca pecho.
4. Permanece en esa posición por dos minutos.

Aunque esta pose no es lo que muchos consideren un ejercicio, al menos es un pequeño paso que puedes dar para recordar que tu cuerpo puede cambiar tu mente. El lenguaje corporal afecta la forma en que nos vemos y en la que otros nos ven. Comienza dando solo un paso. No encontrarás un corredor de maratones en el mundo que haya llegado allí y que haya comenzado de otra manera. Todo lo que se necesita es dar un paso a la vez. Una clase de Zumba a la vez. Una canción, una coreografía de baile a la vez. Tú eliges. ¡Pero comienza!

Suplementos naturales

Importante: Esta lista contiene algunos de los suplementos que a mí se me han prescrito y no quiere decir que toda mujer se beneficie con ellos. Asegúrate de consultar con tu médico antes de tomar cualquier suplemento o medicina.

Los suplementos naturales son importantes en mi vida porque me ayudan a cuidar mi cuerpo y mi salud en general. Como sabes, para ser mujeres victoriosas y alegres debemos cuidar cada aspecto de nuestra vida.

Y solo porque estamos entre amigas, puedo decirte que hace poco recibí la noticia de que me encuentro en la etapa de postmenopausia. ¡Sí! Estoy muy feliz por el hecho de que mi doctora funcional me estuvo dando un buen tratamiento; estoy sorprendida de que una etapa tan temida por toda mujer ya se haya acabado. Solo recuerdo haber pasado no más de diez noches con sudor frío, *hot flashes* (eso que en español llamamos calorones), principalmente por haber tomado demasiada azúcar esas noches. Si eso no es una buena razón para estar agradecida, entonces no sé cuál podrá ser.

Yo tomo vitamina D. Esta vitamina es esencial por varias razones. Antes de continuar informándote sobre los beneficios de la vitamina D o de algún otro suplemento, te recomiendo consultar con tu médico si son buenos para ti. La vitamina D ayuda a mantener los huesos y dientes fuertes al favorecer la absorción de calcio. Ayuda a reforzar el sistema inmune y nervioso. Se puede obtener por la exposición solar, por comidas o suplementos.

También tomo vitamina B cada día, que ayuda a nutrir el cerebro y el sistema nervioso. Además de colaborar con la formación de los glóbulos rojos. La vitamina B12 juega un papel importante en el proceso de convertir las grasas y proteínas en energía. La falta de esta vitamina puede hacerte sentir débil y cansada. También podemos apreciar sus beneficios en la piel, ya que reduce la inflamación y sequedad. Sin dejar de lado que mejora la respuesta del sistema inmune frente a gérmenes y otros organismos.

Además, tomo un suplemento para mi tiroides. La enfermedad tiroidea incluye síntomas como aumento de peso, fatiga, cambios de humor y problemas digestivos. Un mal funcionamiento de la tiroides puede afectar distintas áreas de tu cuerpo. La glándula tiroidea ayuda a mantener el buen funcionamiento del cerebro, los músculos, el corazón y otros órganos vitales. Tomar suplementos puede ser un paso para mantener sana la tiroides.

Otro suplemento importante es el magnesio que ayuda a normalizar la presión sanguínea que es vital para el funcionamiento del cuerpo. También ayuda a mantener fuertes los huesos y el ritmo cardíaco estable, y favorece el buen funcionamiento del sistema nervioso y muscular. Tener suficiente de este mineral es importante para prevenir o tratar enfermedades crónicas como diabetes de tipo 2, migrañas y enfermedades cardiovasculares.

Dormir

Hablemos sobre el sueño. ¡Oh, qué cosa tan maravillosa! ¿No es algo que todas desearíamos hacer más? Para muchas de nosotras, lo primero en que pensamos cuando comienza nuestra jornada del día es en que no dormimos suficiente. ¿Y cómo podríamos? Con tantas demandas que nos presenta la vida, una familia, una profesión, los quehaceres y la vida social, a menudo terminamos sacrificando el tiempo de sueño para encajar todo en nuestra agenda. Un buen descanso nocturno es esencial para la salud. Si no dormimos bien toda una noche, estamos cansadas, desganadas, impacientes, y hasta irritadas al día siguiente. Otro pensamiento que se cruza por nuestra cabeza es que no tenemos suficiente tiempo para descansar, que ya estamos atrasadas o que nos faltó algo por hacer. Esos pensamientos negativos tratan de invadir nuestra mente y establecen el tono del día, y también nos agobian cuando estamos finalizando la jornada diaria.

Quizá pienses que dormir es un tiempo opcional para desconectarse o un lujo del que puedes prescindir. En nuestro mundo 24/7 siempre estamos buscando maneras de meter a presión algunas pocas horas más para terminar todas las tareas. Aunque sabemos que esas horas se las robaremos a nuestro sueño, la solución a corto plazo de tener más tiempo nubla el impacto de la falta de un adecuado descanso.

Así es como yo solía pensar sobre el sueño. Cada vez que estaba muy ocupada –que era la mayoría del tiempo– hacía trabajo extra por la noche, antes de ir a dormir, o me levantaba muy temprano en la mañana para terminar el trabajo pendiente. No pensaba dos veces lo de encontrar tiempo productivo durmiendo menos. Parece que podemos salirnos con la nuestra mientras somos jóvenes, aunque la realidad es que lentamente vamos restando de nuestra cuenta de bienestar físico. No comprendemos cuánto impacto tiene hasta que llegamos a avanzar en edad (al menos esa fue mi experiencia).

Durante mi tiempo sabático de salud aprendí un montón acerca del sueño y por qué privarme era tan dañino para mi salud física y mental. Tal como lo confirmó la Fundación Nacional del Sueño:

> Tendemos a pensar en el sueño como un tiempo en que la mente y el cuerpo se desconectan. Pero ese no es el caso; el sueño es un período activo en el cual sucede mucho del procesamiento, restauración y fortalecimiento. Exactamente cómo ocurre y por qué nuestro cuerpo está programado para un tiempo largo de sueño todavía es un misterio. Pero los científicos entienden algunas de las funciones vitales del sueño, y las razones por las que lo necesitamos para tener una salud y bienestar óptimos.[14]

Al asistir a varios doctores, consultar con expertos y hacer algo de investigación, descubrí la vasta cantidad de evidencia científica que avala las funciones críticas que el sueño cumple para mantener nuestro cuerpo y mente fuertes y sanos. Es importante que hagamos todo lo posible por dormir lo suficiente cada día.

1. Cuando dormimos, les damos la oportunidad a nuestras células y tejidos de recuperarse del desgaste por el

uso diario. Durante el sueño, las principales funciones restaurativas tienen lugar: la reparación celular, el crecimiento muscular y la síntesis de las proteínas.[15]

2. Tener una buena noche de descanso es bueno para el funcionamiento y concentración de tu mente. Te ayuda a seleccionar y almacenar recuerdos, de forma similar al modo en que una computadora mueve algunos ítems desde la memoria a corto plazo al almacenamiento a largo plazo.[16]

3. No dormir suficiente puede afectar la capacidad de tu cuerpo para regular las hormonas del estrés, alterando los niveles de hormonas que participan de procesos como el metabolismo, regulación del apetito y respuesta al estrés.[17]

4. La fuerte interacción entre el sueño y el sistema inmunológico ha sido bien documentada. Dormir la cantidad de tiempo suficiente ayuda a tu cuerpo a repararse, regenerarse y recuperarse, y también ayuda a nuestro sistema inmune. Los estudios demuestran que una mejor calidad de sueño puede ayudar al cuerpo a combatir infecciones.[18]

5. Reduce el deterioro cognitivo. Tener una excelente calidad de sueño puede prevenir el deterioro cognitivo. Nuestro cuerpo precisa cierta cantidad de sueño para desarrollar una variedad de funciones, muchas de las cuales se llevan a cabo en el cerebro. Las personas que duermen menos de seis horas tienen mayores riesgos de deterioro. Los expertos recomiendan tener de siete a nueve horas de sueño.[19]

6. Promueve la salud mental. Al tener una excelente calidad de sueño, equilibras tu estado de ánimo y tus emociones. La ausencia de sueño puede hacerte sentir

irritable y cansada. El sueño nos ayuda a recuperarnos de la fatiga mental.

Mejorar la calidad de sueño nos brinda muchos beneficios, así que hagamos pequeños ajustes en nuestro estilo de vida y nuestra actitud para dormir mejor. Un sueño adecuado es muy importante para una vida saludable, así que asegúrate de dormir lo suficiente.

Consejos para dormir mejor

Apaga los artefactos electrónicos por lo menos una hora antes de irte a dormir. Sí, esto es monumental. Sé que te ves tentada a revisar los correos electrónicos, mirar tus redes sociales o enviar un mensaje de último minuto. Pero, créeme, una vez que te acostumbres a quitar y apagar todos tus dispositivos electrónicos, con el tiempo te darás cuenta que hacerlo te añade calidad de vida y estarás muy feliz de haberlo logrado. Así que cuando vas a la cama, apaga el televisor y no mires esa serie favorita; en cambio, haz del sueño tu prioridad. Piensa en tu cama como ese lugar especial que tu cuerpo necesita para relajarse.

Las alarmas pueden ser muy útiles para un plan de sueño regular. Levantarse alrededor de la misma hora cada día es provechoso, y usar una alarma despertadora puede ayudarte a ser constante y normalizar tus patrones de sueño. Llegará el día que tu cuerpo ya ni necesite una alarma para que te despiertes a la hora adecuada. Una vez que le des a tu cuerpo el suficiente descanso, te lo agradecerá a tal punto que no será necesaria ninguna alarma para que te levantes con energía a conquistar tu día.

Una de mis manualidades favoritas es realizar una almohadilla de aerosol de lavanda. Leerás más sobre esto en el capítulo 8. La lavanda y el trigo sarraceno son ingredientes que al combinarlos te ayudarán a crear un ambiente de relajamiento en tu propia cama. El aroma y la sensación de relax que brindan son increíbles; descansarás y te ayudarán a dormir apaciblemente.

Asegúrate de que tu habitación esté en silencio, a oscuras, a una temperatura confortable y, por supuesto, evita comer en exceso y tomar cafeína o alcohol antes de ir a dormir. Crear hábitos saludables te alentará a dormir mejor. Inicia dando pequeños pasos. Te hablaré más de mis consejos personales en el capítulo 8, así que continúa leyendo.

Mi querida lectora, te desafío a que prepares un ritual que te ayude a dormir más y mejor. Mi familia y mis amigas saben que me voy a la cama a la misma hora cada día, y no se ofenden si no les devuelvo una llamada, un mensaje o un correo. Estoy en el proceso de aprender a amarme más, por lo tanto, me voy a dormir para recompensarme por todo el trabajo que le brindo al mundo cada día. Si alguien me preguntara después de todos estos años cuál ha sido ese paso/hábito/acción que contribuyó de manera más positiva a mi salud, belleza y confianza personal, a lucir y sentirme increíble por dentro y por fuera, les diría que ha sido y es el buen dormir.

Crear tu plan de bienestar te llevará tiempo, planificación, dedicación y consistencia, pero confía en mí: la inversión de tiempo resultará en una mejor calidad de vida que valdrá la pena. Tu plan personal de bienestar no será el mismo por el resto de tu vida; cambiará con el tiempo, y tendrás que adaptarlo para que se acomode mejor a tu vida. Monitorea tu progreso en un diario y toma nota de cómo te sientes. Hay muchos aspectos de tu salud, y cuando tomes el control de ella, podrás funcionar en tu mayor potencial y vivir más feliz. Mantener nuestro cuerpo sano y feliz es uno de los muchos desafíos que enfrentamos como mujeres victoriosas, y tu plan personal de bienestar es el aliado que precisas para hacer frente y conquistar todas las responsabilidades que tienes en la vida.

Como has visto, te conté lo que yo aprendí de mi doctora, y te revelé algo tan íntimo como mi plan de bienestar. Quiero hacer énfasis en que, si bien mi plan personal puede no parecerse al tuyo, al menos te da una idea de las áreas que debes considerar cuando te preguntes qué estás haciendo con tu salud. Tu propio plan de bienestar debe referirse a tus necesidades y tu propio estilo de vida. Tú sabes, tu cuerpo sabe, tu corazón sabe, tu alma sabe mejor que nadie cómo te sientes, y la intuición te dice que todo lo que necesitas es comenzar a hacer las cosas de un modo diferente. ¡Escúchate! Desafíate a comenzar. Todo lo que se necesita es dar un paso.

Reflexionemos

1. ¿Cuándo fue la última vez que fuiste al médico para que te atendiera?
2. Usualmente, cuidamos más y mejor a otros que a nosotras. ¿Qué piensas respecto a tener un plan personal de bienestar? ¿Qué te detiene a pedirlo y realizarlo?
3. ¿Duermes por lo menos 8 horas por las noches?
4. ¿Le permites al estrés y a la ansiedad que te roben el descanso que necesitas?

Si no te has dado el lujo de incorporar 8 horas de descanso por las noches, ¿por qué no? Si, ya lo haces, ¡qué bueno! Te felicito. Pero si todavía no lo has logrado, ¿qué tal si escribes y te retas a tener una SMART meta para poder lograrlo?

CAPÍTULO 7

Lo que aprendí de mi *coach* y amiga Cindy

Alégrense siempre en el Señor. Insisto: ¡Alégrense! Que su amabilidad sea evidente a todos. El Señor está cerca. No se inquieten por nada; más bien, en toda ocasión, con oración y ruego, presenten sus peticiones a Dios y denle gracias. Y la paz de Dios, que sobrepasa todo entendimiento, cuidará sus corazones y sus pensamientos en Cristo Jesús.

FILIPENSES 4:4-7 NVI

Me atrevería a decir que el propósito de la vida humana podría significar ser liberados en un universo solitario como palomas mensajeras que buscan el camino a la alegría.

MARTHA BECK

¡Emocionalmente fuerte!

En los capítulos anteriores hablé sobre la importancia de perseguir nuestro bienestar tomando pasos que a diario nos ayuden a caminar firmes y fuertes mental, espiritual y físicamente. Es invaluable saber cómo el estrés y la ansiedad pueden perjudicarnos y qué podemos hacer para asegurarnos que nuestra mente, cuerpo y espíritu sean fuertes y firmes.

Sin embargo, creo que ningún recurso por sí solo o combinado puede darnos la felicidad, plenitud y satisfacción total, a menos que aprendamos cómo buscar la felicidad cada día. Para lograrlo debemos trabajar arduamente. La alegría es el ingrediente principal de una vida emocional fuerte, firme y feliz.

Este capítulo equivale a la cereza del pastel. Se trata no solamente de dominar la manera de pensar, sino de sentir alegría en el corazón a pesar de lo que suceda, es decir, durante los buenos tiempos y también en los malos momentos para asegurarte de que el estrés no te quite lo mejor de ti. De esta forma, cada día estaremos más cerca de nuestro objetivo: alcanzar una vida feliz. Porque es a través del gozo y de la alegría que encontramos el verdadero camino para disfrutar de una vida plena.

¡Encuentra la alegría!

Alegría [o gozo], una palabra que significa mucho. La definición del diccionario es poderosa: un sentimiento de gran placer y felicidad.[1]

Un sentimiento de gran placer y felicidad. ¿Quién no quiere ser feliz? ¿Quién no quiere experimentar un sentimiento de gran placer? Sé que me encanta ver a otras personas felices. También me gusta ver felices a mi esposo, a mis hijos, a aquellos a quienes amo y a mis amigos. Entonces, ¿por qué no buscamos más alegría personal? ¿Esa alegría que podemos sentir en todo nuestro ser? ¿Por qué no nos enfocamos más en asegurarnos de experimentar esa sensación con más frecuencia? ¿Realmente puede la alegría ayudarnos a controlar el estrés y luchar contra la ansiedad?

Existen muchos estudios que lo afirman. De hecho, investigadores de la Universidad de Kansas demostraron que sonreír ayuda a reducir la respuesta del cuerpo a la ansiedad y a bajar el ritmo cardíaco en situaciones de tensión. Mostraron que las emociones positivas pueden ayudar durante los tiempos de estrés.[2] En efecto, "los expertos descubrieron que los buenos sentimientos son capaces de impulsar la capacidad de recuperarte del estrés [y] solucionar problemas", y que reírse disminuye el dolor, favorece la relajación muscular y puede reducir la ansiedad.[3]

Probablemente no lo creas. Lo entiendo perfectamente. Así que déjame compartir contigo un ejemplo reciente de mi vida.

Hoy por la mañana me levanté muy temprano decidida a alcanzar un objetivo que tenía que ver con este libro. Parte de mi meta para este día, después de tomar mi jugo verde, era sentarme de forma ininterrumpida a terminar de escribir el libro que hoy tienes en tus manos. Cuando fui a la cocina a preparar el jugo, me di cuenta de que todos, mi esposo y mis hijos, estaban fuera haciendo cosas. Por lo general, los fines de semana preparamos el jugo juntos. Pensé: "Muy bien, lo prepararé rápido y me iré a la oficina a escribir", como había planeado. Luego de hacerlo, sin darme cuenta, comencé a ordenar las cosas, a limpiar la cocina, etcétera. ¡Pasé en eso una hora!

Las ideas y pensamiento que invadían mi mente sobre cómo se me había hecho tan tarde para mi plan de escribir eran tan negativas que sentía que estaba sudando. O quizá se debía a todo el movimiento que había hecho para ordenar y limpiar. Definitivamente, sentí que era una combinación. De todas formas, sabía que debía detener esos pensamientos negativos y enfocarme en plantar en mi mente pensamientos positivos para reemplazar los otros. Había unas verduras sobre la mesa que había traído mi hijo del mercado. Así que empecé a hablarles mientras las guardaba en los cajones del refrigerador que acababa de limpiar.

¿Crees que estoy loca? ¡No tienes nada de qué preocuparte? Leí un libro nuevo llamado *Comidas Clean*, en el que el autor, el doctor Alejandro Junger, propone comer alimentos saludables y dejar de lado los procesados. Él sugiere que debemos hablar a las verduras mientras las lavamos y las limpiamos para preparar la comida. Mi querida amiga Jennifer Nieman me envió ese y otros libros de los que aprendí mucho. Así que seguí su consejo y lo puse en práctica.

Al hablarle a las verduras podía sentir que mi cuerpo ya estaba a gusto, me sentía más relajada al tomar el tiempo para apreciar esos deliciosos frutos que eventualmente me comería. Hasta que llegó el turno de la sábila que compramos en el mercado para hacer batidos. Estas hojas eran más grandes y largas de lo normal y empecé a preocuparme por dónde las colocaría para que se mantuvieran frescas. No cabían en los cajones ni en los estantes del refrigerador. Igual las agarré y me dije: "No te preocupes, vamos a encontrarle un lugar". Justo en medio de los estantes y los cajones hay un vidrio liso. "¡Eureka, allí las voy a colocar!", me alegré. Efectivamente, acomodé las cuatro en ese espacio. No puedo describir la enorme sonrisa que se me dibujó y estoy segura de que mi cerebro vibró al punto de que cambió toda mi actitud.

Te comparto esta historia porque nos ayuda a darnos cuenta de que no es necesario hacer un largo viaje, comprar un auto de lujo o una costosa cartera de marca para sentir alegría. Mmmm, está bien. Si eres como algunas de mis amigas, tal vez una cartera te traiga mucha alegría. ¡Jajaja! El punto es que podemos encontrar alegría en esos pequeños logros y hacerlo es fenomenal para el cuerpo y el sistema nervioso. El resultado es que me sentí tan bien que me acomodé a escribir con el corazón lleno de alegría y pude transmitir ese sentimiento a lo que estoy haciendo ahora. La alegría me permite escribir cerca de la fecha de entrega para que pronto puedas tener el libro en tus manos. Ya ves que incluso un hecho sin importancia a los ojos de otra persona puede ser la situación que cambie todo lo que tú necesitas en ese momento. Así que, sonriamos, tomemos pasos intencionales que nos ayuden a encontrar alegría hasta en los momentos más naturales y sencillos de cada día.

Cuando pienso en la alegría, inmediatamente se me viene a la mente el nombre de una amiga. Sigue leyendo y sabrás de quién hablo y por qué.

Todavía recuerdo el día cuando estaba en mi habitación hace algunos años. Siete años atrás me dijeron que sufría insuficiencia adrenal, en otras palabras, *burn out*. Mi cuerpo no estaba al cien por ciento. Mi esposo me sugirió ir unos días a un spa. "Escápate del mundo durante una semana", me desafió. Investigué hasta que encontré un hermoso lugar en Utah donde podría disfrutar una experiencia agradable. En la página de internet publicaban una lista de diferentes retiros y dos me atrajeron. Estaban relacionados con la salud y el bienestar. Ambos ofrecían opciones similares, pero con programas distintos.

Los dos tenían un denominador común, y mencionaban a Cindy Clemens como la persona que dictaría las sesiones de bienestar. De acuerdo con la página de internet, Cindy "sabía sobre diseñar una gran vida". Después de quince años de trabajar como abogada litigante en California, recorrió el país en una casa rodante, se convirtió en una conferencista motivacional y se mudó al sur de Utah, todo esto lo detalla en su libro *Life Is a Do-Over* [La vida es una segunda oportunidad].

"Su especialidad es ayudar a las personas a identificar los dones y pasiones, alimentar la llama interna y hacer más de lo que les trae alegría". ¡Guau! Comprado. Una abogada que después de quince años deja atrás su estresante carrera para encontrar una vida llena de alegría; quería conocerla.

No recuerdo la razón por la que no se hizo realidad la visita al centro de retiro, pero estaba contenta por haber encontrado la página web de Cindy, en cuya bienvenida decía "La alegría es el ingrediente secreto de la vida".

Aún recuerdo la primera vez que hablé con ella por teléfono. Fue hace siete años más o menos y, desde nuestra primera conversación, supe que quería a esta fabulosa mujer en mi vida. Supe que quería aprender de su sabiduría.

Luego del placer de disfrutar de su entrenamiento, "coaching" por más de siete años, puedo decir que la descripción del retiro de Cindy es verdadera. Ayuda a las personas a hacer más de aquellas cosas que nos traen alegría.

A continuación, copio un fragmento del primer correo electrónico que me envió después de nuestra primera conversación:

> Me encantaría enviarte una copia de mi libro *Life Is a Do-Over*. ¿Usas Nook o Kindle? Puedo enviarte el archivo por correo electrónico. ¿O prefieres que te envíe por correo una copia? Y esta es una parte de la tarea para el fin de semana: pasar al menos una hora haciendo algo que te nutra y llene tu tanque. Un baño relajante, una siesta, una llamada pendiente a una amiga. Permítete llenarte por completo, incluso si tienes que decir no. Te preguntaré al respecto cuando hablemos el miércoles.

A la semana recibí la copia de su libro. Esto es lo que escribió en la dedicatoria: "Querida Jessica. ¡Estoy honrada de ser parte de tu viaje al bienestar y al equilibrio! Con cariño, Cindy Clemens".

Nunca imaginé que ese era el inicio de tan grande regalo para mi vida. Al enfrentar este período, esta nueva jornada de aprender a combatir la ansiedad, no dudé en contactarla para pedirle ayuda y dirección en este proceso de navegar y salir de semejante lío. Ella fue el ángel terrenal que Dios usó para guiarme a lo largo del proceso. Ante todo, me ayudó a tener una visión clara de dónde quería estar una vez que saliera de esta pesadilla. Ella por años me llevó a través de la lista de lo que quería y lo que no quería. Ha sido un proceso que cambió mi vida, y que realizo una vez al año cuando decido y escribo mi lista de metas anuales. Generalmente, lo hago durante el mes de septiembre, el mes de mi cumpleaños. Realmente digo que mi vida es mejor gracias a la luz de Cindy.

Querida lectora, mientras pensaba en cómo desafiarte, cómo inspirarte a trabajar para encontrar más alegría, un pequeño susurro me lo recordó: "¿Por qué no le preguntas a la experta? Pregúntale a Cindy". Lo que estás a punto de leer proviene directamente de la mismísima Cindy Clemens, quien comparte con nosotras su receta para una vida alegre. Busca un lugar tranquilo, prepárate una taza de té de manzanilla, abróchate el cinturón de seguridad y prepárate porque, así como lo hizo conmigo los últimos años, te retará a responder ciertas preguntas. Algunas serán difíciles de contestar, pero vale la pena. ¡Disfruta!

Escribí el último párrafo mientras preparaba el libro y tenía reuniones telefónicas con mi querida *coach* y amiga. Cindy estaba muy feliz de escribir este capítulo y ser parte de este proyecto que ahora está en tus manos. Querida lectora, en medio de este proceso y mientras ella editaba este libro, recibió una noticia. El día de su cumpleaños, le envié el siguiente correo electrónico:

Querida Cindy.

Feliz cumpleaños para una de las mujeres más maravillosas que conozco.

¡Gracias por ser una luz para este mundo!

Tu sabiduría alumbró mi camino. Te deseo las cosas más lindas del mundo.

Lo siento que este año mi regalo te llegará tarde, lo acabo de ordenar.

Te envío un abrazo y bendiciones hoy y siempre.

Jessica.

A lo que ella respondió:

Hola, Jessica.

Gracias por pensar en mí. Compartimos el mismo mes de cumpleaños, septiembre. Tenemos que acordar nuestra llamada de cumpleaños para reflexionar y planificar juntas. Puedes aprovechar ese tiempo cerca del otoño.

Tengo noticias: me diagnosticaron cáncer de endometrio (un síntoma fue mucho sangrado). La tomografía muestra que es solo en el útero y que no hay signos de que se haya extendido a la zona pélvica. Los órganos y los ganglios linfáticos se ven bien. Parece que solo será una cirugía y una posible radioterapia.

El próximo 16 de septiembre veré a un excelente oncólogo ginecológico en el maravilloso Huntsman Cancer Institute [Instituto del Cáncer Huntsman] en la ciudad de Salt Lake City. Ya sabré más en ese momento. Pero me siento bien y realmente estoy rodeada de personas que me aman y guerreros espirituales. Te considero uno de mis ángeles. Por favor, ora para que pueda volver a tener una salud perfecta.

Seguiremos en contacto y te haré saber cómo sigue todo. Jim ha creado un grupo privado de Facebook, Cindy´s Fight Club. Puede enviarte una invitación si lo deseas.

Sé que saldré adelante y podré usarlo para bendecir a otros a lo largo del camino.

Un cariño y un abrazo,

Cindy.

Esas palabras eran típicas de Cindy. Aunque estaba pasando por un momento difícil, siempre encontraba las palabras para levantarte el ánimo. El hecho de que me considerara uno de sus ángeles me alegra el corazón. Mi querida amiga pasó a la eternidad después de una lucha ardua contra el cáncer. Estoy muy contenta de haberle dicho tantas veces que era un ángel que Dios me había enviado. Un ángel para guiarme y enseñarme a ser una mejor persona.

Aunque mi querida amiga no pudo terminar de escribir este capítulo, decidí presentarte su invaluable sabiduría. A continuación, voy a compartir toda la información que ella quería darte; aquella que incluyó para que fuera parte de este libro. Aunque ese horrible cáncer que invadió su cuerpo no la dejó terminar de escribir como hubiera querido, haré lo mejor para honrar su deseo y presentarte la información con todo el cuidado y amor.

Mientras me preparo para desarrollar la información que ella incluyó, siento que un mar de lágrimas corre por mis mejillas. Me duele el corazón y mi alma está triste. Me permito llorar, y al hacerlo, recuerdo que, aunque es doloroso, debo hacer lo mejor para encontrar alegría en medio de este gran dolor que invade mi alma y corazón. Es lo que Cindy hubiese querido. Hago lo mejor que puedo para recordar toda la alegría que mi querida amiga trajo a mi vida. Es imposible decirte que inmediatamente las lágrimas de tristeza fueron de alegría, pero me ayuda un poco enfocarme en ser más agradecida por el regalo de Dios que Cindy fue para mí. Mientras tengo esta batalla mental, hablo con Dios.

Dios: ¿cómo puedo encontrar gozo en el alma y el corazón en este momento? Dios, la extraño. Extraño a mi querida amiga y mentora. Puedo escuchar la voz de Cindy en mi mente, su risa, sus consejos. Dios, ¿cómo puedo encontrar alegría en este preciso momento? Ayúdame a entender por qué alguien que tenía tanta luz para este mundo ya no está aquí. Padre, por favor, ayúdame. Ayúdame a que ella pueda sentirse orgullosa. Ayúdame a que mis acciones demuestren que absorbí cada semilla que plantó en mi corazón y que mis frutos reflejen sus enseñanzas. Padre, dame la sabiduría para revisar las notas de las sesiones posteriores al *coaching* que tuve de ella por años para recordar el conocimiento que me brindó. Padre Dios, oro por Jim, su esposo, su familia y sus amigos. Te pido que los ayudes a encontrar la paz que solamente tú puedes darnos. La paz que nos recuerda que está en un lugar mejor, ¡otro ángel en el cielo que hace lo que ella mejor hacía: ser luz!

Querida lectora, termino de escribir este capítulo en febrero de 2021. Casi un año después desde el momento en que el mundo se puso patas para arriba debido a la pandemia de COVID-19. Desde el año pasado, creo que cada uno de nosotros conoce a alguien que contrajo la enfermedad o perdió a algún ser querido. Son momentos extremadamente difíciles para muchas familias, demasiadas pérdidas, demasiada tristeza. Yo también conozco y experimenté la pérdida de personas queridas para mi familia y para mí. Inclusive, en la fecha de hoy, un día de abril de 2022, cuando estoy leyendo y revisando la edición del libro, te puedo contar que mi familia y yo tenemos a un ser querido muy cercano en el hospital por más de cuatro meses. Estoy segura de que todos nosotros hemos llorado bastante por distintas pérdidas. Por perder a un ser querido, una relación, un trabajo, un bien.

Las lágrimas y la tristeza que tengo hoy son por una querida amiga que estará en mi corazón para siempre: Cindy Clemens. Falleció debido al cáncer y ahora está en el cielo. Escribí sobre nuestra amistad en mi primer libro, *Mujeres victoriosas*. Ella es el ángel que Dios envió a mi vida para entrenarme, guiarme, rendir cuentas, alcanzar metas que lo honren a Él, a mi familia, a los que sirvo y a mí misma. Mis reuniones virtuales con ella durante los últimos siete años eran casi semanales. Extraño sus llamadas, su voz, su guía; la extraño a ella. Oh, Dios, la extraño.

Además de ser mi amiga y mentora, también editó mi primer libro y estaba en proceso de editar este. Cuando descubrí que no se sentía muy bien debido a la enfermedad, le dije que no se preocupara, que encontraría a alguien más para que ayudara a editar el resto. Ella no quería. Me dijo que continuaría con su trabajo porque la hacía sentir saludable durante su batalla contra el cáncer. Por supuesto que le di la oportunidad de hacerlo. Con el paso de las semanas y mientras tenía sus sesiones de quimioterapia, su salud lamentablemente se deterioró. Como ella quería seguir siendo parte del proyecto, le dije que podía escribir el capítulo sobre la alegría. Después de todo, ella era la reina de la alegría. Ella trajo mucha alegría a mi vida; fue la persona que nos enseñó a mí y a miles otros sobre la importancia de tener una vida alegre. A ella le encantó la idea. Incluso durante su tratamiento de quimioterapia, escribió sobre la alegría, y ahora, querida amiga, podrás leer sobre lo que compartió con nosotras antes de partir al cielo.

La alegría es tu verdadera estrella polar

Por Cindy Clemens

Explorar cómo descubrir y vivir la alegría pareciera un tema ligero y sin importancia, incluso suena a cómo adentrarse en el área *new age*. Quizá cuando lo viste como el tema de este capítulo, te preguntaste si se trataría de una charla con poco fundamento para sentirse bien.

Mi experiencia como abogada litigante me obliga a aclarar cualquier duda. La alegría es, en realidad, un asunto serio e importante:

1. Es un estado natural. Llegamos al mundo en un estado de alegría. Tan solo mira el gozo que emana de los niños al jugar.

2. Es un verbo, una elección, una decisión, una estructura de vida. No es tan solo un sentimiento momentáneo sino una forma de pensar, una manera de elegir moverse en el mundo.

3. Es la fuente del bienestar físico, libera hormonas que mejoran la vida. Es inundar el cuerpo con moléculas que afirman la vida. En realidad, podemos sentir la alegría recorrer nuestro cuerpo y vibrar desde la cabeza hasta los pies.

4. Es la verdadera medida del éxito en la vida. El verdadero éxito en la vida no se trata de poder, posición,

posesión, de dinero o ninguna otra cosa. Se trata de cuánta alegría experimentamos cada día.

En nuestro tiempo juntas de hoy, me gustaría compartir mi viaje intencional para abrazar la alegría por completo, y el proceso de tres pasos que puedes utilizar este año para crear y seguir tu camino hacia la alegría. Entonces, ¿por qué la alegría es la verdadera estrella polar? Porque te guiará hacia un destino con propósito.

Mi viaje hacia la alegría

Fue un viaje de veinte años crear una vida que se sintiera bien por dentro, y no que tan solo se viera bien por fuera. Déjame comenzar diciéndote que es un proceso y un viaje. No resulta fácil y lleva tiempo. El viaje de cada persona es único, así que no compares tu viaje con el mío ni con el de nadie más. Disfruta el proceso y aprende de la travesía. A menudo, cuando vemos a las personas suponemos que tienen toda su vida resuelta tan solo porque tienen lo que pareciera ser el "trabajo soñado", una familia feliz o un ingreso estable. Mírame, si me hubieses visto hace veinte años, las personas me describían como una mujer feliz y exitosa. Hasta cierto punto era verdad. Así que permíteme contarte sobre mi vida y por qué, para algunas personas, podría haber parecido perfecta.

Después de graduarme de Occidental College, en 1982, como Licenciada en Ciencias Políticas, asistí a la Facultad de Derecho Hastings College of Law y me colegié como miembro del colegio de abogados de California, California State Bar, en 1985. Comencé mi carrera judicial como fiscal penal y abogada litigante para la ciudad de Los Ángeles. Era la profesión que había soñado y por la que había trabajado tan duro.

A principios de la década de los noventa, me mudé a la costa central de California y me contrataron como ayudante del abogado de la ciudad en San Luis Obispo, donde trabajé durante ocho años como abogada del municipio. Pensé que tenía todo resuelto, pero poco sabía que mi voz interior estaba gritando, tratando de llamarme la atención. Amaba mi profesión, trabajé muy duro para llegar allí, pero me faltaba algo. ¿Mi historia te parece conocida? ¿Al leerla te encuentras diciendo: "sí, conozco ese sentimiento de descontento"? Yo también he sentido que me falta algo, que mi vida no tiene el entusiasmo y el encanto que busco. ¿Quizá te enamoraste del mito "trabaja ahora y goza después"? ¿Te enfocaste en el éxito de tu carrera y descuidaste tu felicidad? ¿Estás en peligro de acumular remordimientos en lugar de recuerdos alegres?

Voy a continuar contando mi historia. En la búsqueda por encontrar la pieza que faltaba, seguí la pista de lo que me gustaba y lo que no. Lo que me hacía sentir alegría y lo que no. Me di cuenta de que amaba hablar con las personas cara a cara, escuchar atentamente lo que me decían y ofrecer puntos de vista y sugerencias para que pudieran avanzar. Uno de mis mayores dones es que soy una "desarrolladora de personas". Siempre he podido ver el potencial y las posibilidades de los demás. Crear un espacio seguro para que las personas compartan y exploren sus verdaderos sentimientos y sueños siempre ha sido natural para mí.

Así que, en 1998, mientras disfrutaba de un largo viaje por el país en una casa rodante, ¡descubrí la profesión de mentora, *coach* personal y supe que esa sería mi próxima profesión!

Me gradué del entrenamiento de dos años en Coach U y comencé a compartir lecciones y estrategias para edificar una base personal más fuerte y tomar mejores decisiones de vida. ¡Encontré mi viaje a la alegría! Sentía un enorme placer y felicidad. Convertí el buscar y vivir alegre en mi prioridad de trabajo y mi vida. No siempre fue fácil, mi querida lectora. También enfrenté algunas dificultades durante el viaje. En ese tiempo, pasé el susto de la posibilidad de un cáncer de mama. Cuando enfrentas dificultades, momentos como que te diagnostiquen una enfermedad o enfrentar una situación de vida o muerte, te ayudan a reflexionar, analizar y meditar en lo que ha sido tu vida, lo que es y lo que podría ser. Me llevó un mes hacerme los análisis y recibir los resultados. ¡La buena noticia fue que no era cáncer! Durante ese período de espera, me pregunté qué haría si lo tuviera. La respuesta fue fácil: ¡renunciaría a mi trabajo y buscaría el gozo!

La receta para la alegría

1. Haz más de aquellas cosas que te dan alegría.
2. Haz menos de aquellas cosas que te roban la alegría.
3. Saborea la alegría de cada etapa.

Como te dirá todo panadero o cocinero, es esencial tener ingredientes de calidad para que una receta funcione. Sucede lo mismo para tener una vida alegre. Necesitas tener los ingredientes a mano y listos para incorporarlos a tu vida. He creado algunos de ellos para que los uses, así que comencemos.

Haz más de aquellas cosas que te dan alegría

La caja rosa. Descubre lo que te da gozo.

El primer paso y el fundamental es saber qué cosas te traen alegría. Desarrollé una herramienta especial para que identifiques el gozo en seis áreas de tu vida: esta es la caja rosa.

Se trata de identificar qué es lo que te da alegría. Así como te deleitas al llenar una caja rosa de panadería con sabrosos manjares, es igual de delicioso llenar tu vida con personas, búsquedas y cuidado personal que te permitan "disfrutar" cada precioso momento.

Para ayudarte a armar tu caja rosa, preparé unas preguntas e ideas como sugerencias.

Observa cada uno de los seis elementos de la caja rosa y luego revisa las preguntas. Anota tus pensamientos. No te preocupes por hacerlos perfectos. Usa tus instintos sobre lo que te trae gozo en cada área de tu vida y luego repasa las respuestas a lo largo de los días. Observa qué otra cosa se te ocurre.

Cuando estés lista, anota las respuestas en la herramienta de la caja rosa. Ten este documento a mano, pégalo en una cartelera de tu casa o en algún lugar visible. Cuando estés decidiendo cómo pasar tu tiempo, revísalo y toma los puntos sobre la alegría que ya identificaste.

Entonces, ¿qué va en cada categoría? Comencemos. En la categoría "Bienestar personal", nos enfocaremos en la nutrición, en mover el cuerpo y recargarse. Responde las siguientes preguntas y anótalas en un papel:

¿Qué plan de alimentación te da vitalidad y energía?

¿Cómo te gusta mover el cuerpo y qué actividades son placenteras para ti?

¿Qué rituales te permiten hacer una pausa y llenar los sentidos cuando comes?

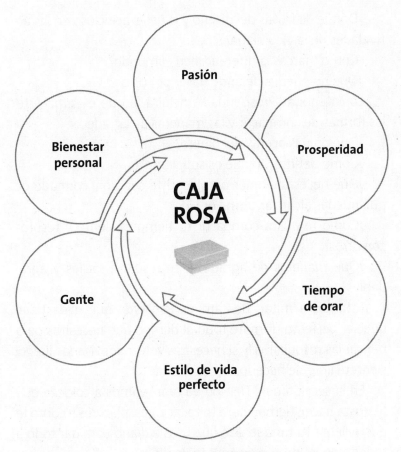

CINDY CLEMENS

¿Cuánto tiempo necesitas descansar cada noche?

¿Cómo puedes tomarte un descanso durante la jornada laboral?

En la categoría "Pasión", vamos a incluir búsquedas creativas, curiosidades y regalos.

¿En qué crees firmemente y qué quieres descubrir?

¿Son asuntos que te gusta compartir con otras personas?

¿Qué te hace querer estar unida a otros para marcar una diferencia?

¿Dónde disfrutas del diseño y la belleza, incluso en las actividades de la vida diaria?

¿Cómo marcas la diferencia en el mundo?

¿Qué no puedes dejar de hacer por otros?

La categoría "Prosperidad" incluirá lo que es suficiente, las formas de compartir y las maneras de agradecer.

¿Qué opinas acerca del dinero?

¿Cómo defines "lo que es suficiente"?

¿Qué necesitas tener para sentirte seguro y confiado de que puedas alcanzar tu mejor vida?

¿Cómo te gusta compartir tu tiempo, talento y tesoros con otros?

¿Qué maneras de agradecer te resultan fáciles y agradables?

Estamos a mitad de camino. Recuerda que nada tiene que ser perfecto. Tómate todo el tiempo que necesitas para pensar las respuestas, y si necesitas volver a revisarlas luego, siéntete libre de hacerlo.

En la sección del "Tiempo de orar" vamos a colocar: qué te gusta hacer, tiempo para ti, vacaciones, placeres y cómo te gusta llenar tu tanque. Ese que usas a diario para dar todo a todos, generalmente dejándote de último.

¿Qué es placentero y divertido?

¿Cuál sería tu día ideal sin opinar sobre lo que "deberías" hacer?

¿Cómo planificarías las vacaciones ideales?

En "Gente" pondrás quiénes son las personas con quienes te encanta pasar el tiempo.

¿Quién te llena, motiva, desafía a hacer lo mejor?

¿Cuáles son las características de tu tribu?

¿Cómo las reconoces?

¿Te reúnes a menudo con tu tribu?

¿Quién está un poco más adelante en el camino que pueda ayudarte?

¿Qué buscas en un compañero?

Por último, completa el "Estilo de vida perfecto", que estará enfocado en el ritmo diario, la casa y la oficina, el medioambiente, el clima y la ubicación, en trabajar con pasión y comodidad. Si pudieras usar una varita mágica y hacer que tu día fuera como quieres...

¿Cómo sería ese día?

¿Cómo serían las rutinas de esa mañana y esa noche?

¿Qué necesitas para amar por completo tu trabajo y tu hogar?

Si te pagaran por hacer lo que te gusta, ¿qué te gustaría hacer?

¿Cómo podrías hacer que el trabajo se parezca más a un juego?

¿Te gusta el lugar donde vives?

¿Es el clima ideal y la clase de comunidad que te gusta?

Como ya dije, una vez que hayas anotado las respuestas en la herramienta de la caja rosa, asegúrate de guardar ese documento y colocarlo en un lugar visible. Es importante que lo revises y que cuando necesites decidir cómo o dónde pasar el tiempo, tomes el punto de tu alegría que ya identificaste. ¡Estos puntos son los que ya descubriste como algo que te trae alegría! Así que hagamos más de las cosas que nos traen alegría.

Haz menos de aquellas cosas que te roban la alegría

Continuemos con la receta. Haz menos de aquellas cosas que te roban la alegría o el gozo. Es más fácil decirlo que hacerlo, en especial cuando no hemos identificado aún qué cosas nos quitan el gozo. El próximo paso es reconocer y eliminar a los bandidos que te lo roban. Es difícil vivir gozoso y alegres si el tanque de la alegría está siempre vacío. Por lo tanto, crea una lista de ladrones de la alegría en tu vida para nombrar a estos molestos bandidos y expulsarlos de nuestra mente y cuerpo.

¿Cómo lo logramos? ¿Dónde comenzamos? Empezamos por nombrar la causa de la disminución de nuestra alegría. Comienza a escribir un diario y anota cuándo aparecen estos molestos ladrones. Estos saqueadores podrían ser un "comité", sí, un conjunto de trampas mentales que permitimos que vivan en nuestra mente. Leíste bien: permitimos; ¡les damos permiso para que vivan en nuestra mente de forma gratuita!

"El comité" es el conjunto de diálogos internos, juicios y críticas negativas que dejas que tengan espacio en tu mente. Dejamos que el temor viva en nuestra cabeza y nos comenzamos a preguntar: "Y si...", y a menudo suponemos lo peor. Nos preocupamos por lo que los demás piensan de nosotras y lo que piensan que debemos hacer. El diálogo interno negativo también es parte de ese comité. ¿Alguna vez te has hablado a ti misma, diciendo cosas como: "nunca puedo lograr nada", "soy una miedosa" o "no puedo", "no merezco nada bueno"? Si es así, necesitamos empezar a nombrar y eliminar esos pensamientos.

Otra trampa mental son las creencias limitantes: lo que la familia, la cultura, incluso la sociedad, dijeron sobre tu potencial. El perfeccionismo sostiene que no puedes cometer un error o que debes trabajar ciento cincuenta por ciento más. Por último, las comparaciones. Creer que otra persona tiene una vida, una familia o un negocio mejor.

En nuestro camino para identificar lo que nos roba la alegría y el gozo también necesitamos reconocer los "vampiros de energía". ¿Quiénes son? Los vampiros de energía son aquellas personas que te drenan. Pueden incluir a tu familia, amigos, compañeros de trabajo que temes ver o con los que temes hablar porque te drenan y te hacen sentir exhausto. Los vampiros de energía también pueden ser el desorden, y aquí me refiero al desorden físico y mental. Todas aquellas cosas sin terminar, sin solucionar, incómodas, desorganizadas.

Otros vampiros de energía son los dispositivos tecnológicos. Oh, sí, sabes de lo que estoy hablando. Esos dispositivos o aplicaciones de los que no puedes desconectarte. Aquellos que interfieren con las conexiones de la vida. Sé honesta contigo misma: si buscas alegría y gozo y quieres más de aquellas cosas que te hacen feliz, necesitamos hacer menos de aquellas cosas que nos roban el gozo. Anotarlas todas en el diario será útil y necesario para continuar con la receta.

Decir sí cuando realmente quieres decir no. A todas nos ha sucedido. Tenemos ese sentimiento de obligación de decir que sí a todo y a todos. Por alguna razón, hasta nos sentimos culpables tan solo con pensar en tener que decir que no. Créeme, conozco esa sensación. No hay nada que te quite más la alegría que decir que sí a algo a lo que, muy en tu interior, deseas decir no. Muchas personas dicen sí con frecuencia porque nunca aprendieron a desarrollar los músculos del SÍ y del NO. Piensa en cuántas veces has dicho que sí a cosas que no querías. No hablar cuando quieres hablar o hacer una pregunta; preocuparte por solucionar los problemas de otros más de lo que ellos mismos lo hacen; no tener tiempo para ti y quedarte al final de la lista. Todas esas cosas nos roban la alegría, por lo tanto, necesitamos hacerlas menos. Son bandidos y debemos erradicarlos.

Saborea la alegría de cada etapa

Finalmente, necesitamos crear un plan de alegría para cada etapa o época de la vida. Las elecciones de alegría estacionales son una forma fácil y divertida de elegir en qué te vas a enfocar para traer más alegría a tu vida. Sé que es muy desafiante intentar y lograr todos los puntos de la caja rosa al mismo tiempo; por esa razón, puedes crear hojas para alentarte a elegir en cada época entre tres y cinco puntos que quieras y busques hacer. Puedes dividir tu plan de alegría en primavera, verano, otoño e invierno.

Tienes que pensar en qué te encanta hacer en cada estación, escribirlo y pegar el recordatorio en algún lugar visible. Puede tratarse de alimentos frescos, nuevas formas de mover el cuerpo, viajes y escapadas o rituales de relajación. Cada temporada tiene su propia belleza y cosas que puedes hacer y que disfrutarás. Piensa en ello con frecuencia durante la temporada cuando planificas cómo pasar el tiempo. Revísalo al final de año para recordar cuánto has hecho para traer a tu vida gozo y placer.

Beneficios de la alegría

¿Por qué debemos enfocarnos tanto en encontrar alegría o felicidad? ¿Por qué es tan importante y cómo puede ayudarnos a controlar el estrés? Si necesitas motivación extra para trabajar intencionalmente cada día en encontrar alegría, te voy a dar algo de información.

Se ha demostrado que la felicidad brinda muchos beneficios para la salud y uno de ellos es la capacidad de combatir el estrés de forma más eficaz. El estrés excesivo genera altos niveles de cortisol, conocido como la hormona del estrés, lo cual puede derivar en serios problemas de salud. Los estudios han mostrado que una persona feliz tiene menos niveles de cortisol en la sangre.[4]

Esa es una de las razones por las que insisto en descubrir y hacer más de aquellas cosas que nos dan alegría, que nos traen gozo al corazón. Muchas de ellas también son cosas que alivian el estrés. Seguir un programa de alivio del estrés que incorpora actividades que aumentan la felicidad y nos traen alegría nos puede dar resultados a corto plazo y contribuyen con una vida feliz y duradera. Por lo tanto, creo que cuando incorporamos un estado general de felicidad y convertimos en un hábito el estilo de vida que lo impulsa, estamos mejor preparadas para soportar el futuro estrés.

Una investigación de la Universidad de Carolina del Norte indica que la felicidad mejora la capacidad intelectual, las relaciones sociales y la salud física. Cuando experimentamos emociones positivas, podemos pensar con más claridad, solucionar problemas creativos e incluso trabajar de forma más productiva. Cuando estamos calmados en lugar de sentirnos estresados o ansiosos, también tomamos mejores decisiones.[5] Sé que enfrentamos situaciones estresantes a diario, pero no permitas que el estrés te robe la alegría. En lugar de pensar en la felicidad como algo por lo que estamos trabajando para alcanzarla algún día, necesitamos priorizarla ahora.

Cuando estás alegre, todo tu cuerpo se beneficia, en especial el corazón y la mente. De hecho, las investigaciones demuestran que "las personas alegres tienen menos probabilidades de tener un ataque al corazón, tienen una presión arterial más saludable [y] colesterol más bajo".[6] Esta información me recuerda un versículo de la Biblia que dice: "Gran remedio es el corazón alegre" (Proverbios 17:22). Es una gran verdad, un corazón gozoso es un corazón lleno de gratitud y amor, y es una buena medicina para el alma.

También es importante observar que la felicidad o el estado de gozo puede fortalecer nuestro sistema inmune. ¿Conoces acaso alguna persona malhumorada que parece estar siempre enferma? Bueno, déjame decirte que podría no ser una coincidencia. Los estudios muestran una conexión entre la felicidad y un sistema inmunológico fuerte. En este estudio, los participantes con las emociones más positivas como la felicidad tenían menos probabilidades de desarrollar un resfriado.[7] Muy pocas veces se tienen en cuenta los beneficios de buscar alegría y gozo. En general, vivimos el día y dejamos que las pequeñas cosas tomen el control de cómo nos sentimos. Sin embargo, si pensamos más en cómo nos sentimos y nos volvemos más intencionales para alcanzar una vida alegre, veremos beneficios duraderos.

Querida lectora, puedo seguir hablando sobre los beneficios de la alegría, el gozo y la felicidad, pero lo más importante es que comiences a buscar la alegría ahora mismo. Te he presentado ingredientes de calidad que puedes comenzar a incorporar y que te ayudarán a tener una vida gozosa. Lo que hace hermoso a la alegría es que podemos elegir tenerla en nosotras. Al tomar decisiones intencionales y hacer más de aquellas cosas que nos traen alegría, al recordar y hacer menos de las cosas que nos roban la alegría, al crear más tiempo para hacer lo que nos gusta y disfrutar mientras saboreamos la alegría de cada época, podemos gestar una vida más gozosa y gratificante.

Existen diferentes niveles de alegría que puedes experimentar. No es una línea recta. Sé que experimentarás altibajos a lo largo de la vida. Algunas cosas pueden desanimarte, pero una persona alegre por lo general tiene la capacidad de navegar en medio de las circunstancias. La alegría es un ingrediente importante para una vida saludable. Recuerda que todas podemos tener una vida llena de alegría. ¡Te desafío a comenzar ahora!

¿Qué te pareció? Todo lo escrito por Cindy en este capítulo son perlas de sabiduría que cambian vidas. Definitivamente cambió la mía. Cada vez que leo sus palabras, recuerdo su linda voz enseñándome y desafiándome a vivir llena de alegría. Dicha vida requiere esfuerzo y acciones diarias intencionales que exigen disciplina, ganas, y fe. Fe para creer que todo lo podemos porque Jesús nos fortalece. Cada paso, cada esfuerzo nos acerca más a disfrutar de una vida alegre que nos hace sentir contentas, plenas y satisfechas.

Quiero terminar este capítulo agradeciendo a Cindy. Su sabiduría es un regalo para mí, como seguramente lo ha sido para ti. Ella está en el cielo y Jim, su querido esposo, vive en Utah. Gracias, Jim, por permitir que comparta las palabras que Cindy escribió para ayudarnos a perseguir a diario el vivir vidas más alegres.

Estoy muy agradecida de haber tenido la oportunidad de aprender de ella y compartir la información contigo, querida lectora. Cindy fue la mismísima definición de la alegría y dedicó su vida a compartir su verdadero significado. Espero que a través de esta receta que nos entregó, seamos inspiradas a buscar la alegría en nuestra vida diaria.

Reflexionemos

1. ¿Qué significa alegría para ti?
2. ¿Qué te brinda alegría?
3. ¿Qué te roba la alegría?
4. ¿Qué harás a partir de hoy para ser una persona más alegre que comparte esa plenitud?

CAPÍTULO 8

¡Actúa!

Si no puedes volar entonces corre, si no puedes correr entonces camina, si no puedes caminar entonces gatea, pero hagas lo que hagas tienes que seguir adelante.

MARTIN LUTHER KING JR.

Lo he compartido en conferencias, se lo digo a mis hijos y amigos, y me lo digo casi todos los días: "De nada vale tanta información si no conduce a la transformación". Para que la información que recibimos nos guíe a la necesaria transformación, necesitamos tomar acción. En las siguientes páginas te presentaré acciones para transformar nuestra vida al punto que podamos gozar de una vida plena, contentas y satisfechas. Recuerda, no necesitamos ser perfectas. Pero si necesitamos progresar ¡un día a la vez!

Revisando *Mujeres victoriosas*

He compartido contigo lo que aprendí de mi terapeuta, de mi doctora, de mi mentora, *coach* y amiga Cindy. Lo que sigue ya lo compartí contigo en mi primer libro *Mujeres victoriosas,* pero creo que vale la pena repasarlo. El repaso es un método de aprendizaje que todas conocemos. De hecho, ha sido parte de nuestras habilidades para aprender desde la niñez. En la escuela, cuando estudiábamos para las pruebas y los exámenes, usábamos una herramienta fundamental: el repaso. Lo hacíamos al leer los apuntes repetidas veces. ¿Lo recuerdas? Cuando queríamos memorizar algo importante o aprender un contenido nuevo lo repasábamos porque es la forma de ayudar a que una habilidad se transfiera desde el consciente al subconsciente. Mediante el repaso, la repetición y ejercitación constante, algo se vuelve cada vez más sencillo.[1] Creo que el repaso es una obligación para quienes deseamos convertirnos en maestras en la experiencia de una vida gozosa.[1]

En *Mujeres victoriosas*, compartí contigo la importancia de tomarnos el tiempo para repasar nuestra vida. ¿Estoy dedicando suficiente tiempo a mi camino espiritual? ¿He pasado más tiempo con aquellos que amo y me aman? ¿He progresado el mes pasado en mi manera de comer más saludable? ¿He pagado más de mis deudas? ¿Han crecido mis ahorros? El mes que pasó, ¿me sentí más feliz, más contenta, más plena, o agobiada e insatisfecha? ¿A qué dije que sí que no me trajo alegría? Ahora repasaré algunos de los poderes de una mujer victoriosa, y te daré algunos consejos sobre cómo utilizarlos para que te ayuden a combatir el estrés y la ansiedad que experimentamos debido a tantas responsabilidades diarias.

El poder de la preparación

Recordemos los diez poderes para renovar tu vida y fortalecer tu fe. Uno de ellos es el poder de la preparación. Estar preparada significa estar lista mental, física y espiritualmente para los desafíos y oportunidades que te esperan hoy y mañana, y la próxima semana y el año que viene. ¿Alguna vez has asistido a una reunión y te diste cuenta de que la persona a cargo no estaba bien preparada? ¿Alguna vez estuviste encargada de liderar una reunión y te diste cuenta de que no estabas bien preparada? Quizá pensaste que, como sabías lo suficiente sobre el tema, no era necesario tomarte el tiempo para investigar, por lo tanto, no pudiste responder a todas las preguntas de los asistentes.

Sea cual fuera la razón, tu falta de preparación no solamente te hace quedar mal, sino también es muy estresante para ti. Opino que estar preparada te ayuda a pertenecer al salón de la excelencia en lugar de al salón de la mediocridad. Recuerda que el salón de la mediocridad está repleto, pero todavía hay mucho espacio del lado de la excelencia. La preparación es el poder que toda persona exitosa usa en su vida cotidiana y es lo que le ayuda a crear hábitos positivos para minimizar el estrés.

¿Cómo aprender sobre el poder de la preparación? El secreto es la organización. Sí, leíste bien. El secreto para ser una mujer preparada es la capacidad de organización. Compartiré contigo tres áreas en las que puedes ser intencional en cuanto a la organización: tu tiempo, tu vida (personal y profesional) y tu espacio personal. Con este poder aprendí y continúo aprendiendo que estar preparada, ser organizada y tener una estructura es beneficioso para mi vida y me ayuda muchísimo a minimizar el estrés. Estoy completamente segura de que hoy en día no podría disfrutar del privilegio de ser una esposa y madre amorosa, y una abogada eficiente de no ser por el poder de la preparación.

Gracias a este poder logré obtener mi doctorado en leyes, al mismo tiempo que tenía dos hijos menores en casa y un lindo esposo a quien yo ayudaba en su negocio. El calendario fue mi mejor aliado. Cada día me organizaba de tal manera que sabía a qué hora debía levantarme, despertar a mis hijos, llevarlos al colegio, ir a la escuela de leyes y aprender todo lo que correspondía. La organización de mi tiempo era un asunto no negociable.

Tener un ritual matutino

Crear hábitos positivos en cuanto nos levantamos es la clave para empezar bien el día, tomando en cuenta que vale la pena buscar el camino que nos ayude a controlar el estrés. La estructura matutina determina el resto del día. Sé que muchas de nosotras tenemos una gran cantidad de responsabilidades y obligaciones que nos mantienen extremadamente ocupadas, pero créeme que la buena rutina matinal puede marcar una enorme diferencia en tu vida. Te ayudará a ser más productiva, alcanzar metas, organizarte y minimizar el estrés que perjudica tu salud. Desarrollar una rutina sólida puede ser el factor decisivo para el éxito.

Una rutina matutina nos permite comenzar el día con paz, confianza y actitud positiva. Cuando arrancamos la jornada corriendo, retrasadas, nos sentimos perdidas, abrumadas, estresadas o frustradas. Tener un hábito por la mañana nos ayudará a armonizar el resto del día. Nos permitirá controlar nuestros horarios en lugar de que ellos nos controlen a nosotras. Te compartiré parte de mi actual rutina diaria, que varía a medida que cambia la vida. Por lo tanto, recuerda que lo que a mí me funciona no necesariamente significa que funcionará para ti, pero puedes usarla como una guía. Debes encontrar tu propia rutina mañanera. A mí me ayuda a comenzar el día descansada, mejor enfocada y con una actitud positiva. Aquí va:

Ejercicios de respiración profunda

A la mañana, bien temprano, limpio los pulmones. Son diez respiraciones profundas. Inhalo mientras levanto los brazos, desde abajo hasta el cuello. Eso me ayuda a mantener los pulmones saludables y hacer que el cuerpo reciba el oxígeno que necesita. La respiración profunda nos permite concentrarnos en inhalar y exhalar lenta e intencionalmente para desengancharnos de los pensamientos que nos distraen. Nos ayuda a calmarnos y a relajarnos de forma lenta, amable y profunda, lo que también puede reducir la tensión. Se trata de volverse consciente de la respiración y enfocarse en ella.

En el capítulo 4 hice referencia a estos beneficios y también compartí algunos ejercicios que a mí me funcionaron. Si lo necesitas, puedes volver a ese capítulo y darles un vistazo.

Beber jugos verdes y suplementos

¡Los jugos verdes son los preferidos de mis mañanas! Como ya sabes, es importante para mí cuidar la salud, y para hacerlo tengo mi rutina matutina. Me gusta comenzar el día bebiendo agua tibia con limón, seguida de un jugo verde nutritivo. Probablemente has escuchado sobre los beneficios de tomar este tipo de jugos. Creo que es una de las tendencias más grandes en cuanto a salud y bienestar; blogueros, celebridades e *influencers* hablan al respecto, comparten recetas y los beben.

Las investigaciones indican que comer verduras de hojas verdes a diario puede reducir la inflamación, el riesgo de un ataque al corazón y el deterioro mental relacionado con la edad, además de ayudarnos a tener un sistema digestivo saludable. También reduce el estreñimiento, mantiene el peso balanceado y mejora la función inmune.[2] Bebo jugos verdes porque me ayudan a aumentar los nutrientes que mi cuerpo necesita. En el próximo capítulo, te contaré sobre las recetas de mis jugos verdes favoritos.

Durante este tiempo, también he tomado suplementos. Una dieta saludable y equilibrada le otorga al cuerpo los nutrientes necesarios para llevar adelante las rutinas diarias. "Los suplementos como las vitaminas, los minerales y los ácidos grasos esenciales... enriquecen el cuerpo internamente para fortalecer la protección celular, reparar y ayudar el proceso de regeneración".[3]

Prepararse

Una vez que oro, medito, hago el jugo verde y tomo los suplementos, es tiempo de prepararme. Es momento de ponerme mi mejor vestimenta, peinarme, maquillarme y sentirme mejor antes de salir de casa. Es fácil prepararme porque la noche anterior dejé listos la ropa, los zapatos y los accesorios.

Una vez que ya me he comunicado con mi Padre Celestial y he meditado para mi alma, lleno la mente con pensamientos positivos. Mi estado mental es importante para el día. Debo rechazar o reemplazar todo pensamiento negativo, triste o depresivo por aquellos que me empoderan. En lugar de decirme a mí misma que estoy cansada, o que comí demasiado la noche anterior, me afirmo con pensamientos que me llenan de poder: "Jess, eres una campeona, Dios tiene preparado para ti un día asombroso, los ángeles se ocuparán de que todo salga bien. Además lo que te comiste ya pasó, hoy es un nuevo día un nuevo comienzo, deja el pasado en el pasado y disfruta el día de hoy" No solo lo digo, realmente intento creerlo con todas mis fuerzas.

Si durante mi mañana me siento triste o desganada, lo que suele suceder en mi fase lútea del mes, debo hacer más esfuerzo para sentirme enérgica y positiva. Lo hago cerrando los ojos y usando mi imaginación. Por ejemplo, me imagino todos los años que pasé estudiando mientras criaba a mis hijos y soñando llegar a ser abogada algún día. Recuerdo la gran emoción que sentía al saber que algún día mi sueño se haría realidad. Me acuerdo de esos momentos, entonces una alegría inmensa invade mi mente y cuerpo al saber que lo logré. Abro mis ojos, siento un sentimiento de gratitud que corre por todo mi cuerpo y una gran energía para seguir con mi día.

Mi imaginación me ayuda a plantar pensamientos positivos, y así mis emociones y sentimientos bañan mi alma de alegría y positivismo. Esos pensamientos me ayudan a sentirme increíblemente confiada. Me hacen sentir segura para salir y conquistar el mundo con un corazón súper agradecido. Creo que se debe a la etapa o la época de la vida en la que me encuentro, pero cada mañana al cepillarme los dientes, mientras me miro al espejo, veo reflejada a una hermosa mujer. A esa hermosa mujer le digo que es una guerrera y que está lista para conquistar lo que se le presente ese día. Me recuerdo a mí misma que Dios está a mi lado y que nada, pero nada que se me cruce por el camino será imposible de enfrentar, porque Él solo tiene planeado para mí un día perfecto.

Pues bien, algunas mañanas son más fáciles que otras con base en lo que tenga en agenda. Descubrí que el hecho de recordarme lo bien preparada que estoy para ese día me ayuda a sentirme más segura de mí misma. A veces hasta me pregunto: "¿Qué es lo peor que me puede pasar?". Si al principio no tienes éxito, sigue avanzando porque una vez que está hecho y resuelto, la celebración será más dulce. Desearía decirte con total certeza que me llevó un largo tiempo de preparación, pero que ya logré total seguridad. Sin embargo, eso no es cierto. Llegar a este lugar donde me siento mucho más segura cada mañana antes de salir de mi casa seguirá siendo un aprendizaje que me tomará toda la vida.

Pero encuentro mucho gozo al animarme y recordarme a mí misma lo hermosa que soy por dentro. Haciendo esto es más sencillo enfrentarnos a esas personas resentidas que, debido a su infelicidad e inseguridad, buscan herirnos con sus palabras o acciones. Cuando comienzas el día sabiendo quién eres, en lugar de permitir que sus palabras o acciones te hieran, es mucho más fácil sentir compasión y orar por aquellas personas que intentan lastimarte. Ten en cuenta que dije "intentan", porque es todo lo que pueden hacer, solo intentarlo. No les des poder para hacerlo. Cuando Dios está con nosotras, ¿quién puede estar en contra nuestra?

También un ritual nocturno

Compartí contigo mi ritual matutino y lo mucho que me sirve para armonizar el resto del día. Estar bien organizada y comenzar el día con una actitud positiva me beneficia y me ayuda a tener control de mi agenda. Así como tener una rutina matutina es esencial, también es crucial tener una rutina nocturna. ¿Aún no tienes el hábito de anticiparte al planear? Déjame decirte por qué es importante. Sé que las rutinas nocturnas no son tan populares como las matutinas porque, vamos a admitirlo, cuando salimos del trabajo lo primero que queremos hacer es ir derecho a casa para terminar todos los quehaceres pendientes, estar con nuestros seres queridos y relajarnos. Lo entiendo completamente, pero después de descubrir los fantásticos beneficios de la rutina nocturna, me aseguro de tener también esa estructura.

Esta rutina se trata de las cosas que haces inmediatamente antes de ir a la cama. Para algunas, podría tratarse de leer un libro, tomar algo caliente o quizá mirar televisión. Tal vez no tengas un hábito cada noche, pero déjame decirte que esa práctica es tan importante como la rutina matutina. Tener hábitos nocturnos nos da tiempo y espacio para descomprimirnos física y mentalmente luego de un largo día. Es importante entender que lo que haces y lo que no haces por la noche muy probablemente afecte tu agenda del día siguiente. Ten en cuenta que las rutinas nocturnas no tienen que ser complicadas. Hazla tan simple como necesites para que encaje en tu estilo de vida. Así que ahora, déjame compartir contigo algunos pasos de mi ritual nocturno:

- Dejar el almuerzo listo para el día siguiente.
- Elegir la ropa, los zapatos y los accesorios para el próximo día.
- Apagar los aparatos electrónicos antes de ir a la cama.
- Aplicarme aceites esenciales en el cuello, en la frente y en la sien.
- Rociar lavanda en la almohada.
- Orar con mi esposo antes de irnos a dormir.
- Meditar en la cama mientras estoy tratando de dormir.

Preparar el almuerzo

Allí estaba durante la pandemia, justo después de una sesión en vivo en Facebook con nuestros queridos pastores y amigos, Danilo y Gloriana Montero. Estábamos hablando sobre los asuntos que afectaban a nuestra familia durante ese tiempo. Yo confío mucho en ellos y les contaba que vivir juntos las veinticuatro horas y los siete días de la semana había sido un desafío para los cuatro. Uno de los problemas que tenía era el largo tiempo que me llevaba hacer los jugos verdes cada mañana.

Aunque los cuatro limpiábamos, cocinábamos y hasta preparábamos la comida juntos (que no es lo mismo que cocinar), la logística para lograr todo eso era un desafío. Hasta les mostré mis uñas que estaban amarillas por la cúrcuma fresca que pelaba cada mañana para nuestros batidos. Mi amiga Gloriana inmediatamente me recomendó un buen producto para las uñas que, por cierto, todavía uso.

El pastor Danilo me dio un consejo que cambió nuestra vida: "¿Has visto esos envases de vidrio que se usan para guardar la comida después de prepararla?". Y fue muy específico con las instrucciones: "Los domingos pueden cortar todas las verduras, colocarlas en los tarros de vidrios y dejarlas listas para ponerlos en la licuadora cuando hagan el jugo". Debo decirte que comencé a seguir su consejo el domingo siguiente. Puedes ver las fotos de lo que parece mi refrigerador los domingos al preparar las verduras. Gracias, pastor Danilo, por el consejo que cambió mi vida: nos ayudó a evitar muchos conflictos innecesarios durante esos días. Fue en ese tiempo que empecé a aprender más sobre la preparación de los alimentos. A menudo digo que la pandemia me enseñó muchas cosas buenas. La preparación de la comida en volumen es una de ellas.

Los ingredientes de mis jugos verdes cortados y envasados, para ir preparándolos todos los días

Los vegetales de ensaladas favoritas, cortados y envasados para la semana

¿Qué es la preparación de la comida? Bueno, déjame compartir contigo que es planear y preparar la comida por adelantado. Es beneficioso porque nos permite saber exactamente lo que hay en la comida y lo que entra en el cuerpo. Te ahorra dinero porque no desperdicias ingredientes ni compras el almuerzo. También te ahorra al planear la comida, lo que implica menos tiempo para cocinar durante la semana.

Planificar y preparar la comida me ayuda a disfrutar más de mis días. Tan solo piensa en ello. ¿Cuánto tiempo ahorrarías cada día si prepararas la comida la noche anterior? Eso me sirve para planear y guardar el almuerzo con anticipación. Puedes prepararlo la noche anterior, cocinar por tandas, guardar la comida en porciones para que esté lista para tomarla y llevarla durante la semana. Es una forma organizada de elaborar los alimentos con anticipación y no tener que preocuparnos por cocinar cada mañana. Una de las muchas bondades de esto es que podemos adaptarlo a nuestro estilo de vida y necesidades alimenticias.

Cuando cocinamos nuestros alimentos y planificamos con tiempo lo que vamos a comer, podemos tener el control de lo que incorporamos a nuestro sistema. Al asegurarme de tener lista la comida la noche anterior, sé que al día siguiente no tendré que salir corriendo de casa con las manos vacías. Si lo hacemos adecuadamente, puede ahorrarnos algo de tiempo. También siento que me reduce el estrés de intentar comer más saludable, y me alivia al solucionar las decisiones alimenticias. Con agendas ocupadas, la preparación anticipada de la comida es una forma de mantener el control sobre nuestros alimentos y nuestra ansiedad, además de ayudarnos a mantener el rumbo de nuestras metas alimenticias y de bienestar.

Entonces, ¿en qué consiste la preparación de un menú? No debe ser nada complicado. Tal vez, te suene chistoso, pero que tal si lo tomas como un juego. Así es, como jugar a la comidita como cuando éramos niñas. Mientras más veas este paso como uno de placer y no de quehacer, más fácil será lograr el objetivo. Primero recomiendo que para empezar elijas una comida. No quiero que te sientas abrumada, así que tan solo enfócate en una. Puede ser una comida por día: desayuno, almuerzo o cena. Luego haz una planificación. Comienza anotando lo que quieres comer en esa ocasión, digamos que vamos a empezar con la preparación del almuerzo para esta semana. ¿Cuáles son tus opciones? ¿Qué elecciones saludables quieres hacer? Ahora haz una lista de todos los ingredientes que necesitas para la preparación y sal de compras. Ten en cuenta que también necesitarás envases de diferentes formas y tamaños. Hay muchas opciones, pero no te preocupes porque puedes empezar de a poco. Ahora que ya tienes el plan de comida, has hecho las compras, cuentas con los ingredientes y los recipientes, es tiempo de la elaboración. Prepara la comida, colócala en envases separados, guárdala en el refrigerador y tu almuerzo estará listo para los próximos días.

¡Te daré algunos ejemplos de recetas fáciles que puedes empezar a elaborar hoy! Puedes comenzar cocinando una tanda de quinoa o arroz suficiente para tres o cuatro días. Corta tus verduras favoritas para la semana. Si tienes una olla de cocción lenta, intenta poner pollo suficiente para tres días. Agrega arroz, verduras y pollo en los envases y tu almuerzo estará listo para los próximos días.

Otro ejemplo es preparar tus ensaladas favoritas y colocarlas en tarros. No les agregues aderezos; guárdalos en un envase separado. De esa manera, puedes evitar que la ensalada se humedezca, pues así se mantendrá fresca por más tiempo. También puedes agregar quinoa para que tengas la sensación de estar llena y satisfecha.

¿Y qué me dices de un burrito de pollo, quinoa y ensalada? Los burritos son fáciles de hacer y te brindan ilimitadas opciones. Puedes preparar un burrito vegetariano de humus, uno de coliflor y camote (batata) o de pollo asado con salsa de sésamo y pimienta roja.

Dar pequeños pasos como cocinar una tanda de quinoa o arroz, o cortar las verduras, te ayudarán a ahorrar tiempo durante la semana. Además, no te estresarás al tener que pensar qué preparar para el almuerzo. Puedes intercambiar las preparaciones semanales y ser creativa.

Ropa lista para el día siguiente

Muy bien, mujeres victoriosas, aquí va un consejo simple que les ayudará a estar listas en la mañana más rápida y fácilmente, para salir por la puerta e ir a la escuela, al trabajo o lo que haya que hacer ese día. La noche anterior, extiende la ropa y elige lo que vas a usar. Coloca todas las prendas, los zapatos y cualquier accesorio que quieras ponerte. Será más fácil vestirse por la mañana. Cuando haces esto la noche anterior, durante la rutina nocturna, es una cosa menos que tienes que hacer por la mañana. No tendrás que buscar la ropa muy temprano, sin tener tiempo, sin encontrar las prendas ni el zapato que falta. Sabes de lo que estoy hablando. La planificación ahorra tiempo.

Shhhh, quiero contarte un secreto. Anteriormente dije que mi esposo es una persona muy reservada; le gusta y aprecia su vida tranquila. Por eso no te cuento mucho sobre él. Sin embargo, lo que voy a contarte me alegró el corazón. Ayer, mientras miraba en mi armario qué iba a ponerme al día siguiente, observé que había colgado en unas perchas una camiseta y un par de pantalones para él, listos para el día siguiente. Nuestras acciones impactan a nuestros seres queridos. Nos observan y, al hacerlo, también se benefician de nuestros buenos hábitos. Tú comienzas y ellos te siguen.

Apagar los aparatos electrónicos

Muchas personas se ponen la pijama, apagan las luces, se meten en la cama y toman el teléfono celular para ver las redes sociales, leer los correos electrónicos o mirar algo. Pasamos todo el día alimentando nuestro cerebro de información, y por lo tanto cuando llega el momento de acostarse, el momento que por fin el cerebro puede descansar, también deberíamos apagar el teléfono o dejarlo a un lado. La luz azul emitida por la pantalla del celular frena la producción de melatonina, la hormona que controla el ciclo del sueño. Esto hace que sea más difícil quedarse dormida y levantarse temprano al día siguiente. Los estudios demuestran que la exposición a la luz azul puede provocar daño en la retina. Ten en cuenta que esa luz es un color artificial que imita la luz del día. Estar expuesta a ella antes de dormir puede interrumpir nuestro reloj interno. Desplazarte por la pantalla también engaña al cerebro y lo lleva a pensar que necesita mantenerse despierto. La Fundación Nacional del Sueño, de Estados Unidos, recomienda que debemos dejar de usar los aparatos electrónicos, como el celular, treinta minutos antes de irnos a la dormir.

Así que parte de mi rutina nocturna consiste justamente en eso: apagar todos los aparatos electrónicos. Llego al punto de no dejar mi teléfono en la misma habitación. No nos damos cuenta de cuánto nos afecta el sueño. Creo que ir a la cama y quedarse dormida debería ser una experiencia tranquila y relajante. Engancharnos con el celular cerca de la hora de acostarnos puede afectarnos y hacer que nos lleve más tiempo quedarnos dormidas. Para mí es importante establecer una rutina a la hora de dormir y dejar de hacer actividades que me roben del sueño y descanso que mi cuerpo y mente tanto necesitan.

El poder de la renovación. Agendar "mi tiempo"

El poder de la renovación. No podemos llevar una vida completa si siempre nos relegamos a nosotras mismas. Incluso cuando la vida se torna demandante, una mujer victoriosa se toma tiempo para orar, reflexionar, ejercitarse y relajarse. Debido a las presiones actuales de la sociedad, es extremadamente fácil padecer el Síndrome de la Mujer Maravilla. Las mujeres que padecemos este síndrome tratamos de hacer todo solas, nos exigimos mucho e intentamos ser perfectas en cada uno de sus roles. El problema es que después de agradar al mundo, cuando nos quitamos la capa y se apagan las luces de las cámaras, nos sentimos agotadas, vacías, subestimadas, e infelices. Las exigencias de la vida diaria nos pueden drenar las fuerzas y robarnos el gozo. Cuando nos sentimos cansadas o desanimadas, es necesario recargarnos. Sé que Dios desea que tengamos una vida gozosa, pero a veces tenerla puede ser desafiante al ver todo lo que sucede a nuestro alrededor. Por ese motivo necesitamos renovarnos y recargarnos.

Agendar "un tiempo para mí" es esencial. Estamos acostumbradas a poner a todos los demás antes que a nosotras y a darle prioridad a otras cosas. Nos olvidamos de que nosotras también somos importantes y de que si no nos cuidamos, finalmente no estaremos bien para cuidar a los demás. Siempre estamos muy, muy, muy ocupadas. Desde el momento en que suena la alarma del reloj hasta que apoyamos la cabeza sobre la almohada por la noche, nuestro día está lleno de muchas actividades, necesidades, pedidos, emociones y responsabilidades. Así que dedicarnos tiempo de calidad es imperativo. Este tiempo nos permite descomprimirnos, deshacernos del estrés, relajarnos y volver a la actividad con la mente más clara.

¿Cómo puedes ofrecerle al mundo lo mejor si tú no te has dado lo mejor? Para mí, esta es una de las lecciones más difíciles de aprender y aplicar en mi vida diaria. Aprendí y continuo aprendiendo a diario que ser mejor no solo se trata de cuidar a la familia, y dar lo mejor en el trabajo, sino también de cuidarte a ti misma. Decirlo, saberlo y leer al respecto es una cosa, pero hacerlo es otra. Agendar tiempo para ti no debería hacerte sentir culpable. Necesitamos recargar nuestras baterías para ser nuestra mejor versión. Por favor capta el verbo en la oración anterior. "Ser" nuestra mejor versión, no solo "dar" nuestra mejor versión. En otras palabras, debemos enfocarnos más en el ser y no solo en el hacer. Dios quiere que vivamos con vigor, energía y gozo, y la única forma de hacerlo es llenar el tanque continuamente. Renovarnos es la única manera de ser mujeres fuertes y victoriosas que se sientan plenas y satisfechas.

Te desafío a usar el poder de la renovación para derrotar las mentiras de que hacer más, tener más y trabajar excesivamente equivale al éxito. Al derrotar esas mentiras, evitaremos el dañino agotamiento y lograremos la vida completa para la que fuimos creadas.

Conectarte contigo misma, ser sincera y aprender a escuchar tu alma son tres consejos particularmente buenos, pero solo funcionan si podemos silenciar la conversación constante en nuestra cabeza y estar solas por más de cinco segundos. El hábito de orar y meditar en las promesas de Dios fue y sigue siendo para mí una herramienta maravillosa en mi búsqueda diaria de disfrutar de un estilo de vida más saludable. Lo que necesitas como parte de la rutina diaria es tiempo para orar, para meditar en la Palabra, para estar a solas contigo misma, para evaluar tu vida y para analizar dónde te encuentras y hacia dónde estás yendo.

Con el paso de los años, mi "tiempo para mí" continúa cambiando. La lista varía de acuerdo con la época de la vida en que me encuentro, las responsabilidades y las exigencias en casa y en el trabajo. El "tiempo para mí" muchas veces implica más que solo yo. Por ejemplo, me encanta tener citas con mi esposo por la noche. Pero, también algunas de ellas no son por la noche. Pueden ser por la mañana cuando salimos y vamos a desayunar juntos. O tal vez por la tarde, cuando vamos a dar un largo paseo tomados de la mano. Esas mañanas durante los fines de semana cuando los cuatro, Javier, JP, Josh y yo, preparamos y desayunamos juntos o cuando miramos juntos alguna de mis películas románticas favoritas. Todo esto es mi preciado "tiempo para mí".

Pero bueno, si tuviera que contarte algunos de los que se tratan solo sobre mí, serían: leer un libro, hacer ejercicio, hacer ejercicios de resistencia, bailar zumba o bailar salsa y merengue con la música a todo volumen, aprender una receta nueva, hacer yoga, meditar, llamar a una amiga, escribir en mi diario, hacerme un tratamiento facial, tomar un masaje, recibir acupuntura. El favorito de todos sería tomar una siesta. No me doy baños de inmersión ni duermo la siesta muy a menudo, pero al referirme a ello, me dan ganas de hacerlo más seguido. ¿Quién sabe? Podría escribir algunas metas S.M.A.R.T. sobre esto para hacerlas realidad.

Diario

No me voy a cansar de animarte a escribir en tu diario. Una de las herramientas principales que sigo utilizando y que me ha ayudado inmensamente es escribir. Tengo muchos cuadernos de notas en los que vuelco mis pensamientos, mis cartas a Dios y las ideas que me surgen para futuras publicaciones. Con el pasar del tiempo vuelvo a leer mis notas y aprendo mucho de mí misma. Leer los diarios que escribí décadas atrás me permite decirme a menudo: "Buen trabajo, guerrera. Jess, realmente eres asombrosa. Has pasado por mucho, pero con la ayuda de Dios, continúas conquistando. ¡Buen trabajo!". Ah, pero también me brinda la posibilidad de decirme a veces: "Ya basta de quejarte de esto y de lo otro. Ya elimina ese mal hábito, disciplínate y empieza un mejor camino en esta o en aquella área". Más adelante veremos detalles valiosos respecto al tener un diario o una libreta personal de apuntes.

Bien, pues ahí lo tienes, te he contado sobre mis rutinas matutina y nocturna. Recuerda que esos hábitos cambian a menudo de acuerdo con las responsabilidades que tengo cada día, cada semana y cada mes. El desafío es crear una rutina que funcione para tus horarios y saber que puedes continuar acomodándola y desarrollándola conforme pasa el tiempo. Los beneficios de tener una estructura en mi vida son muy importantes. Puedo controlar esos aspectos y ser intencional, me ayuda a tener una vida gozosa y me da poder para buscar diariamente un estilo de vida más saludable.

Me gustaría recordarte que la meta no es ser perfecta o aparentar serlo. Te estoy desafiando a trabajar diariamente en progresar y no en alcanzar la perfección. El desafío es tan solo intentarlo, estar dispuesta a hacerlo para que puedas dar lo mejor de ti en lo que haces y, sobre todo, darte lo mejor de ti a ti misma. La meta es estar preparada, organizada y enfocada en todo lo que hagas, incluyendo llevar una vida saludable. Utiliza el poder de la preparación y refuérzalo con organización. Planea tu tiempo y haz de tu agenda tu mejor aliado. Créeme que te sentirás más relajada, tendrás más control y menos estrés, y serás más exitosa en las diferentes áreas de tu vida.

Brilla como solo una mujer victoriosa sabe hacerlo: sin nunca tratar de opacar la luz de otra, haz todo con excelencia, propósito y donde sea que te encuentres. Decide incorporar el poder de la preparación y destruye la mediocridad. Existen libros, seminarios, blogs y páginas de internet para aprender sobre organización personal y profesional. Encuentra una estrategia que te funcione y da pequeños pasos para implementarla. Prepara tu casa y tu lugar de trabajo, y conviértelos en lugares donde tu propósito puede florecer. Recuerda que tu hogar necesita ser el lugar donde encuentras descanso y recargas las pilas, tu pedacito de cielo aquí en la tierra. Si te gustan las flores, compra y ponlas en toda tu casa. Préstales atención y sonríeles. Sonríe porque sabes y les dices lo bendecida que eres al tener flores en tu casa que iluminan tus días y te traen gozo a la mente, al alma y al corazón.

Me agradezco a mí misma por agendar "un tiempo para mí". Me gustaría poder decirte que soy buena en usar el poder de la renovación y que me resulta fácil hacerlo, pero todavía no es así. Todavía soy una obra en proceso. Lo que puedo decir con seguridad es que cuanto más invierto en cuidar de mí misma, mejor persona soy para el mundo que me rodea.

En la actualidad sigo invirtiendo tiempo para asistir a conferencias donde puedo aprender cómo mejorar mi poder de renovación para continuar cumpliendo mi misión y propósito en la vida. Después de todo, mi propósito es y seguirá siendo trabajar a diario "Manteniendo Familias Unidas"™. ¿Cómo podría lograr este propósito si trabajo hasta el cansancio y no me respeto lo suficiente como para incluir actividades de cuidado personal en mi vida diaria?

Sigo cometiendo errores y sigo comprometida con trabajar más de lo que debo o asistir a eventos que no apoyan mi propósito o misión actuales. Me doy cuenta de esto cuando comienzo a sentirme abrumada y a perder el equilibrio, por lo que mi vida espiritual sufre y se vuelve un caos. Pero lo maravilloso de ser una mujer victoriosa es que tenemos nuestros poderes disponibles para seguir luchando y seguir brillando. Así que te animo a renovarte, a reconectarte, a escucharte a ti misma, a respetarte lo suficiente, de manera que inviertas en ti. Los poderes de la preparación y de la renovación están allí para tomarlos y aprovecharlos. Depende de nosotros usarlos a diario.

Reflexionemos

1. ¿Cuál será tu rutina matutina?
2. ¿Cuál será tu rutina nocturna?
3. ¿Cuándo será el próximo tiempo que has agendado para ti?
4. ¿Qué harás en ese tiempo especial dedicado a ti?

Asegúrate de compartir este nuevo reto con alguna amiga de confianza para que ella te ayude a recordar que debes seguir haciéndolo.

ESCANÉAME

CAPÍTULO 9:

Hazlo tú misma

En este capítulo quiero contarte algunos de los hábitos que he incorporado a mi vida y que me han ayudado en mi búsqueda de una vida feliz y alegre combatiendo el estrés y la ansiedad. Uno de los factores principales de una vida feliz y alegre es disfrutar de un perfecto estado de salud. Como sabes, muchas veces la familia y la profesión demandan demasiado de nosotras y hasta nosotras mismas nos exigimos tanto que siempre terminamos dejándonos en último lugar. Si una amiga nos llama a las dos de la mañana diciéndonos que necesita ayuda, corremos a su rescate aun sabiendo que debemos ir a trabajar muy temprano. Sin embargo, si necesitamos hacer ejercicio, prepararnos comida saludable que toma tiempo o tomarnos un tiempo para meditar, solemos no hacer todo eso que es beneficioso para nosotras porque no tenemos tiempo. De hecho, si eres una de esas personas que siempre está poniendo como excusa que no tiene tiempo, o eres de las que siempre le falta, te recomiendo el libro de mi amiga Luz María Doria *El arte de no quedarte con las ganas*. En su libro, ella le escribe una carta al tiempo. Todas podemos aprender de esa perspectiva acerca del tiempo. Con esto lanzo el desafío de ponernos a nosotras mismas en primer lugar. Seamos nuestra prioridad. Recuerda lo que nos dice la Palabra, que debemos amar a otros como nos amamos a nosotras mismas. Amarnos a nosotras mismas es cuidar de nuestra salud y es primordial para así amar a otros.

DIY, seguramente viste o escuchaste este acrónimo muchas veces, especialmente en internet, pero tal vez no sabes qué significa. Son las iniciales en inglés para *do it yourself* o, en español, "hazlo tú misma". Significa que, en lugar de comprar algo o contratar a un profesional para realizar una tarea particular, elijas hacer o crear algo tú misma. Si buscas el hashtag #DIY en las redes sociales, verás cualquier cosa que puedas imaginar. Desde reparaciones en una casa, hasta arte o manualidades. Desde cortes de pelo hasta decoración de pasteles. Desde arreglar un hueco en la pared hasta plantar tus propios tomates en el jardín, ¡todos son proyectos que puedes hacer tú misma! Casi siempre son cosas prácticas que te ayudan a ahorrar dinero y te permiten realizarlas en la comodidad de tu hogar.

Entonces, mientras pasaba mi tiempo libre en casa, decidí que quería hacer cosas por mí misma que me ayudaran a quitarme el estrés y combatir la ansiedad. En este capítulo, te daré algunos consejos que me han ayudado, y continúan ayudándome cuando me siento estresada y necesito un descanso, o que benefician mi salud en general. Siempre recuerda que si estás experimentando síntomas de estrés o ansiedad, te recomiendo que consultes con un doctor especialista en lugar de automedicarte.

Té caliente

Beber un té o una infusión caliente es algo indispensable para mí. Algunas infusiones de hierbas pueden ayudar a eliminar el estrés y la ansiedad recurrentes. Si sé que voy a tener una semana estresante o incluso luego de un día largo de reuniones, me tomo una infusión de manzanilla, conocida por sus efectos calmantes y relajantes. De hecho, un estudio descubrió que consumir extracto de manzanilla reduce los síntomas moderados o graves del trastorno de ansiedad generalizada.[1]

Debo admitir que tomar una taza de té o de infusión es uno de los mayores placeres de mi vida. Me encanta hacerlo casi todos los días. Tomo té verde o infusión de manzanilla, lavanda, hibisco y cualquier otro sabor delicioso que encuentre. Antes solía endulzarlos con miel pura. Sin embargo, hace aproximadamente tres años, dejé de utilizar miel y ya no me resulta necesaria. Es decir, mi paladar se acostumbró tanto a disfrutar del sabor del té y de las infusiones que ya no tengo que mezclarlos con algo dulce.

Generalmente, tomo dos tazas de té verde a diario, una después del almuerzo, que es mi comida más grande, y la otra durante el día. Intento tomar infusión de lavanda o de manzanilla antes de irme a dormir. Esto ayuda a que mi mente y mi cuerpo se relajen mientras me preparo para tener una buena y reparadora noche de descanso.

A veces, diría que una o dos veces al mes, le agrego una cucharadita de miel de manuka a mi infusión de la noche. ¿Por qué miel de manuka? Existe evidencia científica que respalda los beneficios curativos de esta miel. Te comentaré algunos de ellos. Esta miel puede ayudar a sanar heridas porque es ácida y se demostró que esta propiedad ayuda a la cicatrización. También se sabe que ataca a los gérmenes y se la utiliza como un antibiótico natural. El óxido de magnesio que se encuentra en algunas plantas de manuka es bueno para curar heridas leves y crónicas. Por último, tiene propiedades antibacteriales a las que son susceptibles decenas de especies de bacterias.[2]

Consumir demasiado de algo bueno también puede ser malo, así que decidí reducir la cantidad de miel de manuka que consumía. Comencé con una cucharadita, y luego fui agregándole cada vez menos miel hasta llegar al punto en el que me encuentro hoy. No necesito azúcar, ni endulzantes, ni miel para tomar mi té o mi infusión. Como sucede con todo, esto lleva tiempo, es un proceso que valdrá la pena, créeme. Así que, vamos, tómate un momento para prepararte una taza de té, relájate y comienza a disfrutar una infusión de tu sabor favorito.

Gotas de lavanda

Las gotas de aceite de lavanda hacen maravillas y me ayudan a dormir como un bebé. Históricamente, la lavanda ha sido utilizada por sus propiedades curativas. El aceite que se destila de la planta *lavandula angustifolia* tiene muchos beneficios, por ejemplo, se utiliza para relajarse o tratar la ansiedad. Según un artículo de Cathy Wong, un estudio publicado en 2012 demostró que "la aromaterapia realizada con aceite esencial de lavanda puede ayudar a calmar la ansiedad en mujeres parturientas de alto riesgo".[3]

"Probablemente haya tantos usos para la aromaterapia como aceites esenciales, pero las investigaciones resultan particularmente prometedoras en su capacidad de aliviar el estrés, estabilizar el humor y mejorar el sueño", dice Rupinder Mangat, cofundador y CEO de MEVEI, una empresa neoyorquina que produce aceites esenciales naturales.[4]

Los aceites que se extraen de las plantas son versátiles, por lo tanto, puedes absorber los beneficios de la lavanda a través de velas, aceites de baño o masajes con aceites.

Puedes rociar unas gotas en una servilleta, en tus sábanas o almohada a la hora de dormir, incluso puedes ponerte una gotita o dos en la sien, la muñeca o el cuello antes de acostarte. Consigue un poco e inténtalo, como hago yo, para inhalar su aroma.

¿Cómo uso la lavanda? Utilizo gotas todos los días y de distintas maneras. Tengo un pequeño envase de *roll-on* que me regalaron y me lo aplico durante el día en las muñecas, la sien o la frente. Me ayuda mucho a relajarme. Ahora que lo pienso, me queda poco, debo ordenar uno nuevo. Me encanta usarlo. Tengo un difusor en mi oficina, en la oficina de casa y en mi habitación. Coloco gotas en mis difusores al menos tres veces a la semana en los lugares donde paso tiempo.

Como parte de mi ritual nocturno, rocío un aerosol de lavanda en mi almohada y en la de mi esposo. Se siente muy bien reposar la cabeza en una almohada que huele tan rico y, además, me ayuda a relajarme. ¿Quieres ahorrar dinero? ¡Haz tu propio aerosol de lavanda! Esta es una receta fácil para que puedas hacerlo tú misma.

Vas a necesitar dos ingredientes: aceite esencial de lavanda puro y agua. Consigue un aceite esencial cien por ciento puro y asegúrate de evitar los que tienen etiquetas como "fragancia" o "perfume".

Necesitas:

- 3 onzas de agua (6 cucharadas)
- 10 gotas de aceite esencial de lavanda
- embudo pequeño
- rociador
- frasco pequeño con tapa hermética.

En el frasco, mezcla el aceite esencial de lavanda con el agua. Ponle la tapa y asegúrate de que esté bien cerrado. Ahora, agítalo bien durante 15 o 20 segundos para mezclarlos. Pon el embudo en la abertura del rociador y vierte allí la mezcla del frasco. Etiqueta el rociador y ya está listo para usar. Ahora puedes rociar las almohadas, las sábanas y las mantas. Incluso puedes aplicarlo en el antifaz para dormir, las toallas o la bata de baño. ¡Disfruta de tu sueño!

Música

El poder de la música es fascinante. Escuchar música relajante es algo que disfrutarás. Un tempo lento puede aquietar tu mente y relajar tus músculos, haciéndote sentir en calma mientras liberas el estrés del día. La música es efectiva para la relajación y el manejo del estrés. Los sonidos de la naturaleza también pueden resultar relajantes, en particular cuando se mezclan con otra música como la clásica, un jazz suave y música fácil de escuchar.

Investigadores de la Universidad de Stanford notaron que "la música es algo a lo que prácticamente todos pueden tener acceso, lo que la convierte en una herramienta fácil para reducir el estrés".[5] ¿No es increíble? Es importante recordar que aquietar la mente no significa quedarse dormida automáticamente, sino que tu cerebro y tu cuerpo se relajen para que puedas rendir al máximo en muchas actividades.

Aunque no tengo una lista de reproducción favorita y, para ser honesta, nunca creé una, la música es parte de mi vida diaria. Cuando me despierto, me gusta sentir que mi estado mental es el adecuado para comenzar el día. Si me siento decaída, triste o melancólica, sé que esa mañana escucharé alguna cumbia o salsa. Debo ser sincera, en esos días pongo la música muy fuerte. Cuando llego a la oficina, luego de encender mi computadora, la primera ventana que abro es YouTube para poner un poco de jazz. Depende del día laboral que tenga, puede ser jazz lento o ligero. Ni siquiera sé cómo se llaman, pero me encanta que haya tantas opciones. Hasta tienen opciones para los diferentes días de la semana.

Cuando escribo, lo hago con música clásica de fondo. Cuando hago mi devocional, leo mi Biblia o tengo mi estudio bíblico, escucho música de adoración. Cuando estaba en la universidad, estudiaba con Beethoven, Mozart, Chopin, entre otros. Es una música maravillosa para estudiar. Cuando mis niños eran pequeños, los despertaba con música infantil que hablaba acerca de la Biblia y sus historias. Nos encantaba escuchar *The Donut Man*.

Como puedes ver, me encanta la música. Durante los fines de semana, mientras cocino, también escucho música, principalmente salsa. Toda mi familia está tan acostumbrada a que ponga música que también ha incorporado este hábito. Lo que más me gusta es cuando Javier y yo, de la nada, solo porque la música está sonando, comenzamos a bailar y a disfrutar de la vida mientras bailamos. Aunque tal vez tengamos muchas actividades, agendas atareadas o muchos compromisos, en ese momento, lo único que sentimos es un gozo que nada ni nadie nos puede quitar. Esos momentos de alegría van a quedar por siempre grabados en nuestras almas.

Cuando dejemos esta tierra, no nos llevaremos ninguna posesión, sin embargo, sí nos llevaremos el gozo que sentimos durante esos momentos preciosos en lo que decidimos PARAR y bailar al compás de la música. Por eso, te animo a que la escuches. Hazlo por la mañana cuando te preparas para salir, de camino al trabajo, en la oficina (si se puede) o hasta cuando estés haciendo los quehaceres del hogar. Es algo fácil para que hagas tú misma y puedes comenzar a aplicarlo desde este momento. Comienza por buscar música, elige una lista de reproducción o crea una nueva a tu gusto. Escúchala. ¿Cómo te hace sentir? ¿Te relaja? Si es así, escúchala tanto como lo necesites.

Diario

Quiero aclarar que tener un diario, no significa que tengas que escribir a diario, pero si llegaras a lograrlo, si llegaras a vaciar tu mente temprano por la mañana escribiendo todo lo que salga dentro de ti, cambiarías tu vida positivamente. Escribir un diario es poner en palabras lo que sentimos. Sé que puede parecer simple y tal vez te preguntes cuál es el beneficio de escribir lo que sientes. He aprendido que es como una herramienta de manejo del estrés y funciona mejor cuando nos enfocamos en la gratitud y los procesos emocionales. Escribir lo que sientes o los pensamientos relacionados con los sucesos estresantes de los que uno hablaría en terapia, y hacer una lluvia de ideas con soluciones, son distintas formas de llevar un diario. Es la acción simple y profunda de captar nuestra vida a través de la escritura expresiva. He aprendido que es una herramienta poderosa para el crecimiento personal y el autodescubrimiento, además de ser una práctica que mejora la vida creativa. El método que elijas para escribir tu diario depende de tus necesidades en ese momento.

Si tienes problemas de estrés o de ansiedad, esta es una gran forma de ayudarte a tener más control sobre tus emociones y mejorar tu salud mental.[6] Puedes utilizar esto para conocerte mejor a ti misma, tomar decisiones o reflexionar, y eso te ayudará a aumentar el gozo y la gratitud en tu vida.

Escribir un diario tiene muchos beneficios. Hace unos meses, tuve un retiro de *Mujeres victoriosas*. Llevé algunos escritos de mi diario de 1986. Leí lo que escribí cuando mi actual esposo, hace más de 36 años, me llevó a nuestra primera cita. No puedo expresar lo maravilloso que fue leer lo que pensaba de él en ese momento. Es fantástico conocer mis pensamientos de ese entonces y confirmar que lo amo con todo mi corazón. Es asombroso leer cosas que escribí hace tantos años. A través de mis palabras, puedo ver mi crecimiento espiritual. Celebro tantas oraciones respondidas y tantas metas cumplidas.

Mi diario, sin dudas, es parte de quien soy hoy. Disfruto mucho escribir lo que siento, lo que me pasa o las ideas que me vienen a la mente. Es un lugar seguro en el que puedo expresar mis emociones. La gratitud me ayuda a ser más feliz y la pongo en práctica escribiendo acerca de cosas y personas de mi vida por las que estoy agradecida. Cuando releo mis diarios, me llena de felicidad ver todo lo que he podido alcanzar y todo lo que he crecido en cada área de mi vida, y me llena el corazón recordar cuántas oraciones contestadas y milagros Dios ha hecho en mi vida.

Y tú, ¿cómo escribes tu diario? ¿Quieres aprender a hacerlo, pero no sabes por dónde empezar o qué escribir? Puedes utilizar un diario de diferentes maneras con distintos motivos. Algunas personas escriben para sanar un corazón roto, otras para celebrar sus logros, otras para llevar un registro de su progreso y su crecimiento personal, para manejar el estrés y prevenir un desborde o para favorecer la salud mental. Hoy en día tienes demasiadas opciones en el mercado; hay tantos diseños lindos, colores, tamaños y mucho más, pero no es necesario que gastes mucho dinero. Un simple cuaderno será suficiente.

- Intenta escribir todos los días. Aparta unos minutos al día para hacerlo.
- Ten siempre un bolígrafo y un papel o cuaderno a mano. Cuando quieras escribir tus pensamientos, siempre estarás lista.
- Escribe lo que sientas correcto para ti. No tienes que seguir una estructura. Deja que tus pensamientos, sentimientos y emociones fluyan con libertad a través de las palabras, no tiene que ser perfecto, así que no te preocupes por la gramática ni la puntuación.
- Escribe la fecha. De esa manera, siempre podrás volver y saber exactamente cuándo escribiste algo y qué sentías en ese momento.

Las opciones son infinitas. Puedes escribir para sanar circunstancias de mucho estrés, para lidiar con un dolor o una pérdida, para cualquier transición de la vida o ¡por el placer de hacerlo!

Cuando eras adolescente seguramente tenías un diario. Era un lugar para confesar tus mayores luchas y temores. Dejar salir esos pensamientos y sentimientos te hacía sentir bien. Al alcanzar la adultez, quizá dejaste de usarlo, pero el concepto y los beneficios siguen siendo los mismos. Encontrar una forma saludable de expresarte es excelente para tratar con las emociones sobrecogedoras.

Escribir un diario te serena. Escribe sobre lo que quieres y lo que no. Conócete mejor. ¿Qué cosas llenan tu alma? ¿Qué cosas llenan tu tanque de energía? ¿Qué cosas agotan tus reservas? ¿Cuáles son tus mayores sueños y deseos? Puedes escribir líneas o párrafos, o simplemente, listas o frases. Este es un consejo que cambiará tu vida. Tan pronto sientas que tu estado mental está decayendo, es decir, sientes emociones que te roban la alegría, toma un trozo de papel y un bolígrafo, o tu teléfono celular y comienza a escribir una lista con los pensamientos que pasan por tu mente. Escríbelos, léelos, analízalos y luego tira el papel a la basura. Sí, vacíate y deshazte de aquellos pensamientos que llenan tu mente con mentiras. Si tienes tiempo, haz una lista con afirmaciones positivas e inmediatamente tu energía dará un giro para mejor.

Un ejemplo de una situación es sentirte frustrada y enojada porque llegaste tarde al trabajo otra vez.

Escribe los pensamientos que pasan por tu cabeza:

Estoy furiosa porque no llegué tarde por mi culpa. Fueron mis hijos los que hicieron que llegara tarde. Mi jefa me vio llegar a destiempo y probablemente me despida. No voy a tener suficiente tiempo para terminar todo el trabajo de hoy.

Mi compañera siempre llega tarde y mi jefa nunca se enoja con ella, solo conmigo.

La verdad:

Me hago responsable por haber llegado tarde. Esta noche me voy a asegurar de que los niños tengan la mochila y el almuerzo preparados para mañana. Solo llegué tarde dos veces en seis meses y mi jefa no me va a echar porque soy una excelente empleada. Tengo suficiente tiempo para terminar mi trabajo y lo voy a lograr porque soy una campeona. Mi compañera probablemente está a prueba por llegar tarde tantas veces, y de todas formas no tendría que preocuparme por ella porque debo enfocarme en mí.

Al vaciar de tu mente los malos pensamientos y reemplazarlos por pensamientos objetivos y verdades, tus emociones y tu estado mental cambiarán para mejor. Te desafío a hacerlo. Te garantizo que este hábito te cambiará la vida.

Lo que a continuación comparto contigo es un mensaje que me escribí a mí misma el 1 de enero de 2019.

¡Me encanta la idea! Yes, *please*

Buenos días, Padre:

Eres un Dios poderoso.

Gracias por el mensaje de año nuevo en la iglesia.

El mensaje de Andrés.

El tiempo contigo debería ser una prioridad.

El de la radio el 31 de diciembre.

Cuanto más tiempo paso contigo, estoy más en tu presencia. Cuanto más tiempo paso contigo, más me hablas.

A menudo te escucho decirme lo que dice en Salmos 46:10, 'Quédate quieta y reconoce que yo soy tu Dios.'

Siempre he dicho que las mejores ideas se me ocurren cuando estoy en modo tranquilo. Casi en modo quietud. Esto va mano a mano con tu dirección de estar quietos y reconocer que eres Dios.

Padre

He seguido aprendiendo mucho sobre mí misma y mi vida en las últimas vacaciones de fechas navideñas.

Me encantan las tradiciones.

Me encanta pasar tiempo con mi familia.

Me gusta estar con la gente que completa mi vida.

En este tiempo prefiero unas vacaciones en casa en lugar de viajar y estar rodeada del ruido del mundo.

Realmente debo enfocarme en comer más sano durante las próximas vacaciones del 2019.

Ayer me fui a la cama con dolor de cabeza y escalofríos. Sudé toda la noche y tuve la nariz congestionada.

Todo porque comí mucha azúcar durante las vacaciones.

El panettone es definitivamente un vicio para mí. Uno que debo evitar.

Padre, hay tanto todavía por conquistar y sé que tu dulce y poderoso Espíritu Santo me ayudará.

El 31 de diciembre pasé un tiempo revisando mis metas y escribiendo las nuevas. Se sintió tan bien saber que cumplí con el ochenta por ciento de ellas.

Lo que me hace más feliz es el regalo de pasar treinta minutos contigo cinco veces por semana.

Orar, meditar en tu Palabra, hacer un devocional y escribir en mi diario ha cambiado mi vida y no tengo ninguna duda de que me ha impactado para mejor.

Padre, papito lindo.

Gracias.

No lo puedo creer, pero este fin de semana pintaron nuestras oficinas. En cuatro días, el equipo vino e hizo el trabajo. Javito es un campeón, siempre termina todo como se lo propone, siempre nos guía y se asegura de volver realidad mis sueños. Amo a mi papi chulo.

No puedo esperar a ver los espacios recién pintados.

Gracias por llenarme de poder y sentir el espíritu de conquista con unas ganas asombrosas de hacer un mejor año para mi equipo.

Son tus oficinas y no tengo ninguna duda de que estás al control y tienes planes perfectos para todos y cada uno de aquellos a quienes servimos.

Oro por cada miembro del equipo y su familia y por cada familia que nos ha encargado y confiado con sus trámites. Oro por cada familia de inmigrantes en esta nación y por aquellas que diariamente luchan por tener una vida que te enorgullezca. Gracias de antemano por las aprobaciones y las no denegaciones del 2019.

Oro por todos los miembros de mi familia, de Javi y la mía. Nuestras oraciones seguirán siendo para que experimenten el poder de tu amor en cada área de sus vidas.

Te amo Dios.

En tu nombre oro y en ti confío Jesús.

¡Amén!

Le escribí este mensaje a Dios en las primeras horas del 1 de enero. Como podrás ver, tiene errores de escritura, de gramática y de organización.

Lo escribí en mi pequeño teléfono celular y me lo envié por correo electrónico con el siguiente asunto como título: "Léelo cada año antes de las vacaciones de Navidad". Para la lectora humana, para la perfeccionista dentro de mí, podría percibirse como una escritura desastrosa; para mi ser espiritual y a los ojos de mi Padre Celestial, este mensaje será atesorado por siempre. Cuando lo leo, recuerdo lo que realmente disfruto durante las vacaciones y lo que no debo comer para continuar disfrutando de días saludables.

Cada año, en el mes de mi cumpleaños, cuando saco mis diarios para revisar mis metas anteriores, los logros, las pruebas y las celebraciones, me siento entusiasmada por el hecho de que mis propios diarios me ayudan a contar mi historia. Cada uno de ellos me recuerda dónde estaba, dónde estoy y dónde quiero estar.

Baño o ducha caliente

Toma un baño o una ducha caliente y déjate sumergir en la paz del momento. Deja que el calor te calme y te haga sentir segura. La sensación de estar limpia también reduce el estrés, así que todo ese proceso puede reducir cualquier pánico. Tu cerebro y tu sistema nervioso se pueden beneficiar mucho con un baño. Si quieres, hasta puedes utilizar espuma de baño. ¡Sí! No te sientas culpable por tomar un baño más largo, llenar la tina, agregar tu espuma favorita y disfrutar el momento. "Sumergirse en agua puede ayudar a reducir el dolor y la inflamación, calmar el sistema nervioso, disminuir los niveles de estrés y ansiedad en el cuerpo y mejorar el humor. La hidroterapia es beneficiosa para las personas que sufren de esclerosis múltiple, ya que la temperatura y la presión del agua alivian ligeramente el dolor y la incomodidad de la columna vertebral".[7]

No suelo tomar baños de inmersión con frecuencia, pero tomar uno con sales de lavanda se siente como un premio. He podido experimentar sus beneficios. Cada vez que lo hago, soy lo suficientemente sabia como para tomarme el tiempo necesario y los resultados son geniales. Me siento relajada y con una sensación de paz interior. Todavía no puedo decir que he incorporado este baño relajante una vez a la semana, una vez al mes o cada mes. El año pasado, probablemente lo hice solo unas cuatro veces, pero cada vez que lo hago descubro que vale la pena invertir mi tiempo en ello. Tampoco es que esto tiene que ser la gran cosa, puede tomar tan poco como diez minutos o tanto como una hora, todo depende de ti y tus circunstancias.

Creo que agregaré el objetivo a mi "lista de deseos" de tomar, al menos, un baño relajante al mes mientras leo un libro. También tomaré en cuenta la ayuda de mi esposo. Él es quien me recuerda muy seguido la importancia de tomarme mi "tiempo personal". Un tiempo simplemente para ser, para quedarme en quietud y ocuparme de mi alma, mi mente, mi corazón y mi cuerpo. Esta actividad cumple esas expectativas y lo mejor es que no tienes que ir a un *spa* costoso para relajarte. Entonces, ¿cómo te das un baño en casa como si fuese un *spa*? Esta es una forma relajante y económica para que puedas hacerlo en tu hogar:

- Comienza por disponer todo: busca el libro que estás leyendo, tu bebida favorita y tu teléfono o altavoz para escuchar música. Lo último que quieres hacer una vez que estés en la tina es salir a buscar algo que olvidaste.
- Prepara el ambiente con luces y música. Esto ayudará a crear una atmósfera relajante. Puedes atenuar las luces si quieres.
- Pon la temperatura perfecta del agua. Esto depende de lo que tú prefieras, debería sentirse caliente cuando entres, pero no demasiado.
- Agrega espuma de baño. Una abundante capa de burbujas por encima del agua ayudará a que se mantenga caliente por más tiempo.
- Añade las sales de baño relajantes que quieras. Yo utilizo la sal de Epsom con lavanda que compro en Target.

Esto es algo que realmente mereces. De vez en cuando, es lindo dejar el agua correr, agregar un poco de espuma y escuchar tu música favorita. Después de todo, mereces un poco de tiempo de calidad y de relajación. Tu mente y tu cuerpo te lo agradecerán.

Recetas saludables

Tomar las decisiones correctas en cuanto a la alimentación es clave para sentirse y estar saludable. A lo largo de los años, he aprendido que las dietas balanceadas y las recetas saludables son importantes y efectivas. Sé que tenemos muchas responsabilidades, agendas ocupadas, trabajo y familia, y que llegar a casa para cocinar tal vez no sea lo que deseemos. A veces, puede ser tentador comer lo que nos queda más cómodo en momentos de mucho estrés. La buena noticia es que no tiene por qué ser algo complicado. ¡Puedes hacerlo tú misma! Te compartiré algunas recetas fáciles, saludables, rápidas y deliciosas.

Christie Calucchia nos informa en un artículo que la fundadora y CEO de Nutritious Life, Keri Glassman, "aconseja evitar las comidas demasiado elaboradas que contengan grandes cantidades de azúcar y sal, las bebidas con mucha cafeína (como el café y el refresco) y el alcohol, en especial cuando te sientes estresada, ya que esto puede aumentar la producción de cortisol y causar en el cuerpo una presión innecesaria".[8] Crear un estilo de vida saludable es necesario porque sus beneficios son enormes. En mi caso, esto me ha ayudado a tener más energía, a sentirme mejor conmigo misma y a mejorar mi estado de ánimo. Sí, ¡comer bien me hace más feliz!

Antes de compartir algunas de mis recetas favoritas, necesito recordarte que no estoy recomendando dietas de ningún tipo. Si algo he aprendido con mi propia experiencia de más de treinta años con dietas yo-yo, es que solo una cosa es segura: NINGUNA dieta funciona igual para todas las personas. ¿Por qué? Porque tu cuerpo y el mío son totalmente diferentes. Mis niveles hormonales no son como los tuyos. Por esa razón, lo único que me funcionó en estos últimos diez años, cuando me he sentido y he lucido mejor que nunca, fue escuchar y nutrir mi cuerpo según las necesidades de ese día. Leíste bien, de ese día. Porque ningún día es igual a otro.

Todos los que me rodean saben que un batido verde es parte de mi rutina matutina. Sin embargo, puede haber un día en el que tomar un batido no sea suficiente, por mi rutina de ejercicios de esa mañana, porque mi cena de la noche anterior fue muy poca o la comí muy temprano, o porque tengo que representar clientes esa mañana y mi cerebro necesita más nutrientes. ¡Haz lo que funcione para ti! Yo seguiré aprendiendo lo que funciona para mí. Dicho esto, ahora sí voy a compartir algunas de esas recetas deliciosas que tengo en mi repertorio de cocina.

Solo tengo espacio para algunas pocas, pero mi equipo de producción me recordó este fin de semana que necesito grabar más videos de cocina. Por lo tanto, te invito a que te suscribas a nuestro canal de YouTube Mujeres victoriosas, donde, si el tiempo me lo permite, te compartiré más recetas de cocina. También puedes suscribirte a nuestro boletín informativo de Mujeres victoriosas en MujeresVictoriosas. com. Además, podemos enviarte algunas recetas por correo electrónico cuando te suscribas; son fáciles y deliciosas. Cuando investigues un poco, si crees que sería bueno para ti incluir más alimentos alcalinos, haz tantos como te indiquen los libros y los artículos. Por favor, asegúrate de consultar con tu médico antes de iniciar cualquier plan nuevo de alimentación o de ejercicios.

¿Has oído hablar acerca de la importancia de comer alimentos alcalinos? Quiero compartir contigo una información que he aprendido a través de mi experiencia. Los alimentos alcalinos suelen ser bajos en grasas y calorías, promueven un peso corporal saludable y reducen los factores de riesgo para enfermedades cardíacas de forma natural. Una dieta alcalina incluye más verduras, menos azúcares, menos alcohol, menos carne y menos alimentos procesados. Esta dieta nos ayuda a reducir la inflamación del cuerpo. "La inflamación es una respuesta natural a una lesión o una infección, pero la inflamación crónica... puede causar daño en el ADN y puede provocar cáncer".[9] No debemos ser perfectas y tener una dieta completamente alcalina, pero cuanto más la respetemos mejor se sentirá nuestro cuerpo.

Hojas verdes: las verduras de hoja verde son claves para reducir naturalmente los niveles de estrés en el cuerpo. Piensa en la espinaca, la col rizada, el berro y la lechuga. Estas verduras contienen ácido fólico, una vitamina que ayuda a producir la serotonina y dopamina, sustancias químicas del cerebro que nos ayudan a sentirnos bien.[10] Cuando tus niveles de estrés estén altos, desearás tener estas sustancias químicas en tu cuerpo.

Puedes improvisar fácilmente una gran ensalada con verduras de hoja verde, o puedes cambiarla por una sopa verde. Quiero compartir contigo tres de mis ensaladas favoritas. ¡Las puedes hacer tú misma y disfrutarlas! Te darás cuenta de que las cantidades de los ingredientes varían, esto es porque generalmente preparamos suficiente para las cuatro personas en mi familia. Tú puedes usar las cantidades necesarias para ti y para tu familia.

¡Súper ensalada alcalina!

Es deliciosa. Esta es una de mis favoritas.

Ingredientes

- 4 tazas de col rizada picada
- 1 aguacate cortado en cubos
- ½ taza de quinoa cocida
- 10 almendras cortadas
- 1 cucharada de granada
- 1 cucharada de vinagre de manzana
- 1 cucharada de aceite de oliva
- 3 cucharadas de jugo de limón recién exprimido
- Ralladura de 1 limón
- Sal marina al gusto (del Himalaya)
- Semillas de granada al gusto
- Pimienta molida fresca al gusto.

Aderezo

Batir en un recipiente hondo el aceite de oliva, el vinagre de manzana, el jugo de limón y la ralladura de limón. Dejar reposar.

Instrucciones

Poner la col rizada en un bol grande, cubrirla con aguacate, quinoa, granada y almendras. Verter el aderezo por encima de la ensalada y mezclar suavemente. Agregar sal y pimienta para condimentar ¡y listo!

Ensalada de col rizada

Ingredientes
- 1 atado de col rizada tierna
- 2 puñados de brócoli
- 2 puñados de pepinos
- 1 tomate mediano o grande
- 1 aguacate
- Cilantro.

Aderezo
- Jugo de 1 limón
- 4 cucharadas de levadura nutricional
- 1 cucharadita de mostaza de Dijon.

Instrucciones
Cortar el tallo de la col rizada, separar las hojas en trozos pequeños y ponerlos en un recipiente hondo. Añadir un poco de sal y mezclar durante un rato.

Para preparar el aderezo, solo mezcla los ingredientes. Yo lo hago en mi pequeña licuadora Ninja. ¡La salsa queda súper deliciosa! Una vez que está lista, mezclar con la col rizada. Cortar los otros ingredientes y añadirlos al recipiente hondo. Mezclar y servir de inmediato.

Tabule de quinoa

Este plato, sin duda, es uno de mis favoritos. Lo comería todos los días si pudiera.

Ingredientes

- 1 taza de quinoa bien enjuagada
- 2 cucharadas de jugo de limón fresco
- 1 diente de ajo picado
- 2 cucharadas de aceite de oliva extra virgen
- 1 pepino europeo grande o 2 pepinos persas cortados en cuartos
- 1 mano de tomates *cherry* cortados por la mitad
- Perejil de hoja plana picado al gusto
- Menta fresca picada al gusto
- 1 cebollín cortado en cuadraditos
- Sal y pimienta al gusto.

Instrucciones

Hervir la quinoa con sal en 1 y 1/2 taza de agua en una cacerola mediana a fuego máximo. Cuando llegue al punto de hervir, llevar a fuego medio o mínimo, tapar y cocinar a fuego lento unos diez minutos hasta que quede blanda. Quitar del fuego y dejar reposar tapada durante cinco minutos. Pinchar con un tenedor.

Mientras tanto, batir el jugo de limón y el ajo en un recipiente hondo pequeño. Mezclar con el aceite de oliva. Condimentar a gusto con sal y pimienta. Yo suelo mezclarlo en mi pequeña licuadora Ninja.

Esparcir la quinoa en una asadera grande con bordes y dejarla enfriar. Pasar a un recipiente hondo grande, mezclar todo con ¼ de taza de aderezo.

Anticipa y prepáralo con un día de anticipación. Cubrir el aderezo restante y la quinoa por separado, dejar enfriar.

Agregar pepino, tomates, hierbas y cebollín al recipiente hondo con quinoa hasta cubrir todo. Condimentar con sal y pimienta al gusto. Salpicar el resto del aderezo por encima. ¡Y a disfrutar!

Mis tres sopas favoritas para hacer en una olla de cocción lenta

Si no tienes una olla de cocción lenta, no te preocupes, puedes hacerlas en cualquier olla común. A mí me encanta colocar todos los ingredientes juntos, cerrar la tapa, establecer el tiempo y, ¡tarán!, mi sopa se cocinó mientras yo hacía algo más. Por lo general, al mismo tiempo trabajo en mi oficina de casa o hago ejercicio.

Sopa de verduras

Esta es una de mis favoritas. Cuantas más recetas escribo de las que suelo hacer en casa, me doy cuenta de que casi todas son mis favoritas. ¡Sí! ¡Es increíble! ¡Lo he logrado! He llegado a este momento de mi vida en el que ninguna "receta famosa" de por ahí dictamina mi forma de comer. No hay mala comida, ni límites, ni confusiones acerca de los alimentos. Solo disfruto lo que es mejor para mí. Ahora estoy comiendo y disfrutando alimentos que me gustan y que nutren mi cuerpo. ¡Todo un logro!

Ingredientes

- 1 cebolla grande picada
- 3 dientes de ajo picados
- ¼ de taza de brócoli picado en trozos pequeños
- 2 zanahorias picadas
- 1 tomate picado
- 1 lata de frijoles blancos bien enjuagados
- 6 tazas de caldo de verduras (sin levadura)
- 1 taza de quinoa cruda bien enjuagada
- ½ cucharadita de chipotle en polvo
- 2 cucharaditas de romero picado
- 2 atados de col rizada cortada
- Sal marina al gusto (Celtic Gray del Himalaya o Real Salt de Redmond)
- Pimienta negra al gusto
- Comino al gusto.

Instrucciones

Poner todos los ingredientes menos la col rizada en la olla de cocción lenta. Revolver para mezclar bien. Cocinar al máximo, de una a tres horas dependiendo de la olla. Si es necesario, agregar más del caldo de verduras para obtener la consistencia deseada.

Agregar la col rizada cortada cinco minutos antes de servir. Agregar un puñado en un momento y revolver. Tapar durante cinco minutos, probar para ajustar el condimento y servir.

Sopa de tomate, col rizada y quinoa

- 1 taza de quinoa cruda bien enjuagada
- 1 lata (5 onzas) de tomates cortados en cubos
- 1 lata (15 onzas) de frijoles escurridos y enjuagados
- 1 cebolla cortada en cubos
- 3 dientes de ajo picados
- ½ cucharadita de orégano en polvo
- ½ cucharadita de albahaca en polvo
- ¼ cucharadita de romero en polvo
- ¼ cucharadita de tomillo en polvo
- 2 hojas de laurel
- 4 tazas de caldo de verduras
- Sal kosher y pimienta negra recién molida al gusto
- 1 atado de col rizada picado y sin tallo.

Instrucciones

Poner en una olla de cocción lenta de 6 cuartos (5,5 litros) la quinoa, los tomates, los frijoles, la cebolla, el ajo, el orégano, la albahaca, el romero, el tomillo y las hojas de laurel. Agregar el caldo de verduras y dos tazas de agua hasta que quede todo bien mezclado. Condimentar con sal y pimienta al gusto.

Tapar y cocinar a fuego lento al máximo durante una hora. Agregar la col rizada hasta que se cocine bien y servir inmediatamente.

Sopa de lentejas

Ingredientes

- 2 tazas de lentejas verdes o marrones: las lentejas son muy fáciles de cocinar, contienen mucha fibra y proteína, y quedan deliciosas con condimentos simples. También puedes utilizar lentejas rojas, solo ten en cuenta que se van a desarmar más fácilmente.
- Verduras: 1 taza de zanahorias, col, papas, y apio.
- Condimentos: ajo en polvo, orégano, tomillo, pimienta en granos y hojas de laurel al gusto.
- Caldo: 3 tazas de caldo de verduras.
- 2 tazas de agua.
- Acompañamiento: cebollín, cilantro, perejil, o yogurt griego. En verdad, cualquier cosa que te guste o tengas a la mano.

Instrucciones

En una olla de cocción lenta grande agregar las cebollas, el apio, las zanahorias, las papas, las lentejas y condimentar con ajo en polvo, orégano, tomillo, hojas de laurel, pimienta, caldo de verduras, y agua. Tapar la olla y mantenerla en el fuego por una hora al máximo. Desechar las hojas de laurel y los granos de pimienta. Mezclar el contenido en una licuadora varias veces hasta obtener la textura deseada, a mí me gusta cremosa con trocitos de las verduras. Acompañar con hierbas o yogurt, y servir caliente.

Mis tres meriendas "snacks" favoritas

Jícama cortada en forma de papas fritas con dos cucharaditas de hummus. La jícama es una verdura de raíz. Diría que su interior es jugoso y crujiente. Algunas personas creen que sabe como si fuese una mezcla entre una papa y una pera. Contiene muchas vitaminas y minerales importantes; es una fuente excelente de antioxidantes, contiene grandes cantidades de fibra dietética y agua; además, es un alimento denso en nutrientes y bajo en calorías. Luego de quitarle la cáscara dura y amarronada, podemos cortarla en rodajas, cubos o lo que llamo al estilo papas fritas. Pruébala, es deliciosa.

Camotes horneados por la noche. Comer esto como si fuese un postre después de cenar me ayuda a dormir mejor porque es un carbohidrato saludable. Sobre todo, son buenas para mis hormonas. Los camotes son una verdura de raíz nutritiva y deliciosa. Es cremoso y muy sabroso. Hay camotes de distintos tamaños y colores, como anaranjados, blancos o morados.

Tortillas de almendras con una cucharada de mantequilla crujiente de almendras y mermelada de fresa. Se me hace agua la boca de solo pensarlo. Es uno de mis bocadillos favoritos. Me gusta utilizar mermeladas recién hechas, de las que no contienen grandes cantidades de azúcar o conservantes. Puedes encontrarlas en el mercado agrícola de tu localidad.

Mis tres batidos favoritos

Jugo verde

¡Los beneficios de tomar un jugo verde son infinitos! He investigado un poco acerca de esto y descubrí que ciertos alimentos pueden ayudar a reducir el estrés. Esto no implica de ninguna manera que el simple hecho de tomar este batido eliminará todo el estrés o la ansiedad de tu vida, pero si lo combinas con un plan que funcione para ti, es una bonificación adicional rica y saludable.

El jugo verde se prepara con súper alimentos que pueden reducir el estrés y la ansiedad de forma natural.

Ingredientes
- ½ aloe vera
- ½ taza de apio
- ½ taza de pepino
- ½ puñado de perejil
- Unas rodajas de jengibre
- ½ puñado de piña
- 1 cucharadita de semillas de chía
- 1 cucharadita de semillas de linaza
- Agua suficiente para licuarlo. También puedes usar agua de coco. Yo uso ½ medida de cada una.

Instrucciones
Poner todos los ingredientes en la licuadora y mezclar hasta que quede uniforme. Si el batido queda más espeso de lo que te gustaría, agrégale un poco más de agua.

Jugo rojo

Ingredientes
- 3 remolachas
- 2 manzanas rojas
- ½ limón
- ½ puñado de menta
- 1 taza de sandía.

Instrucciones
Poner todos los ingredientes en una licuadora de alta potencia y mezclar hasta que quede uniforme. Si el batido queda más espeso de lo que te gustaría, agrégale un poco más de agua.

Batido détox de papaya

¡Este es un delicioso batido tropical rico en antioxidantes!

Ingredientes
- ½ taza de agua de coco
- ½ taza de agua
- ½ cucharadita de cúrcuma molida
- ½ papaya grande cortada en cubos
- Ralladura de 2 o 3 cocos
- 2 dátiles
- 1 ½ taza de mango congelado.

Instrucciones
Batir todos los ingredientes en una licuadora hasta que quede uniforme. Si el batido queda más espeso de lo que te gustaría, agrégale un poco más de agua y ¡listo!

A medida que fui aprendiendo a invertir en mí, he encontrado algunas perlas a lo largo de los años. Cada una beneficia mi vida todos los días y no sería quien soy ni haría la mitad de lo que hago si no fuera porque las tengo conmigo.

¡Estírate!

Estirar el cuerpo ayuda a liberar la tensión física. Me encanta estirarme. Oh, para mí es como comer un postre. Se siente tan bien y te ayuda a cambiar el enfoque de lo que está sucediendo en tu vida, porque te enfocas en tu cuerpo. ¡Estos son algunos estiramientos que puedes realizar en casa! Recuerda que esta información no pretende ser un consejo médico o de salud. Siempre consulta con un profesional calificado para responder cualquier pregunta. Dicho esto, intentaré explicar los estiramientos de la mejor manera posible para que puedas imaginarlos e intentarlo en casa. Estos ejercicios casi no requieren de ninguna habilidad o flexibilidad especial.

Al primer ejercicio lo llamaremos "piernas arriba contra la pared". Primero, acuéstate sobre el piso o en tu cama con los glúteos a pocas pulgadas de la pared y coloca tus piernas arriba contra esta. Permanece en esa posición todo el tiempo que quieras. Esta posición ayuda a que la sangre fluya hacia los órganos. También puede ayudar a aliviar el dolor de espalda, las piernas y pies cansados.

Hay otro estiramiento que puedes hacer al que se lo conoce como "bebé feliz". Acuéstate sobre tu espalda y abraza tus rodillas contra tu pecho. Agárrate los dedos gordos del pie o la parte externa de los pies, y con las piernas por fuera de los brazos, lleva las rodillas hacia tus axilas. Cierra tus ojos y respira profundo, meciéndote suavemente de lado a lado.

Ten cuidado cuando intentes esto en casa y no tengas miedo de intentar cosas nuevas. Nunca se sabe, tal vez termines amando estos ejercicios de estiramiento tanto como yo.

Libro para colorear

Lo que alguna vez fue una actividad que nos entretenía tanto de niños, ahora es algo que también disfrutan los adultos. Los libros para colorear para adultos no son los típicos libros que le comprarías a un niño, sino que vienen con diseños complejos.

Colorear produce el mismo estado que la meditación, pues reduce los pensamientos de una mente inquieta. Esta actividad genera consciencia y quietud, lo que le permite a la mente descansar un poco luego de un largo día de trabajo. He notado que colorear me ayuda a quitarme el estrés y me da una sensación de paz. Lo que más me gusta es que se trata de una actividad relajante que puedes disfrutar sin tecnología. Tengo un libro para colorear de princesas en uno de los cajones de mi mesa de noche. Lo saco siempre que me acuerdo y estoy sentada para observar las rosas hermosas de mi jardín desde la ventana de mi habitación.

Mientras escribo esto, me doy cuenta de que hace semanas no coloreo, así que este fin de semana lo haré. Afortunadamente, las imágenes ya son parte del libro, lo único que tengo que hacer es agregarles color y siempre estoy feliz con el resultado. Voy a hacer un video sobre esto para compartirlo en el canal de YouTube Mujeres victoriosas, así que asegúrate de visitarlo y suscribirte. La mejor parte de este "hazlo tú misma" es que no tienes que ser una artista experta. Esta es una gran forma de relajarse luego de un día de mucho estrés en el trabajo. Ve a comprar un libro para colorear, algunos lápices o crayones y ¡comienza!

Meditación

Por supuesto, la última perla de la que voy a hablarte es la meditación que para mí es la que encabeza la lista. Por favor, regresa al capítulo siete para leer acerca de la importancia de la meditación y ver algunos ejemplos de cómo comenzar este camino tan hermoso.

¡El momento de DIY (hazlo tú misma) es ahora! No esperes ni un minutos más.

Como puedes ver, hay muchas actividades que puedes hacer tú misma y que te ayudarán a relajarte, a quitar el estrés y a traer gozo a tu vida. Es increíble lo mucho que podemos beneficiarnos de cosas tan pequeñas, y la felicidad que podemos encontrar en ellas. Lo que me encanta de estas actividades es que no tenemos que gastar mucho dinero para realizarlas, son prácticas y no consumen mucho tiempo.

Comprometerte con alguno de estos pequeños proyectos puede darte un sentimiento de satisfacción, y terminarlo te hará sentir realizada con tu arduo trabajo y dedicación. Comenzar estas actividades te dará la oportunidad de aprender una nueva habilidad que tal vez se convierta en un pasatiempo. Como te habrás dado cuenta, me encantan los proyectos que puedes hacer tú misma porque casi siempre son sencillos y efectivos, además de ahorrar tiempo y dinero. Espero que a través de este capítulo te haya podido inspirar para que apartes un poco de tiempo que dediques a cuidarte. Hay cientos de actividades DIY para incorporar a tu vida que te ayudarán a sentirte mejor, a relajarte, a estar más saludable y menos estresada. Ya verás que te sentirás plena y feliz al saber que estás dando pequeños pasos para invertir en ti misma.

Ser una mujer victoriosa y feliz puede ser un gran desafío. No subestimes el poder de los pequeños cambios. Suma estos hábitos a tu vida, ya sea estirarte, escribir un diario, hacer una receta saludable o lo que sea. Te animo a hacerlo. La idea es redescubrir el valor de hacer las cosas tú misma, hacerlas con naturalidad y disfrutar los beneficios. Disfrutar de una vida sana, feliz y que impacte, requiere de mucho trabajo e intencionalidad.

Es necesario que inviertas realmente en ti misma y te des prioridad. Nos vemos tan envueltas en la rutina diaria y las responsabilidades que rara vez tenemos tiempo o invertimos el dinero en nuestro propio crecimiento personal. Espero que te tomes el tiempo de multiplicar tus talentos, ocuparte de tu cuerpo, nutrir tus relaciones e invertir en ti. Recuerda, el cuidado personal no es algo opcional. Créeme, no querrás mirar el pasado y lamentarte por no haber hecho una pausa para ocuparte de ti, aunque te dabas cuenta de que estabas estresada y agotada. Si continúas por ese camino, tu cuerpo hablará a través del dolor, la enfermedad o algo que afecte tu calidad de vida. No esperes a que suceda. La verdad es que solo tenemos una vida en esta tierra; es nuestra oportunidad de una vida victoriosa y feliz. Solo podemos lograrlo invirtiendo ahora mismo en nosotras.

Reflexionemos

1. ¿Qué cosas has decidido hacer tú misma a partir de ahora?
2. ¿Cuáles recetas saludables cocinarás?
3. ¿Qué actividades has notado que te ayudan a relajarte y liberar tensión?
4. ¿Cuál es ese pequeño hábito de felicidad que incluirás en tu rutina diaria?

CAPÍTULO 10

Lo que otras mujeres victoriosas hacen para combatir el estrés

He tenido el privilegio y la oportunidad de conocer mujeres victoriosas brillantes, inteligentes, sabias y trabajadoras. Durante mi vida, Dios me ha bendecido con hermosas amistades y me ha rodeado de mujeres maravillosas y brillantes. No lo digo solo porque sean inteligentes, sino porque su luz interior brilla para iluminar la vida de otras mujeres.

Ellas son seguras de sí mismas y saben que no necesitan opacar la luz de otras para brillar con más fuerza. Son amigas con las que puedo contar cuando necesito alguien en quien confiar. Mi corazón se alegra porque puedo llamarlas o encontrarme con ellas y abrir mi corazón en confianza, sabiendo que guardarán en secreto mis problemas.

Cuando me acerqué a pedirles si, por favor, podrían escribir algunas perlas de sabiduría para ti en este libro, todas inmediatamente respondieron que sí. Por lo tanto, en este capítulo vas a leer lo que hacen mis queridas amigas en su vida diaria para lidiar con el estrés. Te darás cuenta de que cada una incorpora acciones que añaden vida a su salud mental, espiritual, física y emocional. Cada una de sus ideas me encantó y estoy segura de que a ti también. Lo que estás a punto de leer es sabiduría pura escrita por mujeres victoriosas para ayudarte día a día en la búsqueda de un estilo de vida saludable.

Pastora Gloriana Montero, mi amiga que conocí por YouTube

Gloriana Montero es originaria de Barranquilla, Colombia. Ella y su esposo, el pastor Danilo Montero, lideran la Iglesia Lakewood en Houston, Texas. Su hija Victoria es una niña muy tierna. Gloriana es autora del libro *Lo que toda mamá debe saber de sus hijos pequeños*. Hace varios años, hablando sobre conferencias de mujeres, me mencionaron "Brilla", la conferencia liderada por Gloriana.

Busqué su nombre en YouTube y quedé impactada con sus enseñanzas desde el primer video que vi: un mensaje sensacional titulado "Tu mente es un santuario de la presencia de Dios". El video dura ochenta y cinco minutos que vi de principio a fin, tomando varias páginas de notas. Nunca olvidaré el momento en que saca una almendra y habla de la amígdala, que es la parte del cerebro "que se encarga de poner una huellita emocional a cada suceso". La enseñanza de ese mensaje es muy poderosa y, de vez en cuando, lo vuelvo a ver para recordar la importancia de controlar lo que permitimos entrar en nuestra mente.

Algunos años después, Dios me permitiría conocerla en una conferencia de mujeres que se llevó a cabo en Santa Ana, California. Era como me la había imaginado: súper amable, y hoy es una amiga a quien considero una gran bendición en mi vida. Es una de esas consejeras sabias a las que acudo con frecuencia. Sus palabras y oraciones me empoderan para no desistir y fortalecer mi fe hasta en los momentos más oscuros.

Cada vez que conversamos me da palabras directamente de las Escrituras; palabras que impactan de inmediato a mi corazón y me ayudan con la situación que esté enfrentando. Algo que puedo percibir es que Gloriana tiene un corazón alegre y su alegría es contagiosa. Aquí, ella comparte con nosotros sabios consejos para combatir el estrés.

Mis cinco consejos para eliminar el estrés

A lo largo de mi vida, he experimentado dos tipos de estrés. Uno que es circunstancial y generalmente es de corta duración, y otro que, aunque no es tan intenso como el anterior, es permanente y es más dañino para tu salud física y emocional.

Algunas prácticas que me han ayudado a eliminarlo o a lidiar con él, son:

1. Identificar su origen

Algo que me ha ayudado muchísimo para evitar ese estrés circunstancial es identificar las causas que lo generan. En mi caso, ese estrés tiene que ver con el tiempo. Una de las cosas que me estresan es llegar tarde, sobre todo cuando se requiere de mucha logística, como salir a tiempo para agarrar un vuelo (que es algo que hacemos, al menos, una vez al mes). Otra, es estar atrasada en algún proyecto. Identificar que tengo un mal manejo del tiempo me ha ayudado mucho a crear sistemas y a enfocarme en lo que es más importante.

El mal manejo del tiempo tiene muchas aristas. En mi caso, tiene que ver con querer abarcar más de lo que realmente puedo manejar. Mi esposo suele recordarme que el día tiene las mismas veinticuatro horas siempre, y yo intento siempre saturarlo y "rendirlo al máximo" aceptando compromisos o creando actividades. Otra arista del mal manejo del tiempo es que me distraigo fácilmente y dejo que cosas urgentes o cosas que van surgiendo en el día me alejen de la meta que me había establecido. Esto provoca que deje lo importante para el final, lo que me somete al afán y el estrés.

Cuando identifico el problema, le busco solución.

- Aprender a decir que no es una buena práctica. Acaparar menos nos ayuda a enfocarnos más. Para los complacientes, esto cuesta un poco, pero empezar a decir que no, te ayudará a tener más confianza y a complacerte a ti primero.
- Planear estratégicamente es ideal. Tener orden es indispensable para agilizarme. Poner el tiempo límite antes del límite es algo que le da espacio a lo inesperado.
- Crear sistemas que me agilicen y faciliten la vida. Un sistema que he implementado es tener todo "a la mano" y lo más listo posible, por ejemplo, tener las maletas limpias y al alcance; tener una bolsa siempre lista con todo lo de limpieza y arreglo personal me ahorra mucho tiempo y me asegura que no olvidaré nada. Poner alarmas me ayuda a administrar el tiempo.

En cuanto al otro tipo de estrés, el constante, probablemente es más fácil identificar su origen, pero la solución no es tan sencilla ni tan rápida. Un hogar en donde se experimente violencia; un jefe o un colega que nos "tenga entre ojos" y no nos deje realizar el trabajo en paz o disfrutarlo; una enfermedad con tratamientos inciertos o una crisis financiera, son algunos de los causantes de vivir en un estrés constante.

Gracias a Dios, no he experimentado todo lo que mencioné, pero sí algunas cosas. Alguna de mis estrategias para solucionar o disminuir el estrés han sido:

2. Buscar ayuda

Cuando nos enfrentamos a gigantes necesitamos la ayuda de otros para combatirlos. Una fe viva y ejercitada, un buen consejero, un especialista o un buen amigo son nuestros soportes en esos momentos de angustia.

Me gusta cómo lo dice Proverbios 15:23b: "La palabra a su tiempo, ¡cuán buena es!" (RVR60). Es ese buen consejo que llega a tiempo y que nos alienta o nos hace ver un camino de salida.

Otro verso que me gusta mucho es: "En todo tiempo ama el amigo, es como un hermano en tiempo de angustia" (Proverbios 17:17 RVR60). ¡Qué alivio son los amigos que se hacen presentes en tiempos de dificultad!

3. Saber que mi vida la sostiene alguien en quien puedo confiar

Conocer el carácter de Dios me ha liberado gran parte del estrés de lo que es incierto en mi vida y de lo que no puedo manejar. Mira cómo lo dice este texto bíblico: "Aunque cambien de lugar las montañas y se tambaleen las colinas, no cambiará mi fiel amor por ti ni vacilará mi pacto de paz, —dice el Señor, que de ti se compadece" (Isaías 54:10).

Saber que el Dios que ha prometido cuidar de mí y de los míos no cambia y que me ama verdaderamente es un ancla en donde mi alma está firme y segura incluso en las tormentas.

4. Llenarme de esperanza

"Cuando mi mente se llenó de dudas, tu consuelo renovó mi esperanza y mi alegría" (Salmos 94:19 NTV).

Leer la Palabra es ir a la fuente de la esperanza. Muchas veces he experimentado una paz sobrenatural al encontrar pasajes en la Escritura que, de alguna manera, responden a la situación que estoy viviendo. Eso no es algo que yo busco porque conozco la Biblia, es una obra del Espíritu Santo con su Palabra que es eficaz y práctica para quienes en ella ponen su esperanza.

5. Cuidar mi paz

Es muy importante ser intencional al no dejar entrar detonantes de estrés a mi vida. Me cuido mucho de ver noticias alarmantes o videos amarillistas que generan muchos canales de YouTube. Hoy, más que nunca, estamos muy expuestos a información que no es veraz y que, al final, nos generan estados de estrés que no necesitamos. Por otro lado, existen series de televisión que mantienen niveles de suspenso constantes. Una exposición seguida y prolongada a esto puede terminar afectándonos.

"Las malas compañías corrompen las buenas costumbres" (1 Corintios 15:33). Elige bien con quienes te rodeas, tu círculo de amigos y las conversaciones que tienes, esto también afecta lo que pensamos, sentimos y decidimos. Rodearme de gente de fe es una de las mayores bendiciones que he tenido en tiempos de angustia.

LUZ MARÍA DORIA,
A TODO LE ENCUENTRA SOLUCIÓN

Luz María es una de mis queridas amigas de la que he aprendido mucho. Es especialista en empoderar a las mujeres. Nació en Cartagena, Colombia, y es una autora reconocida internacionalmente. Escribió los libros *La mujer de mis sueños*, *Tu momento estelar* y *El arte de no quedarte con las ganas*. Es la vicepresidenta y productora ejecutiva del programa

"Despierta América", en Univision. Siempre está produciendo algo, comenzando por su propia vida. Está casada con Franklin desde hace más de tres décadas y tienen una hija hermosa, Dominique, quien ya se graduó de la universidad. Durante años, Luzma se ha asegurado de que su madre, la señora Ofelia, se sienta valorada, y ha invertido todo su corazón en su amor hacia ella.

Ella se destaca en todo lo que hace, "Despierta América" es el programa matutino número uno en la televisión hispana y es una evidencia de su pasión por esa profesión. Cada vez que hemos conversado acerca de algún tema en el que necesite su guía, ella me ayuda o, directamente, le encuentra solución al asunto. Siempre tiene el nombre, el teléfono o el correo electrónico de la persona que me puede ayudar, si no lo tiene, lo consigue.

De ella aprendí algo que no olvidaré y que suelo poner en práctica cuando converso con mis amigas. En una ocasión, yo le dije: "Pero Luzma, y si me dicen que no, ¿qué hago?". Me respondió algo como: "Jess, deja de hacerte una película en tu cabeza de cosas que no han pasado y que, casi seguro, no van a suceder". Las mujeres nos hacemos una película con la peor historia de lo que podría pasar y que casi nunca sucede. Entonces, me dijo: "Enfócate y olvídate de lo que 'podría pasar' porque lo que sucederá será bueno". ¡Palabras sabias! A continuación, descubrirás cómo lidia ella con el estrés.

Atacar el estrés con una actitud positiva
Yo veo el estrés como un enemigo que siempre quiere sabotear nuestra vida, por eso siempre trato de atacarlo antes de que lo logre.

He aprendido a disfrutar de los procesos. Cualquiera de mis facetas, ya sea la de periodista, autora o productora, forma parte de mi vida. Las elegí para vivir más feliz cumpliendo mi propósito de servir. Entonces, cuando algo no marcha bien o se complica, lo veo como la oportunidad de crear una nueva manera de hacer las cosas, no de estresarme.

He aprendido que el 80% de las cosas por las que nos preocupamos no llegan a suceder y eso me ayuda a mantenerme positiva.

Las cinco cosas que me ayudan a evitar el estrés:

1. La oración. Todo lo pongo en manos de Dios. Siempre repito "el poder lo tiene Dios". Esto me ayuda a no sentir que "alguien más" puede tomar una decisión que me perjudique. Oro mucho y a todas horas. En mi teléfono tengo oraciones contra el miedo que me ayudan a mantener la calma. Siempre le doy gracias a Dios por adelantado. Una de esas cosas que agradezco es tener paz.

2. Ser positiva. He aprendido a cultivar el arte de ser positiva. Lo he logrado leyendo mucho. Todo lo que he investigado para mis libros me ha servido para tener una vida más tranquila y preocuparme menos. Tengo muy claro que el miedo usa muchos disfraces, uno de ellos se llama preocupación y lo dicta una voz fatalista que dejamos que se acomode en nuestro cerebro. Como ya logro reconocerla, ahora la sé reemplazar por una voz positiva que me habla bonito.

3. Analizar el problema. Cuando tengo un problema serio lo analizo desde todos los puntos de vista. Pregunto, averiguo. Esto me ayuda a sentirme en control para resolver la causa del estrés.

4. Darme un gusto. En los momentos de tensión inevitable, de esos que van pasando factura en el cuerpo, me doy un gusto. Me como algo que me guste mucho

como un buen flan de Nutella o me doy un buen baño de agua caliente. Nunca falla.

5. Ver las cosas en perspectiva. Trato de pensar en cómo veré dentro de un año eso que hoy me causa estrés. La vida es la mejor maestra y te enseña que todo pasa.

Pastora Noemí Chavez, LA PASTORA CHIC QUIEN ES COMO LA VES

Conocí a mi querida amiga Noemí hace más de una década. Ella es muy joven y siempre que la veo esta super chic y muy linda. Lo que me encanta de ella es que es como la ves, super *cool*, sencilla, amable y no le gusta vivir solamente por las apariencias o por los que otros piensen. Como dirían en inglés, *you get what you see,* con ella es siempre un recibirás lo que ves. Así de real es esta linda amiga con un corazón del tamaño del cielo. Está casada con pastor Joshua por más de veinte años y tienen dos lindos hijos, Joshua Anthony y Stephen Aarón. Me encanta como lo dice pastor Joshua, "Estoy casado con Noemí, por veinte años, y estamos en camino a un siempre". Son pastores de la iglesia Revive Church en Long Beach. Hace un trabajo increíble como pastora y es cofundadora de Brave Global, una organización que empodera a la juventud para parar la explotación y el tráfico humano de niñas. Es una muy buena amiga y me encanta conversar con ella porque aprendo mucho de su corazón. Cada vez que paso tiempo con ella termino siendo una mejor persona.

Aquí sus consejos de cómo lidiar con el estrés.
Es un placer poder compartir algunas prácticas que han sido de mucha ayuda para mi salud mental. Creo que cada una de

ellas, en nuestras vidas individuales, se pueden ver diferentes en la vida de cada persona. Espero que lo que yo hago te inspire a descubrir prácticas que puedan dar aliento, vida y descanso a tu espíritu, alma y cuerpo.

1. Me encanta la naturaleza. El excursionismo me da la oportunidad de observar la belleza de la creación y también es un buen ejercicio que eleva el ritmo cardíaco.
2. Me encanta platicar con amigas. Todos pasamos por etapas difíciles, pero, lo que hago a veces, es ir a un parque local y camino con amigas y nos comprometemos a no hablar del trabajo, de nuestros hijos o de nuestros matrimonios. Simplemente, platicamos de nuestros sueños, nos reímos y así alivianamos nuestro ser.
3. Me encanta el frío de la mañana. Hay veces que me levanto una hora antes que mi esposo e hijos se levantan, y me siento en el escalón afuera de mi casa, con un cafecito y sin el celular. Allí hablo con Dios, respiro profundo y disfruto el silencio.
4. Me encantan las diferentes series de televisión, pero he sido culpable de sentarme y quedarme en el sofá por muchas horas y es porque el cansancio y el agotamiento son señales de mi falta de disciplina en cuidar de mí misma. Así que lo que hago ahora mientras veo mi serie favorita es levantar pesas o hago estiramientos, ¡si es que quiero ver más de dos episodios!
5. Me encanta escuchar música. Cuando tengo una agenda demasiado saturada, hay veces que una escapada ayuda a refrescar la mente. Me gusta ir con mi esposo a una heladería que está a 25 minutos de la casa y simplemente escuchar música y disfrutar mi helado. No es una experiencia extravagante, pero

hay veces que las cosas más simples pueden dar vida, aliento y paz.

Sería buena idea darte el lujo de descubrir cuáles son las actividades alcanzables que pueden ayudarte a vivir sin ansiedad y que no son difíciles de experimentar regularmente. Si notas, ninguna de las cosas que practico requieren un presupuesto que causa más estrés.

DENISE REYES,
ELLA GOZA, GOZA Y GOZA DE LA VIDA

Denise es productora y presentadora en "Despierta América" y es locutora en Univision Radio y en K-Love 107.5, en Los Ángeles. Conocí a Denise hace varios años, cuando me llamó para que acudiera a una entrevista en vivo con "Despierta América" y luego fue asignada como productora del segmento.

Desde entonces, he sido testigo de diferentes pruebas que ella ha pasado en la vida. Aunque varias han sido súper difíciles de navegar, siempre les ha encontrado la mejor cara. Denise goza, goza y goza de la vida. Es valiente, ya que ha decidido ignorar a quienes hacen comentarios de odio, así como seguir adelante dando lo mejor de sí, por lo que ha obtenido muchos éxitos en el camino.

Ella es una de esas amigas que no importa a qué hora la llames o para qué, siempre está ahí dispuesta a hacer todo lo posible para ayudarte. Ha sido muy lindo ver cómo su fe la ha empoderado para no darse por vencida en los momentos difíciles. Pero ella no es así de buena solamente conmigo, tiene muchas otras amigas, por eso, me interesa saber de qué forma combate el estrés. Estos son sus consejos:

Cómo manejar el estrés inevitable de la vida

Hoy, más que nunca, es de vital importancia aprender a manejar nuestro estrés. Estas son algunas cosas que he aprendido y que me han ayudado a lidiar con los causantes del estrés que son inevitables en la vida.

En primer lugar, me gusta orar al despertar. La oración, sin duda, ha sido una fuente de tranquilidad y fortaleza. Para mí, es importante rendir a Dios mi día agitado. Él siempre se las arregla para aliviar de forma sobrenatural las ansiedades que parecen inevitables.

En segundo lugar, escribir una lista de las cosas que debo hacer siempre me ayuda a organizar mi día. De esta forma, puedo priorizar mis quehaceres. Me siento en mi mesa favorita de la cocina y con un café caliente en mano, ahogo el estrés planificando lo que tiene más prioridad en mi lista.

En tercer lugar, en realidad, libero el estrés con "una sesión de baile en casa". Me encanta la música y siento que me ayuda a liberar todo. Una buena canción alegre, literalmente, me cambia el día.

Otra herramienta que me permite lidiar con un día atareado de trabajo es una buena caminata. Por lo general, lo hago para descomprimir y, de alguna manera, me ayuda a pensar mejor.

Algo que he aprendido acerca del estrés es que, a veces, aumenta cuando no comemos bien, incluso cuando no bebemos suficiente agua. Por más simple que suene, siento que recordar tomar agua y evitar los alimentos pesados es FUNDAMENTAL para lidiar con el estrés. Hoy en día, encuentro un valor inmenso en tratar correctamente a mi cuerpo dándole lo que necesita para mantenerme en movimiento.

La vida de una mujer es dura, pero podemos hacer todas las cosas en Cristo que nos fortalece, y así lo haremos.

Nitzia Chama, nuestra belleza latina

Desde que la conocí, le dije que debería participar en el programa Nuestra Belleza Latina. Ella me contó que sí había participado y, como en ese entonces no tenía un permiso de trabajo, no pudo continuar por ese camino. Pero no se dio por vencida y ha cumplido grandes sueños desde ese entonces.

Nitzia es productora y reportera en "Despierta América", en la cadena Univision; es conductora en "Despierta Los Ángeles", en Univision 34; es actriz, bailarina y activista. Es la fundadora de Inspirarte Latinos, un programa que retrata las historias de latinos exitosos. Cuando estás cerca de Nitzia, sin importar en qué proyecto esté trabajando, puedes ver que da todo de sí. Ella no se detiene. Sin importar cuán ocupada esté, la puedo llamar a pedir ayuda y aunque esté fuera del país, ella me responde y hace todo por ayudarme. Como es de esas amigas que siempre está ocupada, me dio mucha curiosidad saber cómo lidia con el estrés alguien que trabaja tanto. A continuación, sus consejos:

Cómo lidiar con el estrés

Con mucho cariño, aprecio y respeto me dirijo a ustedes para compartir la realidad de todos los seres humanos. Me refiero al manejo del estrés.

Aunque muchos quizás "disimulamos" muy bien cuando estamos pasando por algún momento o episodio que nos genera estrés, la verdad es que todos enfrentamos este mal silencioso en cualquier área en la que nos desenvolvamos.

Lo importante es reconocer qué circunstancias, actividades o personas están generando esta sensación de bloqueo, aislamiento, frustración o ansiedad. Una vez identificadas, podemos accionar.

En mi caso, al ser una persona con muchas actividades durante el día, que convive con infinidad de personas y tiene poco tiempo en silencio, he debido encontrar rutinas que me ayuden a tener momentos de paz conmigo misma. El estrés es algo que aparece dentro de nosotros y se va acumulando poco a poco; de la misma forma, solo nosotros podemos ayudar a nuestro cuerpo a balancear estos conflictos internos. Estas son cinco formas en las que ayudo a mi cuerpo y a mi mente a ganarle la batalla al estrés.

- Al despertar, antes de comer y al acostarme siempre agradezco a Dios por las infinitas bendiciones que tengo en mi vida. Aunque sientas una carga pesada de trabajo o estés estresada con algo en particular, cuando le das a tu mente imágenes poderosas de agradecimiento, te das cuenta de que son muchas más las razones para agradecer que para estresarte; la angustia y los problemas pasarán, pues para todo hay solución.

- Un momento que me gusta mucho es la hora de la ducha. Siempre trato de poner mi música favorita y me propongo disfrutar ese tiempo que tengo para mí solita, en el que puedo hablarme, reflexionar y hacerme preguntas. Entonces, automáticamente, siento cómo se reduce la carga de estrés. Ese momento en que entras en contacto con el agua y sientes caer las gotas a la temperatura que elijas, acompañada de tu música favorita, es como tener un día de *spa* personalizado. Puedes variar el ambiente dependiendo de si estás levantándote o si estás por acostarte, pero, a la hora que lo elijas, no olvides disfrutarlo mucho.

- En los últimos años le he dado mucho valor al silencio en algún momento del día. A pesar de estar muy ocupada siempre trato de hacerme un espacio para conectarme conmigo misma, en silencio, con una oración, con una meditación guiada que escucho o empleando técnicas de respiración. Eso es un punto fundamental, recordar que respirar con propósito nos regresa a un punto de balance donde podemos ayudar a controlar los síntomas del estrés.

- Por otra parte, lo que más me ayuda a sacar el estrés y a volver a mi eje es "sacudir" el cuerpo. Yo amo bailar y sentir que mi cuerpo se mueve; es increíble, es un recordatorio de que estamos vivos, de que tenemos un hermoso cuerpo que nos lleva y nos sostiene en cada paso, en cada despertar y en cada día, así que, es muy importante darle cariño y darle ejercicio para que se sienta vivo y activo.

  Mover el cuerpo saca la ansiedad y cambia tu estado de ánimo, ya que las actividades que nos hacen más felices son aquellas que generan estrés en el organismo, pues en respuesta se liberan endorfinas. Por eso, ejercicios de alta intensidad o de larga duración que incrementan la concentración de ácido láctico en el cuerpo son los que provocan una mejor sensación luego del esfuerzo, en consecuencia, producen más hormonas de la felicidad.

- Algo que también me ayuda a mantener el balance, cuando siento que mis emociones y mi nivel de estrés están subiendo, es hablar con las personas que me tranquilizan. En mi caso, puede ser escuchar la voz de mis padres –me dan alivio y bienestar inmediatamente–. También funciona compartir lo que estás sintiendo con tu pareja para sacar eso que tienes dentro. Como decimos, "sacarlo del organismo" le da paz al corazón. También puedes visitar a alguien o hacer una videollamada a tus amigos más cercanos, aquellos que sabes que te sacarán una carcajada, que te recordarán lo valiosa que eres. Entonces, casi sin darte cuenta, al escuchar las voces que te calman podrás reducir el estrés. En una forma más profesional, también me gusta mucho consultar con algún terapeuta. Es importante sentirnos escuchados y no juzgados, sino validados con lo que estamos sintiendo. Los profesionales en salud mental siempre serán una excelente opción.

Estas son las cinco formas con las cuales yo he aprendido a canalizar mejor mis niveles de estrés. Cada nivel de ansiedad puede requerir distintos tipos de ayuda, pero siempre hay que recordar que nuestra vida y nuestra paz mental son lo más valioso que existe. Así que ningún trabajo, ninguna deuda, ninguna pérdida material y ninguna persona deberían tener el poder para desequilibrarnos.

Eso sí, la mente hay que trabajarla constantemente con pensamientos e ideas positivas, pues con lo que la alimentamos se va desenvolviendo día a día. Así que hay que darle mucho amor, paz y tranquilidad a nuestra mente, y mucha luz a nuestras ideas para volverlas realidad.

YURI CORDERO, AMANTE DE JESÚS

Yuri tiene dos hijas y un hijo que la aman y admiran. Ha trabajado muy duro para asegurarse de que ellos vean y tengan una madre que ama a Dios. Es autora del libro *La virtud del proceso*. Es una de las líderes de la industria de los noticieros en Estados Unidos y en el extranjero. Tiene veinticinco años de experiencia en el periodismo televisivo. En 2016 fue nombrada productora ejecutiva del programa "Primer Impacto".

Es una oradora experta en motivar con la Palabra de Dios. Es una mujer de fe, es madre y sobrevivió al cáncer. Conocí a Yuri hace algunos años en Univision. Cuando la ves en su trabajo, enseguida te das cuenta de que da lo mejor de sí. Ama lo que hace y tiene un corazón enorme para Jesús. Le encanta estudiar la Palabra y tiene varios cuadernos en los que escribe sus notas de todas las clases que ha tomado para aprender cómo hablarle mejor de Jesús a los demás.

Cuando vi todos los cuadernos y supe de todas las clases que toma, sentí que yo debería tomar al menos una clase por semestre. Su trabajo es muy demandante, aun así, encuentra el tiempo de prepararse para servir a Dios. También acaba de publicar su libro, ¡un gran esfuerzo! Mientras escribo esto, pienso en ella. Realmente quiero saber cómo maneja su estrés. ¡Sigue leyendo! Sus consejos están aquí:

Cambiar lo que puedo, aceptar lo que no puedo cambiar y conocer la diferencia

El estrés es parte de la vida. Lo que te estresa a ti, puede no ser importante para otras personas, pero todos tenemos distintos detonantes, hábitos y cosas con las que no negociamos. Esas cosas son las que a veces nos generan estrés. La mejor forma de ayudarnos a seguir adelante es aprender a sobrellevar y a aceptar lo que no puedes cambiar. Sí, es más fácil decirlo que hacerlo, pero aquí hay algunas cosas que yo hago que me ayudan a manejar la situación.

Como mujeres, vestimos muchos sombreros. Durante los últimos treinta años, he estado dentro de la industria de los noticieros con plazos límites; contar los minutos y segundos es parte de mi rutina diaria. Como productora ejecutiva de "Primer Impacto", es desafiante el nivel de estrés por tener un programa diario de una hora al aire.

Al mismo tiempo, soy madre de tres hijos, que ahora tienen veintitrés, veinte y quince años, que necesitan de mi tiempo. Soy la fundadora de una cuenta motivacional llamada @iamhighgrace, voy a la universidad para seguir formándome en mi educación ministerial, y mucho más. Sobrellevar mi agenda requiere administrar mejor el tiempo y priorizar.

Estas son cinco formas para manejar el estrés que yo uso y que fundamento en algunos de mis estudios bíblicos. Me ayudan a aceptar las cosas que no puedo cambiar y me dan el discernimiento para conocer la diferencia.

1. Creer en Dios es mi primera defensa contra el estrés. Cuando te das cuenta de que Él está en control y que, sin importar lo que digas o hagas, su voluntad se cumplirá, comienzas a confiar en el proceso. Hay virtud en el proceso. Cuando miras las definiciones de proceso y virtud descubres que proceso significa progreso, y virtud es saber separar el bien del mal como resultado de lo que has enfrentado y aprendido. No estás solo. En mi caminar con Dios, he aprendido que Él está allí para ayudarme a cargar mi cruz. Cuando todos los demás te den la espalda, Dios no te abandona ni te olvida.

La Palabra de Dios dice en Mateo 11:28-29: "Vengan a mí todos ustedes que están cansados y agobiados, y yo les daré descanso. Carguen con mi yugo y aprendan de mí, pues yo soy apacible y humilde de corazón, y encontrarán descanso para su alma".

Pasa tiempo a solas con Dios y verás que recibirás todas las respuestas que necesitas. Recuerdo que en el año 2016, fui a caminar al parque que queda cerca de mi trabajo y dudaba si debía aceptar el puesto que me ofrecían. Así que le dije a Dios: "Señor, no necesito más responsabilidades. Por favor, dime si debo aceptarlo o no". Luego hice mi devocional diario y el pastor habló de Jeremías 29:11: "Porque yo sé muy bien los planes que tengo para ustedes —afirma el Señor—, planes de bienestar y no de calamidad, a fin de darles un futuro y una esperanza". Entonces dije: "Gracias, Padre. Lo tomaré". Cuando se trata de tomar decisiones, debes escuchar a nuestro Padre. Él te dará la respuesta que necesitas. A veces, una puerta cerrada es una bendición, porque se abre otra que te lleva a un nivel más alto.

2. He aprendido que el silencio es importante. Vivimos en un mundo muy ocupado. Constantemente nos bombardean con ruido, las redes sociales, los problemas de otras personas, problemas que nos causamos nosotros mismos, cuentas por pagar... puede ser algo abrumador. Cuando llego a casa, después de saludar a todos, me tomo un tiempo para mí. Un tiempo para relajarme, para reflexionar, para estar sola con mis pensamientos y desconectarme. No es necesario que sean muchas horas, solo necesitas apartar un tiempo diario para estar a solas contigo y con Dios. Puede ser en el auto, camino al trabajo; apaga el teléfono o la radio y habla con Él. O quizá, cuando llegues a casa, ve a ese lugar secreto y tranquilo y deja tus problemas. En el momento que prefieras, a tu propio ritmo.

En Eclesiastés 3:1, la Biblia dice: "Todo tiene su momento oportuno; hay un tiempo para todo lo que se hace bajo el cielo". Debes darle a cada tarea su propio tiempo. Para ser honesta, yo me río cuando la gente dice que hace varias tareas a la vez. Univision me ha enviado a muchas clases de administración personal y estoy muy agradecida por eso. Una de las primeras cosas que te enseñan es que siempre dejes de hacer una cosa antes de comenzar otra. Ahora bien, sí puedes retomar las cosas por donde las dejaste, pero debes dejar lo que estás haciendo para hacer algo más. Por favor, enfócate en hacer a una cosa a la vez.

3. Dios no comete errores, nosotros sí. Él nos dice que vayamos hacia una dirección y nosotros somos los que vamos hacia el otro lado. Él nos da todas las señales de que algo está mal, pero las ignoramos. Él nos rodea de personas que nos advierten que algo no está bien, y también las ignoramos. Siempre estamos tomando decisiones y, a veces, esa es la causa de nuestro estrés, porque no escuchamos. Mateo 7: 13-14 nos aconseja: "Entren por la puerta estrecha. Porque es ancha la puerta y espacioso el camino que conduce a la destrucción, y muchos entran por ella. Pero estrecha es la puerta y angosto el camino que conduce a la vida, y son pocos los que la encuentran".

Es mucho más sencillo hacer lo incorrecto, tomar la salida fácil, herir a otras personas con nuestras palabras, no tener paciencia o juzgar; lo sé porque yo misma lo he hecho. Cuando nos damos cuenta, no solo dejamos un impacto negativo en la vida de los demás, sino también en la nuestra. Seremos juzgados por todo lo que decimos y lo que hacemos. Ese impacto negativo nos genera estrés porque sabemos que hicimos algo mal y cargamos con eso en nuestra vida.

Cuando admites tu error, te sinceras, pides perdón y te reconcilias con esa persona a quien heriste. Dios te recompensa con su perdón y su paz interior tan importante para nuestro bienestar. En Proverbios, la Biblia dice que algunos amigos son más unidos que un hermano. Por lo tanto, trata a los demás como te gustaría que te traten a ti.

4. Ámate. Solemos poner mucho estrés en nuestra vida. Creemos que somos perfectas y, cuando caemos, nos vemos como fracasadas. No eres un fracaso. Somos más que vencedoras. Proverbios 24:16 dice: "Porque siete veces podrá caer el justo, pero otras tantas se levantará; los malvados, en cambio, se hundirán en la desgracia". Sacúdete el polvo y sigue andando. Sí, a veces es difícil.

Te aliento a que te tomes las cosas un día a la vez. La sociedad nos pone mucha presión para que nos veamos de cierta forma, que tengamos cierto estilo de vida, que logremos esta meta o aquella en cierto período de tiempo, etcétera. Somos compasivas y comprensivas con todos, menos con nosotras mismas. A veces, somos nuestra peor enemiga. Dios te ama tal y como eres. Tú eres su obra maestra. Cuando te críticas, estás criticando su creación.

Por favor, si no has oído esto hoy, o en el último tiempo, escúchame ahora mismo: tú eres hermosa, eres amada, estás diseñada y equipada para cosas grandes, tienes un propósito, puedes hacerlo, eres capaz de ganar tus batallas personales. No tengas miedo, tienes el poder para alcanzar tus metas. Si necesitas ayuda, pídela a tu familia, tus amigos, tu pastor, tus confidentes o ve y busca ayuda profesional, no te hundas más profundo en tu tristeza. Tú puedes vencer lo que intenta generarte ansiedad.

5. Acepta la verdad y reconoce que el único perfecto es Dios. Esto te hará libre. Siempre hay un mañana y, quizá, vendrán problemas mayores. Cada día trae sus propios desafíos y lo que hoy parece ser lo más importante del mundo, mañana puede parecer tan solo una simple piedrita en el camino. Tuve a dos miembros de mi familia intubados por COVID. Uno de ellos se fue con el Señor. Recuerdo que estaba en una tienda, muy estresada por un vestido que debía comprarme cuando recibí una llamada acerca de uno de estos familiares. Fue devastadora, porque ella se estaba muriendo. Mi hija y yo salimos de la tienda y fuimos directo a casa; como familia debíamos tomar decisiones y yo terminé usando un vestido que ya tenía.

Santiago 1:5 dice: "Si a alguno de ustedes le falta sabiduría, pídasela a Dios, y él se la dará, pues Dios da a todos generosamente sin menospreciar a nadie". Esa sabiduría nos permite ser capaces de diferenciar lo que es realmente importante. Da un paso atrás y posiciónate fuera del problema. Da un paso atrás y observa la situación como si estuvieses viendo una serie de televisión. Esto te ayudará a analizar, a hacer planes y pensar estrategias para dar tu próximo paso. No tomes decisiones apresuradas.

Mi corazón está contigo y lo que sientes en este momento. Dios no te pone en ciertas situaciones para verte fracasar. Confiando en Dios, puedes minimizar ese estrés que sientes. Lo lograrás si pasas tiempo a solas para escuchar su voz, si reconoces que Él es quien te guiará para hacer lo correcto, si te amas como Él te ama, y si sabes que cometerás errores, pero que siempre habrá un mañana.

LILIANA GEBEL, UNA CONSEJERA FORMIDABLE

Liliana es esposa, madre, pastora y autora. También es buena amiga para una gran cantidad de mujeres que cuentan con su sabiduría. Es autora de los libros *El sueño de toda mujer: Detrás de la escena del ministerio y liderazgo* y *Busca tu propio Ángel: Los cuatro principios para honrar a Dios y revolucionar tu vida*. Nació en Buenos Aires, Argentina, en el corazón de una familia cristiana dedicada al ministerio. Tiene tres hijos. Ella y su esposo, el pastor Dante Gebel, son pastores de la Iglesia River Church, en Anaheim, California. Hablar con Liliana acerca de los temas de salud que nos afectan a las mujeres es como hablar con una enciclopedia andante. Sabe mucho y tiene una gran forma de explicar estos temas. Me encanta que, aunque tiene grandes responsabilidades que desempeña muy bien, todavía hace énfasis en agendar tiempo para seguir aprendiendo y preparándose. Por eso, le pedí que compartiera con nosotras qué es lo que ella hace para combatir el estrés en su vida:

Equilibra tu cuerpo, mente, alma y espíritu
Estoy convencida de que una de las mejores cosas que podemos hacer para combatir el estrés es tratar de equilibrar nuestro cuerpo, mente, alma y espíritu.

1. Para equilibrar mi espíritu
Algo que hago, y que considero lo principal, es tener a diario mi devocional. Leo la Biblia, la estudio y luego oro encomendando mi día al Señor. Si tengo que salir temprano en la mañana, me levanto más temprano y acudo a mi cita con Él.

A lo largo de mi caminar cristiano, me he dado cuenta de que mi relación con Dios es lo que me ayuda a resolver los problemas que puedan surgir y me dará la sabiduría para actuar de la mejor manera.

En estos momentos por la mañana y durante mi oración no hago peticiones, es un momento para estar con el Señor y contemplar su grandeza, adorarlo y agradecerle sus bendiciones. Si estoy atravesando un problema, no utilizo este momento para pedirle nada.

2. Para equilibrar mi alma

Otras de las cosas que practico cuando estoy muy estresada y preocupada por diversas situaciones es hacer las "páginas matutinas". Julia Cameron sugiere escribir tres páginas cada mañana de lo que se nos venga a la mente; la idea es volcar en papel todo lo que nos preocupa, de manera que despejamos nuestra mente y logramos ser más asertivo o creativo. Yo lo hago cuando siento que mi mente está muy llena de preocupaciones. Luego, pongo esto a los pies del Señor y estoy lista para comenzar mi devocional con una mente enfocada solo en Él.

3. Para equilibrar mi mente

Durante el 2020, he aprendido muchas cosas, pero lo que más destaco es el hecho de vivir un día a la vez, tal cual lo dice Jesús en Mateo 6:34: "Así que no se preocupen por el mañana, porque el día de mañana traerá sus propias preocupaciones. Los problemas del día de hoy son suficientes por hoy" (NTV). Este versículo lo conocemos de memoria, pero ¡qué difícil se nos hace aplicarlo!

Proyectarnos hacia el futuro siempre nos traerá ansiedad, más en estos tiempos álgidos que estamos viviendo. Con esto no quiero decir que nos dejemos llevar por la corriente y nos levantemos cada mañana sin tener un plan de acción. Lo que quiero decir es que lo único que nos mantendrá confiando en Dios es pasar tiempo con Él, viviendo un día a la vez.

El estrés genera un montón de sentimientos como ansiedad, miedo e inseguridad. La Biblia está llena de versículos que contrarrestan estas emociones. Empecé a prestar atención a mis pensamientos y me di cuenta de que mantener nuestra mente bajo control es lo que más nos cuesta. A menudo, los cristianos nos hemos ocupado mucho más de nuestra parte espiritual que de nuestra mente, porque creemos que Dios es quien debe encargarse de todo eso. Pero si nosotros no le permitimos a Él entrar en esa área, siempre estaremos luchando más de la cuenta.

Cuando entregamos nuestra vida al Señor, pensamos que la obra ya está terminada. Pero después nos damos cuenta de que seguimos luchando con las mismas cosas y los mismos problemas, como baja autoestima, orgullo, rencor, y pensamos que ya no tenemos arreglo, que Dios no pudo con nosotros. La realidad es que debemos trabajar a diario con nuestro yo.

Como dice en 2 Corintios 5:17: "Si alguno está en Cristo, es una nueva creación. ¡Lo viejo ha pasado, ha llegado ya lo nuevo!". Dios todo lo renueva, pero en muchos casos, somos nosotros los que no permitimos que Él obre. Actuamos y filtramos todo mediante nuestra programación mental. Reaccionamos, nos manejamos en el día a día y vemos todo a través de nuestros lentes que, en ocasiones, pueden hacernos ver todo muy borroso o fuera de perspectiva.

El neurólogo y neurocientífico Facundo Manes dijo que solemos interpretar lo que vemos de acuerdo con nuestras experiencias y emociones. Entonces, el cerebro construye una realidad. Creemos que somos bastante racionales, pero en realidad, no lo somos. Porque en el día a día, permanentemente estamos tomando decisiones e interpretando la realidad de acuerdo con nuestras emociones y creencias.

Por ejemplo, ante una situación de estrés crónico, muchas veces no podemos cambiar la situación que lo está generando, pero sí podemos cambiar la manera en que la evaluamos.

Hoy se sabe científicamente, que cambiando la manera en que pensamos, podemos cambiar la manera en que sentimos, entonces también cambiamos la manera en que actuamos.

Por ejemplo, si tuviste una entrevista de trabajo o una presentación y comienzas a pensar que todo lo que dijiste y lo que hiciste estuvo mal, te sentirás terriblemente, y actuarás en consecuencia. Insisto: tal vez no puedas cambiar tu entorno, pero sí puedes cambiar la forma como lo evalúas.

4. Para equilibrar mi cuerpo

Hago ejercicio cada mañana, solo descanso el fin de semana. Eso me ayuda a bajar mi estrés, mantener mi cuerpo activo y sentirme más saludable.

No hace mucho descubrí las bondades de los aceites esenciales y me parecen una maravilla. Hay muchas marcas y cientos de fragancias, solo tienes que fijarte en los ingredientes. Si dice "lavanda", debe tener solo ese ingrediente y una graduación de pureza del 100%. La presentación debe ser un frasco pequeño de color oscuro, ya que los aceites son concentrados y en ese tipo de recipientes se conservan mejor.

Debo confesar que, inicialmente, asumía que la aromaterapia era una suerte de placebo, pero hasta que hice la prueba me di cuenta de los beneficios tópicos y medicinales de los aceites esenciales.

Por ejemplo, suelo utilizar el aceite esencial de lavanda (que suele venir en un difusor). Solo basta con poner unas cuantas gotitas para que perfume la habitación, además de ayudarme a disfrutar de un sueño reparador y aliviar alergias.

Puedes usarlo tópicamente en cortaduras, raspones o moretones. También puedes usar unas gotitas debajo de la axila como desodorante. Puedes aplicarlo en tu cabello para evitar su caída y controlar la caspa. Hay una infinidad de posibilidades para el uso de los aceites.

ARGELIA ATILANO, PROTAGONISTA
DE UNA INCREÍBLE HISTORIA DE SUPERACIÓN

Conozco a Argelia desde hace muchísimos años y he sido testigo de diferentes etapas de su vida. He observado la dedicación con las que ha llevado a cabo sus diferentes responsabilidades, como esposa de Omar Velasco y mami de Camila y Anabella, también como presentadora de televisión, como la voz del show radial de Omar y Argelia de KLUV 107.5 durante dieciocho años; y ahora en la radio Mega 96.3, y como escritora.

Por cierto, su libro bilingüe para niños *Grandes Dreamers* [Grandes Soñadores] presenta a destacadas figuras latinas que han impactado la historia de Estados Unidos, a quienes generalmente no encontramos en nuestros libros de historia. Su hermoso libro fue ilustrado por Anna Alvarado, una gran artista. El prólogo escrito por su hija mayor, Camila, me llegó al corazón: "La primera persona en realmente inspirarme fue mi mamá, Argelia Atilano. Su voz se hizo poderosa a través de su programa matutino de radio y ella no tenía miedo de usarla".

Después de conocerla por años, leí su libro *Amor al aire*. Al leer su historia de superación, saber que estudiaba dentro de un espacio pequeño de un closet para terminar la universidad y al conocer otras anécdotas que comparte, admiré más aún su trayectoria. Le agradezco que comparta con nosotras algunos pasos que ella toma para combatir el stress:

Administra tu tiempo
Balancear mi vida personal con la profesional siempre ha sido un reto enorme, pero afortunadamente cuento con un equipo compuesto por dos asistentes que me ayudan a organizar

mi agenda y mi calendario. Mi mamá siempre me ha dicho que en esta vida "no puedo tenerlo todo". Y tiene mucha razón, pero yo le digo que podemos "intentar tenerlo todo" y que, para que eso suceda, debemos organizarnos muy bien, especialmente si queremos evitar que el estrés se apodere de nuestra vida.

Cuando entré en la universidad, no tenía a nadie que me dijera a qué hora debía levantarme, ir a clases, ocuparme de mis quehaceres o recordarme a qué hora debía comer. De repente, me encontré dependiendo solamente de mí para cumplir con mis responsabilidades.

El estrés llegó a mi vida de una manera exagerada y me di cuenta de que el estrés se originaba en la falta de tiempo para hacer todo. Las veinticuatro horas del día no eran suficientes y fue allí cuando descubrí que no me quedaba otra que aprender a manejar y administrar bien mis tiempos para abarcar todo lo que fuera posible.

Mi agenda/calendario se convirtió en mi mejor aliado para evitar el estrés y, aunque muchas veces no tuve éxito con esto, igual desde entonces aprendí a apoyarme en este método o estrategia que hoy utilizo diariamente. Cada compromiso o actividad que para mí es prioritaria, va automáticamente a la agenda, y solo las emergencias pueden borrarla de allí.

Una de mis prioridades es mi salud física, mental y emocional, lo que implica que darme amor y consentirme es esencial. Cuidarse en todos los sentidos es de suma importancia porque va de la mano con otra de mis prioridades que es mi familia. Una vida llena de calma, armonía y tranquilidad es fundamental. Me aseguro de hacer cosas que me llenen el alma y me traigan paz, desconectándome de todo aquello que pueda provocar ansiedad o desencadenar el estrés.

Comparto con ustedes lo que yo hago constantemente para combatir este mal. Se darán cuenta de que no es nada del otro mundo y que está al alcance de todas diariamente:

1. Mi primera charla profunda durante la mañana es con Dios. Dar las gracias por un nuevo día y platicarle sobre lo que pienso, siento y reflexiono es la mejor manera de iniciar mi día. Hacerme presente, hacer mis oraciones, agradecer por lo que tengo y por lo que no tengo siempre es la mejor manera de mostrarle a nuestro Creador que aprecio y valoro su constante presencia en mi vida, porque sé que siempre está ahí para mí, dispuesto a renovarme espiritualmente y reforzar mi fe inquebrantable.

2. La naturaleza no solo me purifica, sino que me alimenta de una manera mágica. Cada mañana me encanta salir a mi jardín con café en mano para presenciar la belleza de un nuevo comienzo. Me tomo mi tiempo, saludo al cielo, le doy los buenos días a mis árboles, acaricio mis rosales, observo a los pájaros y toda creación maravillosa que llega a visitarnos —los colibrís son mis visitantes favoritos. Meditar en medio de la belleza pura y, de paso, sacar un buen libro para dedicarle tiempo valioso a la lectura es la fórmula perfecta para llenar nuestra mente de cosas valiosas y hermosas.

3. La compañía de mi familia lo es todo, pero las risas y ocurrencias de mis dos hijas son el antídoto perfecto para ahuyentar el estrés. Mis hijas actualmente tienen diez y doce años, así que involucrarme en sus actividades, en los proyectos escolares, ver una película o serie juntas se convierte automáticamente en algo divertido.

No existe un tiempo aburrido con ellas, al contrario. Aprendo tanto de sus conversaciones, opiniones y sentimientos, además de ayudarme a olvidar cualquier cosa que me esté afectando en ese momento.

4. No soy amante del ejercicio físico, pero sí amo sentirme y verme fuerte y sana. La sensación que se apodera de mí durante una buena sesión de ejercicios es inexplicable. Solo sé que me encanta estar llena de mucha energía y sentirme activa durante cada inhalación y exhalación de mi cuerpo. En pocas palabras, el ejercicio me hace sentir poderosa, lo que no cambio por nada del mundo.

5. Dormir es uno de los grandes placeres que más gozo. Para mí es importante escuchar mi cuerpo y darle el descanso que necesita para estar alerta y de buen humor al día siguiente. He descubierto que cuando no duermo lo suficiente, es más fácil estar de mal humor, caer en ansiedad y estrés. Mi agenda incluye dormir mínimo siete horas cada día durante la semana, y entre ocho y nueve horas durante el fin de semana. Dormir es fundamental para funcionar con una sonrisa genuina al día siguiente.

* * *

¡Gracias queridas amigas y mujeres victoriosas por haber compartido tan buenos consejos conmigo y con mis lectoras! No sé tú, querida lectora, pero yo me siento como si alguien me hubiese dado una caja enorme llena de regalos. Cada consejo que dieron mis amigas me ha bendecido y ya he incorporado algunas nuevas prácticas a mi rutina.

Ya ves, todas utilizamos diferentes técnicas para lidiar con el estrés. Nuestros métodos pueden ser distintos, pero la meta es la misma: evitar que el estrés se apodere de nuestra vida. Haz todo lo posible para tener un tiempo para ti, ya que es la única forma de aprender a buscar la felicidad cada día. Estoy muy agradecida de tener a estas grandes mujeres que me inspiran. Espero que sus experiencias de vida y sus consejos sean de ayuda en tu viaje para lidiar con el estrés y combatir la ansiedad. Ser mujeres victoriosas, como siempre digo, depende de nosotras. Debemos vivir con la intención de buscar nuestro bienestar. Nadie más puede hacerlo por nosotras. No necesitamos ser perfectas. Necesitamos progresar y ser constantes, un día a la vez, una decisión a la vez. ¡Nosotras podemos lograrlo!

Reflexionemos

¿Qué técnica antiestrés implementarás en tu vida?

Si todavía, no tienes ninguna que ya es un hábito en tu vida, que la llevas a cabo automáticamente, escribe por lo menos dos de ellas y rétate a llevarlas a cabo.

Anota el nombre de cinco mujeres a quienes les compartirás la bendición de lo que has aprendido sobre cómo manejar el estrés y la ansiedad.

Conclusiones

Comencé este libro dedicándolo a mi amiga Cindy. Voy a finalizarlo con una carta que le escribí. Lo hice con la intención de recordarnos lo importante que es buscar el gozo en lo cotidiano porque nunca sabemos cuándo será nuestro último día en esta tierra.

Cindy, querida amiga mía:
A esta altura, estoy segura de que ya te encontraste con mis abuelas. Luego de conocerlas, entenderás mejor qué es lo que me hace ser la guerrera que soy. Es su sangre amazónica y andina corriendo por mis venas y las experiencias que he tenido en la vida lo que me hacen ser quien soy. Seguramente, te amaron desde el momento en que te conocieron. Solo puedo imaginarte contando algunas de nuestras anécdotas y compartiendo esas perlas de sabiduría que plantaste en mi vida.

Nunca olvidaré la forma en que tu historia de vida, esa que le contaste al mundo en tu libro, me impactó hace tantos años. Sé que Dios sabía que tú eras el ángel que yo necesitaba en esta tierra como instructora para mirar mi vida en profundidad y ayudarme a cambiar tantas cosas. El hecho de que fueses una abogada exitosa en California y junto con tu esposo vendieran todo para buscar la felicidad juntos, en un ambiente más tranquilo, me impactó para siempre.

Tú me alentaste a realizar todos los cambios durante los últimos siete años. Pero, amiga mía, como sabes, porque me ves desde el cielo, tu partida me ha afectado de una forma que no puedo poner en palabras. Leer las publicaciones de tu esposo en Facebook acerca del amor que se tenían y lo mucho que te extraña, me ha llevado a volver a examinar mi vida para evaluar dónde estoy y dónde quiero estar. Amiga, prometo seguir escribiendo cada año en el mes de mi cumpleaños mis metas anuales y la lista de lo que quiero y lo que no quiero en mi vida. Prometo seguir rechazando todos los objetos brillantes que pueda, sin importar lo buenos que parezcan al momento de la oferta. Prometo buscar la felicidad a diario y no esperar hasta el próximo "cuando pueda", ni "cuando tenga más tiempo" para disfrutar el tiempo con el amor de mi vida, bailar con él, cocinar juntos y tener más citas románticas.

Guardaré nuestra última conversación en mi corazón para siempre. Estoy muy agradecida con Jim por darme la oportunidad de hablar contigo ese día. Me siento bendecida de haber podido agradecerte por el impacto que has causado en mi vida, por tus enseñanzas, por tu amistad, por tu amor, por editar mi primer libro y por contribuir con este. No podría dejarlo de hacer. Tenía que aprovechar la oportunidad para agradecerte y, por supuesto, como es típico en ti, también encontraste tiempo para decirme palabras lindas.

Durante esa conversación me dijiste: "La vida está hecha para vivirla a pleno". Hasta me agradeciste, con tus propias palabras: "Quiero compartir contigo mi creencia de que lo importante no es solo lo que queremos, sino lo que Dios quiere. Como abogadas, nuestra vida se fundamenta tanto en las cosas técnicas, las leyes, que nos olvidamos de que al fin y al cabo lo más importante es Dios. Dios es amor, Él es compasión, es sabiduría".

También me dijiste: "Jessica, tú no tienes miedo de dejarte guiar por tu espíritu y tu fe en Dios. Eso es muy difícil para un profesional. Hay una tentación muy grande para no hablar de Dios. Pero tú entiendes que tu mensaje es importante y no tienes miedo de contarle al mundo acerca de Él". También hablamos de tu superhéroe, Jim, tu esposo, con quien compartiste treinta y nueve años. Me dijiste: "Descubrir más aspectos de alguien aun después de tantos años es una bendición muy rica y asombrosa. Él continúa dispuesto a mostrarse a sí mismo, a mostrar su verdad, quien realmente es y todo el amor que siente por mí".

Luego agregaste más palabras de sabiduría: "Lo que más deseo para una mujer que está buscando esposo es que encuentre alguien con quien pueda crecer, que descubra capas de amor, sabiduría y verdad a medida que pasen los años. Que puedan encontrar a alguien con quien puedan ser vulnerables, mostrarse a sí mismas y admitir que hay cosas que aún están aprendiendo. Creo que tu Javier también hace eso". Y continuaste diciendo: "Elige a esa persona sin fijarte únicamente en su aspecto físico. Busca algo en su mente, alma y corazón. Deja que sea un misterio indescriptible. Desearía que otras mujeres puedan experimentar ese tipo de pasión secreta. Jim y yo somos almas gemelas, eso es lo más hermoso que puedes experimentar en tu vida".

Cuando hablé de ese hermoso pórtico afuera de tu casa, del que había visto imágenes en Facebook, tú me dijiste que lo habías llamado "tu pórtico – tu porche-sanador". Me dijiste que cuando no podías viajar a ningún lado por tu cumpleaños y descubriste que estabas enferma, le pediste a Jim que creara un lugar para que pudieras pasar el rato con tus amigos, para profundizar o para tener buenas conversaciones con la gente. Desde siempre, eso fue creado para ser un *lugar de sanidad. Es hermoso con la naturaleza, hermoso por fuera, pero, en realidad, fue predestinado para ser hermoso para el alma. "Un camino hacia el alma", decías.*

Al final, mientras te agradecía por tomarte el tiempo de llamarme incluso aunque tenías muchos amigos de visita, dijiste: "Eres especial para mí, amiga querida, y siempre lo serás. Quiero que sepas eso".

Me dijiste que esa no sería nuestra última conversación porque todavía no te ibas a morir. Y agregaste: "Para ser honesta, no tengo miedo de que llegue ese momento, solo estaré triste de extrañar a Jim y a mis amigas, a las personas de mi vida. Pero confío en lo que vendrá y no tengo miedo. Es parte del camino. Todos estamos en este viaje, todos vamos a tener que pasar por eso. ¿Por qué tener miedo? ¿Por qué no atravesarlo con pasión y sabiduría? Hay que entender que las cosas son así. Para mí, eso es lo más importante: ser valiente, ser fuerte y saber que Dios y sus ángeles están conmigo. Los ángeles humanos, como tú, están conmigo y todos mis amigos que también son mis ángeles. Amigos que me sostendrán la mano en el momento que ya tenga que partir. Mientras tenga eso, estaré bien".

Para mí fue muy difícil mantenerme fuerte y no llorar durante esos maravillosos veinte minutos de conversación, pero apenas corté, comencé a llorar con mucho dolor.

Amiga mía, ¿pudiste ver todo lo que aprendí de ti? Escuché atentamente, tomé notas y hasta las escribí como tú lo hacías al finalizar cada una de nuestras sesiones. Incluso durante esa última conversación, tú me enseñaste y tus palabras de sabiduría enseñarán a otros.

¡Ay, amiga, cuanto te extraño! ¿Quién me pedirá cuentas ahora? Pondré lo mejor de mí para hacer lo que siempre me enseñaste. Voy a aprender a diario de las acciones intencionales *y a hacerme responsable a mí misma por ellas. ¿Quién me ayudará a establecerme metas para seguir aprendiendo formas de controlar el estrés y buscar la felicidad diaria?*

Amiga, estoy segura de que lo sabes, porque ves todo lo que sucede desde tu hermoso lugar en el cielo, pero hoy en día los tiempos son distintos. Estos últimos años, la pandemia ha añadido aún más pruebas a nuestra vida. Me sigue resultando difícil combatir la ansiedad, pero lo estoy haciendo un día a la vez, un paso a la vez, método que sé que tú aprobarías. Es gracias a tu sabiduría que yo me desafío todos los días a buscar el gozo y disfrutar del amor, el respeto y la admiración de los tres hombres increíbles de mi vida. Por ellos, me tomo el tiempo de dar los pasos que necesito para ayudarme a tener una salud óptima.

Le agradezco mucho a Dios por todo lo que estoy aprendiendo y escribiendo en mi segundo libro. Para mí, esta es la forma perfecta de seguir aprendiendo. Como sabes, a veces les cuento a los demás que escribí "Mujeres victoriosas" en un momento perfecto de mi vida porque necesitaba recordar constantemente los diez poderes, que me hicieron y me continúan haciendo la mujer que soy. Ahora, este segundo libro también está escrito en el momento perfecto porque aprender, escribir y hablar de las formas de combatir la ansiedad y obtener la victoria me ayudarán a incorporar este contenido en mi caminar diario.

Mientras siento las lágrimas caer por mis mejillas, oigo tu voz diciéndome una y otra vez: "¡Tú puedes! ¡Eres fuerte! Lo importante es el progreso, no la perfección". Te extraño, amiga, y voy a extrañarte siempre. Por favor, dales un fuerte abrazo a mis perritos, J.D., Carter, y a nuestro Jackson. Diles a mis abuelas, a mis abuelos, a mi padre que siempre intercedan delante de Dios, como sé que tú también lo harás, para que me ayude a mí y a mi equipo a luchar todos los días por mantener familias unidas, empezando con la mía.

Recuerdo lo mucho que te gustaba decirme que admirabas lo que hacía con mi profesión. Amaste a las familias de inmigrantes y sentiste tristeza por ellos tantas veces cuando en los últimos años se oían las noticias acerca de medidas que se implementaban y que les causaban daños. Gracias, amiga mía, por ser un gran ejemplo de una hermosa estadounidense que amaba a su país, la nación que ofrece una vida mejor para tantas personas.

Ya puedo verlo. Cuando yo llegue al cielo, tú estarás junto con mis seres queridos y lista para llevarme a recorrer todos los lugares hermosos del paraíso. Luego de abrazarlos a todos, tú me llevarás a ríos y bosques tranquilos donde mi alma se regocije mientras caminamos juntas. Me mostrarás dónde encontrar los mejores frutos, las deliciosas granadas que tanto me gustan, el lugar donde los ángeles bailan Zumba y en qué árbol colocar mi hamaca.

Imagino a esa mujer rubia, alta y hermosa con su larga túnica holgada blanca y sus sandalias doradas, yo, en cambio, luciré mi túnica entallada y mis tacones rosa. ¡Solo bromeo! Me puedo conformar con zapatos rosa sin tacones. Nos veo a las dos corriendo para encontrarnos con Dios y descubrir qué tareas tenemos para ese día, porque siempre estaremos listas para ayudar a otros. Bueno, tal vez no estemos corriendo, porque, si para ese entonces finalmente aprendí a caminar más despacio, caminaremos tomadas de los brazos riéndonos mientras nos contamos historias acerca de los planes que tenemos para el cielo y para los ángeles. Planes para seguir sacudiendo al mundo, aunque en ese entonces será el mundo celestial.

Mientras termino de escribir esta carta, mis lágrimas siguen cayendo por mi rostro y en el proceso de hacer mi mejor esfuerzo para ponerle alegría a este momento, sigo atesorando tus enseñanzas.

Gracias, amiga linda, siempre vivirás en mi corazón. Mi oración es que pueda seguir aplicando tus enseñanzas, para que mis acciones reflejen el amor que yo siento por ti. Siempre vivirás en mi corazón y en mis acciones.

Hasta que nos volvamos a ver, amiga linda.

Agradecimientos

¡Gracias, Dios, infinitas gracias!

¡Qué lindas y gratas emociones inundan mi alma, mente y corazón! Escribo estas líneas sentada en medio de mi jardín. Desde aquí observo la belleza de mis rosas rojas, amarillas y rosadas; las anaranjadas con amarillo y a las blancas. También puedo ver a mi esposo regando su huerto. Sonrío al ver lo mucho que disfruta cuidar la matita de menta, la albahaca, el cilantro, los ajíes y el huacatay...

Me encanta verlo disfrutar del momento, especialmente porque hoy —igual que los últimos tres meses— pasó más de ocho horas en el hospital cuidando de su querido hermano. Desde que llega junto a él, se convierte en un atento soldado, que ni siquiera se toma suficiente tiempo para almorzar porque cuidarlo es más importante. ¡Me encanta verlo aquí, en medio de sus plantitas y árboles que tanto cuida!

Lo veo y pienso que Javier ha sido un roble para la familia durante todos estos años. Un árbol fuerte, valiente y bueno. Él es prueba viviente de lo que dice la Palabra: "Por sus frutos los conoceréis." Y no me cabe duda de que eres un súper árbol, mi amor. Así lo demuestran nuestros frutos familiares, tanto como los frutos del jardín.

A ti, mi Javito, es a quien agradezco en primer lugar, porque durante mis pruebas sé que puedo contar contigo, mi ángel guardián. Eres mi mayor motivación, mi *coach* campeón y mi amor del bueno. Gracias porque crees en cada uno de mis sueños, y porque estás a mi lado para ayudarme a hacerlos realidad. Gracias porque en nuestro corazón habita la paz de Dios, a pesar de nuestros errores, y nos recuerda que Jesús —nuestro Salvador— ha perdonado cada pecado y ofensa. Gracias porque las personas que nos conocen por primera vez piensan que somos novios o recién casados. ¡Qué lindo amarnos así! Gracias, vida mía, porque tus acciones diariamente me enseñan el verdadero significado del amor.

Muchas gracias de corazón a mi *sonager* —mi manager—, mi hijo JP, quien fue un visionario con *Mujeres Victoriosas*, cuando yo ni siquiera podía imaginar algo semejante. Gracias por tu liderazgo diario y por guiar a un gran equipo con esa creatividad que bendice a miles. Admiro y aprecio todo tu esfuerzo, cada hora invertida; no dudo ni por un instante que seguirás orientándonos para llegar lejos con el mensaje de que somos bendecidas hijas de un Padre Celestial que nos ama.

Agradezco a Penguin Random House Grupo Editorial por el constante apoyo. Ha sido una gran bendición ser parte de esta extraordinaria familia desde hace años. Gracias por por esperarme y darme la oportunidad de compartir con el mundo este libro, el segundo que publico. Tengo la certeza de que el tiempo de Dios es perfectoy de que fue lo correcto no publicarlo antes. Su momento de lanzamiento es evidencia de que cada día estoy aprendiendo que vale la pena tomarme el tiempo para escuchar lo que dice mi corazón y lo que anhela mi alma.

Muchas gracias, Silvia Matute, Rita Jaramillo y Larry Downs. Larry, gracias por cada conversación en la que recibí tu sabiduría mientras consideraba la posibilidad de embarcarme en este nuevo libro, esta nueva aventura. Gracias a todo el equipo de producción y colaboradores. ¡Son campeones! Gracias Kelly, Michelle, Marcos, Ana Paula y Lourdes por lograr que este libro se presente con excelencia a las lectoras.

Aprecio también la oportunidad que me dieron de trabajar con Judith Barbieri, la persona que me ayudó a presentar *Mujeres Victoriosas*, mi primer libro, a los medios en Miami. Gracias, Judith, por creer en mi proyecto y por el constante apoyo para su difusión.

Apreciada lectora, este libro no estaría en tus manos si no fuera por el don y la disciplina de mi querida Diana Blanquel, mi editora estrella, quien nunca perdió una fecha límite y me animó a compartir esta valiosa información contigo. Diana, eres una mujer victoriosa con una luz incomparable. Gracias por ser parte de mi vida y por tu liderazgo como directora de Mujeres Victoriosas. Gracias también a Mynor, tu querido esposo, y a tu preciosa mamita Alicia por compartirte con nosotras para que puedas conducir este gran ministerio.

Gracias a cada *networker* de Mujeres Victoriosas alrededor del mundo: Alexandra Alfaro, Stephanie Michelle Vega, y a Kimberly Gaxiola, las primeras *Mujeres Victoriosas networkers* en animarnos e inspirarnos a compartir nuestra luz. Gracias por ser esperanza para nuestras próximas generaciones y por hablar de nuestro Dios, quien es el mismo ayer, hoy y mañana. Todos los días aprendo de ustedes.

Gracias a cientos de miles de mujeres que ya son parte de nuestra familia alrededor del mundo.Ustedes son evidencia de que vale la pena escuchar y obedecer a Dios cuando te pide que tomes un paso de fe al escribir un libro, porque se convertirá en un movimiento internacional *de mujeres* que a diario buscan vivir con propósito y reflejar la luz de Jesús: Mujeres Victoriosas.

Gracias a todas las que participan en nuestros podcasts, las que intervienen como presentadoras en nuestras conferencias virtuales, en nuestros Facebook e Instagram lives. También a cada pastora, a cada líder que nos abrió las puertas de su iglesia invitándonos a sus eventos de y para mujeres. ¡Me encanta conocerlas en persona y ver sus sonrisas! El rostro de cada una me dice: "Sigue adelante". Mi total agradecimiento a Betty Meza, porque desde el principio creyó en el proyecto y trabajó arduamente para ayudarme a compartirlo en iglesias, conferencias y medios de comunicación.

Gracias a cada mujer victoriosa que contribuyó con su sabiduría y la compartió con las lectoras y conmigo. Agradezco cada consejo y recomendación que podemos aprovechar para combatir el estrés: Gloriana Montero, Luz María Doria, Noemi Chávez, Denise Reyes, Nitzia Chama, Yuri Cordero, Liliana Gebel y Argelia Atilano; todas son joyas preciosas para mi vida.

Danisa Suárez, agradezco tu amabilidad y disponibilidad para compartir tu conocimiento en este libro. Me demostraste tu entusiasmo desde que conversé contigo por primera vez. Tu contribución, discernimiento y experiencia acerca de la depresión y ansiedad son una guía invaluable para aprender sobre un área tan delicada como la salud mental.

Gracias a mis guerreras de oración; por décadas, han sido parte de mi vida, y han doblado rodilla todos los días pidiendo a Dios ese milagro que nos concedió. Julia, Silvia, Martha, en el cielo sabrán lo agradecidos que mi familia y yo estamos por su fidelidad.

Gracias a Dios porque, desde el principio de este 2022, mi grupo de guerreros de oración se multiplicó. Julia, agradezco a todo el equipo de La casa de oración por sus constantes plegarias por mi cuñado y su familia. También agradezco a la pastora Rosa María Castillo y a todo su equipo de oración, a los pastores Danilo y Gloriana Montero, a la pastora Gloria Díaz, a los pastores Jim Tolle y Ángel Jordán; gracias al equipo de Samaritan's purse, a todos los miembros de sus familias y a los equipos de oración en sus iglesias que hace meses empezaron a pedir por mi cuñado y su familia.

Javier y yo estamos agradecidos con nuestra familia del Grupo de Vida —Lifegroup— liderado por nuestros apreciados Greg y Candy Wood. A ellos y a las otras siete parejas, gracias porque con ustedes aprendemos a vivir con la gran responsabilidad de reflejar el amor de Jesús en nuestras acciones; gracias por cada oración por mi cuñado y su familia.

A cada mujer de mi estudio bíblico, gracias por cada plegaria durante estos meses y por todo lo que me enseñan. Me encanta que juntas aprendamos semanalmente lo hermoso que es escudriñar las Sagradas Escrituras y aplicar tal conocimiento para que nuestra vida sea reflejo de que Dios ya ganó.

Rosemary Arévalo, Aura Subuyuj, Patty Gutiérrez y Shirley Preciado, gracias porque no dejaron de preguntarme por lo menos una vez por semana cómo seguía mi cuñado. Agradezco que durante meses oraran por su milagrosa recuperación. También agradezco inmensamente a mi querida amiga y mentora, Mary Ledbetter; Dios la envió a mi vida hace más de dieciocho años para bendecirme con sus oraciones y con su ejemplo que me ayuda a mejorar, porque me muestra cómo se desempeña una mujer victoriosa única. *Eveline Davis, gracias por empezar el ministerio de mentoria en nuestra iglesia. Tu visión y misión cambiaron vidas, incluyendo la mía.* Existen decenas de otras personas que también nos acompañaron en oración por este milagro que hoy gozamos; ustedes saben quiénes son, y de corazón les digo: "¡Muchísimas gracias!"

Especial agradecimiento a Raúl y Betty Meza. Durante meses fueron los amigos a quienes podíamos llamar a cualquier hora. Con amabilidad y compasión escuchaban nuestras preocupaciones acerca del estado médico de mi cuñado y nos daban aliento cada vez que conversábamos. Raúl, gracias por ser un enfermero de profesión cuyas acciones demuestran que eres un hijo de Dios que ejerce su carrera con compasión. Betty fue la amiga que desde el comienzo de esta prueba me decía: "Pronto celebraremos el milagro. Dios responderá nuestras oraciones."

Estar rodeados de amigos con una tremenda fe es lo que nos ha sostenido e inspirado a seguir creyendo durante las pruebas más difíciles. Gracias a los dos por sus oraciones para que ahora juntos podamos celebrar el milagro de Dios.

Mi esposo, mis hijos y yo nos sentimos muy bendecidos porque en este tiempo que nos cambió la vida hemos recibido el apoyo de un equipazo laboral que es parte de nuestra familia. Son guerreros y me enorgullece decir que pertenezco a ese equipo campeón: Verónica, George, Jesús, Elena, Yesenia, Alejandra, Kim, Sra. María, Jessica, Karla, Evelyn, Angélica, Mónica, María, Dalia, Gabriela, y Delia *y a todo el equipo de Hazlo Media.* Gracias por su apoyo, por sus oraciones, y por creer con nosotros que Dios haría el milagro de sanidad en mi cuñado. Cada uno de ustedes son una gran bendición para nuestra vida.

Gracias a las familias inmigrantes trabajadoras y valientes que me permiten contar sus historias en el programa de televisión "Despierta América". Ustedes inspiran la fe de millones para creer que algún día, finalmente, saldrán de las sombras. A Luz María Doria y a su equipo por la oportunidad de compartirlas.

Yuri Cordero, gracias a ti y a tu equipo por permitirme ofrecer comentario legal en el programa televisivo "Primer Impacto" para llevar un poquito de luz sobre un tema tan complejo como las leyes de inmigración. Gracias a todo el equipo de producción: Denise, Gilcia, Mónica, Marco y Elena por hacer posible que yo comparta con excelencia la información para familias inmigrantes.

Agradezco a cada uno de los miembros de nuestra familia. A mi cuñado, a su esposa, y a sus hijos, gracias por caminar esta prueba con tanta fe y valentía. Gracias a *mi suegra*, a cada uno de mis cuñados y cuñadas que oraron sin cesar para que el día de hoy todos seamos testigos del poder de un Dios milagroso.

Todavía recuerdo con claridad que hace tres años dudaba de la posibilidad de compartir con el mundo mis batallas con la ansiedad. Gracias, amigo Robert Yanez, fuiste la primera persona fuera de mi círculo familiar con quien conversé sobre las experiencias de esos días lidiando con la ansiedad. Recuerdo comentarte que me daba miedo contar públicamente una situación personal tan delicada.

Nunca olvidaré la paciencia con que me hiciste preguntas que me hicieron reflexionar, al punto de admitir que me sentía incómoda por el miedo a que me percibieran como una mujer débil. Algo que es muy difícil debido al ámbito profesional en el que me desenvuelvo.

JP y yo tenemos mucho que agradecerte por los años en los que nos has brindado tu mentoría en el área profesional. Hoy, también debo agradecerte porque tus palabras de aliento, de apoyo y de sabiduría dejaron en mi corazón plantada la semilla de compartir esa prueba con el mundo, porque valdría la pena si al menos una persona recibía bendición a través de mi historia.

Como te lo digo a menudo, admiro a Marty, tu querida esposa, y a ti por el extraordinario trabajo que han hecho con sus hijos, Diego y Alex.

Gracias al pastor Michael Yearley por sus enseñanzas semanales que nos recuerdan, ayudan, y retan para que nuestra vida refleje con acciones el mensaje de la cruz. Como Javier lo dice, es una gran bendición recibir mensajes que nos enseñan cómo aplicar las enseñanzas bíblicas a nuestra vida diaria.

También agradecemos a los pastores Dave y Christy Cox por siempre estar dispuestos a darnos consejos y guía. Qué bonito es depositar nuestra confianza en líderes con excelencia que reconocen su gran responsabilidad con Dios y guían con el ejemplo a sus ovejas. Ellos tomaron un paso de fe cuando Dave dejó de trabajar en la iglesia donde su familia había servido durante más de dos décadas. Decidieron escuchar el llamado de Dios y servir en ZOE international, una organización de bendición para miles de familias y para nuestra sociedad. Gracias a los dos por liderar con su ejemplo.

Gracias también al pastor José Luis Sáenz; *a su esposa, Pastora María* y a todo el equipo de Radio Inspiración, en Los Ángeles, por el espacio que nos dan semanalmente para presentar el segmento radial de *Mujeres Victoriosas.*

Mi agradecimiento a Alexandria Davila de Adarga Entertainment por toda su ayuda para que el libro *Mujeres Victoriosas* llegará a diferentes países latinoamericanos.

Querida Jennifer, mi linda amiga, y relacionista pública estrella, gracias por todas las puertas que tocaste para que me dieran la bienvenida a mi y a *Mujeres Victoriosas* a llegar tan lejos.

Gracias a ti, mi Creador, mi Salvador, mi Protector, mi Padre Celestial.

De vez en cuando pasa por mi mente el pensamiento de qué hubiera sucedido si no obedezco tu llamado de empezar a compartir capítulos de mi vida en mi primer libro *Mujeres Victoriosas*. Durante años escuchaba ese llamado, pero me costaba obedecerte. Sentía mucho miedo y me decía a mí misma que no era necesario contarle al mundo etapas de mi vida, pero ¡qué equivocada estaba! Desde que me atreví a empezar esta aventura de compartir un poquito más acerca de mí, he visto que el testimonio de tu amor y de tu luz cambia vidas.

Mujeres Victoriosas no es solamente un libro porque se ha convertido en un movimiento internacional que habla de tu amor, mi Señor.

Todavía me hace falta contar sobre muchas etapas vividas. Si tú así lo decides, Señor, continuaré poquito a poquito, de acuerdo con tus tiempos perfectos, porque me he dado cuenta de que en la vulnerabilidad y la transparencia, en perder el miedo radica el verdadero poder para ayudar a transformar vidas. Gracias desde ya, porque sé que siempre mandarás un mensajero amigo para retarme con la verdad, como en esta ocasión lo hizo mi querido amigo Robert Yañez.

A ti querida lectora, a ti que me das el privilegio de leer estas páginas, ¡muchas gracias!

¿Sabes algo? Cuando empezó esta nueva aventura en mi vida, nunca imaginé el enorme impacto que tendría. No me refiero solamente al libro, si no a cada una de ustedes, a las que conozco en persona, a las que nos escriben en redes sociales y nos cuentan sus luchas diaria por vivir con propósito. Ustedes me inspiran a seguir perdiendo el miedo y sé que me darán ánimo para seguir obedeciendo a Dios y salir de mi zona de confort con el objetivo de aportarles valor con mi testimonio en diferentes áreas de la vida.

Gracias a cada persona que acudió a las presentaciones de mi primer libro y a todos los que apoyaron para que se compartiera con el mundo.

Empecé a escribir estos agradecimientos una hermosa tarde después de mi jornada laboral, y los terminé un día después de un largo fin de semana. No me parece coincidencia que los últimos recuerdos que llevo en el corazón, mente y alma son momentos familiares que atesoraré por siempre.

Esos recuerdos familiares me hacen sentir contenta, plena y satisfecha, me complementan como mujer. En estos pasados días, ustedes: mi Javito, mi JP y mi Josh me dieron enorme felicidad.

Lo que podría verse como un fin de semana rutinario se convirtió en días llenos de alegría. Caminamos con Jill, nuestra bella husky, que es parte de la familia desde hace ocho años; salimos a cenar unos deliciosos tacos tijuanenses; ¡incluso cocinamos juntos! Disfrutar de la cena que los cuatro preparamos me llenó de gozo. No solo porque ese lomo salteado nos quedó exquisito, sino porque observarlos y tenerlos a mi lado, trabajando en equipo, me confirma que no hay profesión, posición, posesión, ni millones de likes a un post, o mil millones de reproducciones de un video que pueda remplazar lo que mi mente, corazón, y alma sienten al gozar de mi familia, imperfecta quizá, pero que conoce la importancia, el valor y la belleza de mantenerse unida.

A ustedes, mis tres estrellas fugaces, gracias porque siempre puedo contar con su apoyo para gozar de esa alegría indescriptible que solo encuentro a su lado. ¡Los amo con todo mi corazón!

Notas

INTRODUCCIÓN

1. The Anxiety and Depression Association of America [Asociación de Ansiedad y Depresión de América]. (s.f.). *Facts & Statistics* [Datos y estadísticas]. Recuperado el 12 de noviembre de 2021 de https://adaa.org/understanding-anxiety/facts-statistics. The Anxiety and Depression Association of America [Asociación de Ansiedad y Depresión de América]. (s.f.). *Anxiety Disorders in Children* [Trastornos de ansiedad en niños]. Recuperado el 12 de noviembre de 2021 de https://adaa.org/sites/default/files/Anxiety%20Disorders%20in%20Children.pdf

CAPÍTULO 1: UN LUGAR EN EL QUE NO DESEAS ESTAR

1. https://www.uwsp.edu/health/Pages/about/7DimensionsWellness.aspx#:~:text=Wellness%20is%20multidimensional%20including%3A%20Spiritual,Environmental%2C%20Social%20(SPECIES).

CAPÍTULO 2: MENTALMENTE FIRMES

1. Doran, G. T. (1981). "There's a S.M.A.R.T. Way to Write Management's Goals and Objectives" [Hay una forma S.M.A.R.T de escribir tus objetivos y metas de administración], Management Review, Vol. 70, Issue 1, pp. 35-36.

2. Quotes. (s.f.). William Arthur Ward. Recuperado el 12 de noviembre de 2021 de http://www.quotes.net/quote/6643.

3. Anxiety and Depression Association of America [Asociación de Ansiedad y Depresión de América]. (s.f.). *Latinx/Hispanic Communities* [Comunidades latinx/hispanas]. Recuperado el 12 de noviembre de 2021 de http://www.adaa.org/find-help/by-demographics/latinx-hispanics#Facts.

CAPÍTULO 3: ESPIRITUALMENTE FIRMES

1. https://www.healthyway.com/content/stress-isnt-all-in-your-head-heres-how-it-can-affect-your-physical-and-emotional-health/

2. https://adaa.org/understanding-anxiety/facts-2statistics#:~:text=Did%20You%20Know%3F,of%20those%20suffering%20receive%20treatment.

3. Merriam-Webster. (s.f.). *Stress* [estrés]. En Merriam-Webster.com dictionary. Recuperado el 12 de noviembre de 2021, de http://www.merriam-webster.com/dictionary/stress.

4. The Anxiety & Stress Management Institute [Instituto para el Manejo del Estrés y la Ansiedad]. (s.f.). *Stress* [Estrés]. Recuperado el 12 de noviembre de 2021, de http://www.stressmgt.net/cherry-services/stress.

5. Watson, S. (9 de marzo de 2020). *Causes of Stress* [Causas del estrés]. WebMD. Recuperado el 12 de noviembre de 2021, de http://www.webmd.com/balance/guide/causes-of-stress.

6. Segal, J., Smith, M., Segal, R. y Robinson, L. (mayo de 2020). *Stress Symptoms, Signs, and Causes* [Síntomas, señales y causas del estrés], HelpGuide. Recuperado el 12 de noviembre de 2021, de http://www.helpguide.org/articles/stress/stress-symptoms-signs-and-causes.htm#:~:text=It%20can%20even%20rewire%20the,Pain%20of%20any%20kind.

7. McGonigal, K. Ted. (4 de septiembre de 2013). *How to Make Stress Your Friend* | [Cómo hacerte amiga del estrés |

[Archivo de video]. YouTube. http://www.youtube.com/watch?v=RcGyVTAoXEU.

8. McGonigal, K. (1 de enero de 2016). *How to Make Stress Your Friend* [Cómo hacerte amiga del estrés]. World Tribune. http://www.worldtribune.org/2016/01/how-to-make-stress-your-friend/.

9. Anthony (12 de febrero de 20109., *Stressor vs. Trigger – What Is a Trigger?* [Estresante vs. desencadenante: ¿Qué es un desencadenante?]. My PTSD Forum. Recuperado el 12 de noviembre de 2021 de http://www.myptsd.com/threads/stressor-vs-trigger-what-is-a-trigger.13912/.

10. Ibid.

11. Jones, G. (21 de junio de 2017). *What Is a Maladaptive Coping Behavior?* [¿Qué es una conducta de afrontamiento desadaptativo?]. More-Love. Recuperado el 12 de noviembre de 2021 de http://www.more-love.org/2017/06/21/what-is-a-maladaptive-coping-behavior/.

12. The American Institute of Stress [Instituto Estadounidense de Estrés]. (s.f.). *Holmes-Rahe Stress Inventory* [Test de estrés de Holmes-Rahe]. Recuperado el 12 de noviembre de 2021 de http://www.stress.org/holmes-rahe-stress-inventory.

13. 12 de noviembre de 2021 de https://www.tonyrobbins.com/mind-meaning/how-to-use-fear/)

14. American Psychological Association [Asociación Estadounidense de Psicología]. *Anxiety* [Ansiedad]. Recuperado el 12 de noviembre de 2021 de http://www.apa.org/topics/anxiety#:~:text=Anxiety%20is%20an%20emotion%20characterized,certain%20situations%20out%20of%20worry.

15. Higgins-Dunn, N. (24 de agosto de 2020). *Google searches for anxiety soar to record high at beginning of coronavirus pandemic, study finds* [Las búsquedas de Google sobre la ansiedad se disparan a un nivel récord al comienzo de la pandemia de coronavirus, según un estudio]. CNBC. Recuperado el 12 de noviembre de 2021 de https://www.cnbc.com/2020/08/24/google-searches-for-anxiety-soar-to-record-at-start-of-coronavirus-pandemic-study.html.

16. University of Waterloo [Universidad de Waterloo]. (s.f.) *Why Study Anxiety?*[¿Por qué estudiar la ansiedad?]. Recuperado el 12 de noviembre de 2021 de http://www.uwaterloo.ca/anxiety-studies/about/why-study-anxiety.

17. BrainyQuote. (s.f). Wayne Dyer. Recuperado el 12 de noviembre de 2021 de http://www.brainyquote.com/quotes/wayne_dyer_384143

18. Merriam-Webster. (s.f.). Control. Merriam-Webster.com dictionary. Recuperado el 12 de noviembre de 2021 de http://www.merriam-webster.com/dictionary/control.

19. BrainyQuote. (s.f). Wayne Dyer. Recuperado el 12 de noviembre de 2021 de BrainyQuote, http://www.brainyquote.com/quotes/wayne_dyer_384143

20. https://espanol.nichd.nih.gov/salud/temas/neuro/informacion/partes

21. https://kidshealth.org/es/teens/stress.html

CAPÍTULO 4: FÍSICAMENTE FIRME

1. Awana. www.awana.org.

2. Harvard Health Publishing. (6 de julio de 2020). *Relaxation Techniques: Breath Control Helps Quell Errant Stress Response* [Técnicas de relajación: El control de la respiración ayuda a aquietar la reacción errante al estrés]. Recuperado en 16 de noviembre de 2021 de http://www.health.harvard.edu/mind-and-mood/relaxation-techniques-breath-control-helps-quell-errant-stress-response.

3. Groskreutz, L. (17 de agosto de 2020). *Benefits of Deep Breathing* [Beneficios de la respiración profunda]. Hegg

Health Center. Recuperado en 16 de noviembre de 2021 de http://www.hegghc.org/benefits-of-deep-breathing.

4. Smith, J. A., Suttie, J., Jazaieri, H. y Newman, K. M. (12 de noviembre de 2018). *10 Things We Know about the Science of Meditation* [10 cosas que sabemos acerca de la ciencia de la meditación]. Mindful. Recuperado en 16 de noviembre de 2021 de http://www.mindful.org/10-things-we-know-about-the-science-of-meditation..

5. Sood, A. y Jones, D. T. (5 de febrero de 2013. *On Mind Wandering, Attention, Brain Networks, and Meditation* [Acerca de la mente errante, la atención, las redes cerebrales y la meditación]. National Library of Medicine. http://www.pubmed.ncbi.nlm.nih.gov/23643368.

CAPÍTULO 5: ESPIRITUALMENTE FUERTE

1. Heger, E. (18 de mayo de 2020). *7 Benefits of Meditation, and How It Can Affect Your Brain* [7 beneficios de la meditación y cómo afectan tu cerebro]. Insider. http://www.insider.com/benefits-of-meditation

2. Goldin, P., Ramel, W. y Gross, J. (agosto de 2009). *Mindfulness Meditation Training and Self-Referential Processing in Social Anxiety Disorder: Behavioral and Neural Effects* [Entrenamiento de meditación de conciencia plena y el proceso auto referencial en el trastorno de ansiedad social: Efectos neuronales y conductuales]. Journal of Cognitive Psychotherapy [Revista de psicoterapia cognitiva], Vol 23(3), 242-257. http://www.ncbi.nlm.nih.gov/pmc/articles/PMC4283801

3. Goyal, M., Singh, S., Sibinga, E. M. S. et al. (marzo de 2014). *Meditation for Psychological Stress and Well-Being* [Meditación para el estrés psicológico y el bienestar]. JAMA Internal Medicine, Vol 174(3), 357-368. www.jamanetwork.com/journals/jamainternalmedicine/fullarticle/1809754

CAPÍTULO 6: LO QUE APRENDÍ DE MI DOCTORA DE MEDICINA FUNCIONAL

1. American Association of Naturopathic Physicians [Asociación Americana de Médicos Naturopáticos]. (s.f.). *What is a Naturopathic Doctor?* [¿Qué es un médico naturopático?]. http://www.naturopathic.org/page/WhatisaNaturopathic-Doctor

2. Ratini, M. (21 de febrero de 2021). *Naturopathic Medicine: What It Is, Benefits, Risks* [Medicina naturopática: Qué es y cuáles son sus riesgos y beneficios]. WebMD. Recuperado en 17 de noviembre de 2021 de http://www.webmd.com/balance/guide/what-is-naturopathic-medicine

3. Ibid.

4. Bastyr University [Universidad de Bastyr]. (s.f.). *What Is Naturopathic Medicine* [Qué es la medicina naturopática]. Recuperado en 17 de noviembre de 2021de http://www.bastyr.edu/academics/naturopathic-medicine/what-naturopathic-medicine

5. Ibid.

6. Patronus Medical. (s.f.). *The Difference between Functional Medicine and Integrative Medicine* [La diferencia entre la medicina funcional y la medicina integral]. Recuperado en 17 de noviembre de 2021 de http://www.patronusmedical.com/blog/functional-medicine-vs-integrative-medicine

7. Vitti, A. (2 de abril de 2020). *The Stress-Hormone Connection* [La conexión de la hormona del estrés]. FLO Living. Recuperado en 17 de noviembre de 2021 de http://www.floliving.com/stress-and-hormones

8. McCulloch, M. (23 de septiembre de 2018). *12 Health Benefits of DHA (Docosahexaenoic Acid)* [12 beneficios

saludables del DHA (Ácido docosahexaenoico)]. Healthline. Recuperado en 17 de noviembre de 2021 de http://www.heal-thline.com/nutrition/dha-benefits#TOC_TITLE_HDR_9.

9. RxList. (s.f.). *Pregnenolone* [Pregnenolona]. En RxList. Recuperado el 17 de noviembre de 2021, de http://www.rxlist.com/pregnenolone/supplements.htm

10. Ware, M. (6 de enero de 2020). *Why Do We Need Magnesium?* [¿Por qué necesitamos magnesio?]. *Medical News Today.* http://www.medicalnewstoday.com/articles/286839#_noHeaderPrefixedContent

11. Mayo Clinic. (18 de agosto de 2020). *Exercise and Stress: Get Moving to Manage Stress* [Ejercicio y estrés: Ponte en movimiento para lidiar con el estrés]. http://www.mayoclinic.org/healthy-lifestyle/stress-management/in-depth/exercise-and-stress/art-20044469

12. SharpBrains. (s.f.). *Physical Exercise: Why Aerobic Exercise Enhances Neurogenesis and Neuroplasticity* [Ejercicio físico: Por qué el ejercicio aeróbico mejora la neurogénesis y la neuroplasticidad]. http://www.sharpbrains.com/resources/2-the-4-pillars-of-brain-maintenance/physical-exercise-why-aerobic-exercise-enhances-neurogenesis-and-neuroplasticity

13. Zandan, N. (s.f.). *Stand up Straight? Our New Research on Posture and First Impressions* [¿Te paras derecho? Nuestra nueva investigación sobre la postura y la primera impresión]. Quantified. http://www.quantified.ai/blog/stand-up-straight-our-new-research-on-posture-and-first-impressions

14. Fry, A. (11 de septiembre de 2021). *Why Do We Need Sleep?* [¿Por qué necesitamos dormir?]. Sleep Foundation. http://www.sleepfoundation.org/how-sleep-works/why-do-we-need-sleep

15. Get Sleep. (16 de enero de 2008). *Sleep and Health* [Sueño y salud]. http://healthysleep.med.harvard.edu/

need-sleep/whats-in-it-for-you/health

16. Halber, D. (24 de junio de 2009). *Sleep Helps Build Long-Term Memories* [El sueño ayuda a construir recuerdos a largo plazo]. Massachusetts Institute of Technology. http://news.mit.edu/2009/memories-0624

17. Spiegel, K., Leproult, R. y Van Cauter, E. (23 de octubre de 1999). *Impact of Sleep Debt on Metabolic and Endocrine Function* [Impacto de la deuda de sueño en las funciones metabólicas y endocrinas]. The Lancet, Volumen 354(9188), P1435-P1439. https://www.thelancet.com/journals/lancet/article/PIIS0140-6736(99)01376-8/fulltext

18. Harvard Health Publishing. (1 de junio de 2020). *In Search of Sleep* [En búsqueda del sueño]. http://www.health.harvard.edu/womens-health/in-search-of-sleep

19. Suni, E. (11 de diciembre de 2020). *How Lack of Sleep Impacts Cognitive Performance and Focus* [Cómo impacta la falta de sueño el desempeño cognitivo y la concentración]. Sleep Foundation. Recuperado en 17 de noviembre de 2021, de   http://www.sleepfoundation.org/sleep-deprivation/lack-of-sleep-and-cognitive-impairment

CAPÍTULO 7: LO QUE APRENDÍ DE MI *COACH* Y AMIGA CINDY

1. Oxford Learner's Dictionaries [Diccionario Oxford de Estudiantes]. (s.f.). Joy [Gozo]. Recuperado en 17 de noviembre de 2021, de www.oxfordlearnersdictionaries.com/us/definition/american_english/joy

2. Association for Psychological Science [Asociación de Ciencias Psicológicas]. (30 de julio de 2012). *Grin and Bear It! Smiling Facilitates Stress Recovery* [¡Sonríe y resiste! Sonreír facilita la recuperación del estrés]. http://www.psychologicalscience.org/news/releases/smiling-facilitates-stress-recovery.html

3. Lyubomirsky, S. (s.f.). *Create Joy and Satisfaction* [Genera felicidad y satisfacción]. Mental Health America. Recuperado en 17 de noviembre de 2021 de, http://www.mhanational. org/create-joy-and-satisfaction

4. Mead, E. (22 de junio de 2021). *6 Benefits of Happiness According to the Research* [6 beneficios de la felicidad según una investigación]. PositivePsychology.com. http://www.positivepsychology.com/benefits-of-happiness/

5. Bisharat, V. (18 de junio de 2018). *Why Happiness, Not Stress, Is Key to Success* [Por qué la clave para el éxito es la felicidad y no el estrés]. Medium. http://www.medium.com/ taking-note/why-happiness-not-stress-is-key-to-success-8931a640703c

6. Thaik, C. (25 de marzo de 2014). *A Joyful Life Supports Good Health* [Una vida feliz permite tener una buena salud]. HuffPost. Recuperado en 17 de noviembre de 2021, de http:// www.huffpost.com/entry/joy-health_b_4612156

7. Sheldon Cohen, S., Doyle, W. J., Turner, R. B., Alper, C. M. y Skoner, D. P. (2003). *Emotional Style and Susceptibility to the Common Cold* [Estilo emocional y susceptibilidad al resfriado común]. , Psychosomatic Medicine, Volumen 65(4), 652-657. https://journals.lww.com/psychosomaticmedicine/ Abstract/2003/07000/Emotional_Style_and_Susceptibility_ to_the_Common.25.aspx

8. Hawse, P. (agosto de 2006). *Blocking the Blue* [Prevenir la depresión]. The British Journal of Ophthalmology, Vol 90(8), 939-940. http://www.ncbi.nlm.nih.gov/pmc/articles/ PMC1857207

9. Suni, E. (24 de junio de 2021). *How To Determine Poor Sleep Quality* [Cómo saber si tienes mala calidad de sueño]. Sleep Foundation. Recuperado el 27 de noviembre de 2021 de http://www.sleepfoundation.org/sleep-hygiene/

how-to-determine-poor-quality-sleep

CAPÍTULO 8: ¡ACTÚA!

1. APL nextED Marketing Team. (23 de marzo de 2020). *Focus and Repetition in Learning* [Concentración y repetición en el aprendizaje]. APL NextED. Recuperado el 27 de noviembre de 2021 de https://aplnexted.com/focus-and-repetition-in-learning/

2. Hill, A. (24 de abril de 2020). *Does Green Juice Have Benefits? All You Need to Know* [¿Qué beneficios tiene el jugo verde? Todo lo que necesitas saber]. , Healthline. Recuperado el 27 de noviembre de 2021 de http://www.healthline.com/nutrition/green-juice-benefits}

3. Recopilado por Painter, F. M. (s.f.). *Why Supplements Are Necessary* [Por qué son necesarios los suplementos]. The Chiropractic Resource Organization [Organización de recursos para quiroprácticos]. Recuperado el 27 de noviembre de 2021 de http://www.chiro.org/nutrition/FULL/Why_Supplements_Are_Necessary.shtml

CAPÍTULO 9: HAZLO TÚ MISMA

1. Mao, J. J., Xie, S. X., John R. Keefe, J. R. et al. (15 de diciembre de 2016). *Long-Term Chamomile (Matricaria Chamomilla L.) Treatment for Generalized Anxiety Disorder: A Randomized Clinical Trial* [El tratamiento a largo plazo con manzanilla (Matricaria chamomilla L.) para el trastorno de ansiedad generalizada: Un ensayo clínico aleatorio]. *Phytomedicine*, Vol 23(14), 1735-1742. http://www.pubmed.ncbi.nlm.nih.gov/27912875

2. Connor, E. (18 de agosto de 2020). *Everything You Should Know About Manuka Honey* [Todo lo que deberías

saber acerca de la miel de Manuka]. Healthline. Recuperado el 27 de noviembre de 2021 de https://www.healthline.com/health/manuka-honey

3. Wong, C. (9 de diciembre de 2020). *The Health Benefits of Lavender Essential Oil* [Los beneficios del aceite esencial de lavanda para la salud]. Verywell Mind. Recuperado el 27 de noviembre de 2021 de http://www.verywellmind.com/lavender-for-less-anxiety-3571767

4. Restonic. (20 de mayo de 2020). *Can Lavender Really Help You Sleep Better?* [¿Es cierto que la lavanda puede ayudarte a dormir mejor?]. Recuperado el 27 de noviembre de 2021 de http://www.restonic.com/blog/can-lavender-help-sleep-better-3749

5. Universidad de Nevada, Reno. (s.f.). *Releasing Stress through the Power of Music* [Liberar el estrés a través del poder de la música]. Recuperado el 27 de noviembre de 2021 de http://www.unr.edu/counseling/virtual-relaxation-room/releasing-stress-through-the-power-of-music

6. Watson, R., Fraser, M. y Ballas, P. (s.f.). *Journaling for Mental Health* [Escribir un diario para mejorar tu salud mental]. University of Rochester Medical Center [Universidad del Centro Médico de Rochester]. Recuperado el 27 de noviembre de 2021 de http://www.urmc.rochester.edu/encyclopedia/content.aspx?ContentID=4552&ContentTypeID=1

7. Bomba, G. (4 de septiembre de 2018). *10 Scientifically Proven Health Benefits of Taking a Bath* [10 beneficios saludables de tomar un baño comprobados científicamente]. Pentucket Medical. Recuperado el 27 de noviembre de 2021 dehttp://www.pmaonline.com/posts/adult-primary-care/10-scientifically-proven-health-benefits-of-taking-a-bath/

8. Calucchia, C. (12 de septiembre de 2018). *The 8 Foods Nutritionists Use to Relieve Stress (and How to Cook With Them)*

[Los 8 alimentos que los nutricionistas usan para aliviar el estrés (y cómo cocinar con ellos)]. Yahoo! Life. Recuperado el 27 de noviembre de 2021 de https://www.yahoo.com/lifestyle/8-foods-nutritionists-relieve-stress-043600353.html

9. Bramlet Blackburn, K. (septiembre de 2018). *The Alkaline Diet: What You Need to Know* [La dieta alcalina: Lo que debes saber]. MD Anderson Cancer Center. Recuperado el 27 de noviembre de 2021 de http://www.mdanderson.org/publications/focused-on-health/the-alkaline-diet--what-you-need-to-know.h18-1592202.html

10. Scott, E. (26 de enero de 2021). *How to Combat Stress with Good Nutrition* [Cómo combatir el estrés con una buena nutrición]. Verywell Mind. Recuperado el 27 de noviembre de 2021 de http://www.verywellmind.com/how-to-combat-stress-with-good-nutrition-3144529

Carta a mi hijo

Hijo lindo, mi JP:
Me diste una tarea y debo admitir me tomó muchísimo tiem-
po terminarla. Aunque solo me pediste que te contestara dos
preguntas, me fue difícil hacerlo. No me parece casualidad
empezar a escribir esta parte de este libro mientras estoy
aquí, sentada, acompañando a tu papi quien, durante se-
manas, ha estado cuidando y acompañando a su hermano
en una habitación de terapia intensiva. Nunca olvidaré el día
en que los doctores llamaron para decirnos que tu tío había
llegado a la etapa del fin de su vida y nos pidieron que vinié-
ramos a despedirnos. Finalmente, por esa razón, permitieron
que la familia lo visitara. Habían pasado dos meses desde que
lo hospitalizaron debido al COVID y no le permitían visitas.
Desde el primer día en que nos dejaron verlo, tu papi ha ve-
nido a diario.

Es una habitación pequeña, con varias máquinas que
hacen diferentes sonidos. Está muy fría, puedo sentir el gé-
lido aire acondicionado en mi rostro. La mascarilla que lle-
vo puesta, requisito para poder estar aquí, entibia una parte
de mi rostro, pero no es suficiente para quitarme el frío que
siento en el alma. De los distintos sonidos de las máquinas
—algunas avisando que los signos vitales están marcando
un número inaceptable, otras indicando que cierta medicina

se acabó— el que más me llega al alma y percibo con cada uno de mis sentidos es el del ventilador que ayuda a que entre y salga aire de los pulmones; emite un sonido semejante a un silbido con un ritmo que sube y baja de volumen a medida que la máquina hace su trabajo.

Levanto mis ojos y veo a tu papi, sentado al costado de la cama de hospital de su hermano, atento a cualquier necesidad que se presente y siento un nudo en la garganta, una sensación de opresión en el estómago y se me llenan los ojos de lágrimas. Siento un amor y admiración intensos por tu padre. Día a día tu papi, así como toda la familia y amigos en diferentes lugares del mundo, le hemos pedido a Dios nos regale un milagro y que tu tío regrese con bien a su hogar. Veo a tu papi, veo a tu tío y un escalofrío me invade el cuerpo, pues tengo la seguridad de que Dios es maravilloso y poderoso. Sé, sin lugar a dudas, que Dios está escuchando cada una de nuestras oraciones. Regreso a escribir, pero mis oídos y mi cuerpo continúan percibiendo el sonido del ventilador y mi mente, alma, cuerpo y corazón entendemos la importancia y el papel que de esa máquina en medio de esta prueba.

A la vez, debo admitir que tal vez es estar aquí acompañando a tu papi por ya varias semanas, lo que me impulsa y me anima a escudriñar cada fibra de mi ser para poder contestar tus preguntas: ¿Qué me impide descansar y por qué trabajo hasta el punto de agotamiento?

Te contestaré en dos partes:

Como te he dicho en varias ocasiones, crecí rodeada de personas a quienes les encantaba su trabajo y que tenían una ética laboral admirable. Mi abuelita Machelita, mi abuelita **paterna**, tenía una tienda de abarrotes y desde las 5 a.m. ya estaba limpiando y asegurándose que todo estuviera en orden para cuando llegaran los primeros clientes. Mi papito

Jorge, mi abuelo materno, me llevaba a trabajar con él desde que yo tenía aproximadamente 7 años y a mí me encantaba acompañarle. También observé a varias de mis tías —que trabajaban en la compañía telefónica, en el Hospital del Empleado y en diferentes empresas— salir de casa y dar lo mejor de sí. Estuve rodeada de personas muy trabajadoras. Como sabes, al pasar años de mi infancia sin mis padres, yo tenía que tratar de sobresalir en todo aspecto para así poder recibir un poquito de atención de las personas adultas en mi vida. Cada vez que limpiaba bien el carro, me decían palabras de aprobación. Cuando sacaba una buena nota en la escuela, recibía elogios. Mi alma de niña, en ese entonces, se alegraba mucho al darse cuenta de que mientras más hacía, mientras más lograba y mejor hacía las cosas, más atención y más cariño recibía. Por lo tanto, el hacer y querer lograr más y más, llegó a ser una rutina en mi vida.

Hijo, esas experiencias desde una temprana edad combinadas con el ADN de persona emigrante en Estados Unidos, son las que me llevaron a trabajar como lo hago. Creo que estarás de acuerdo conmigo cuando te digo que toda persona que emigra fuera de su país lo hace para buscar un mejor futuro, tanto para ellos como para sus familias. Todos dejamos nuestros países con la esperanza de, algún día, poder cumplir nuestros sueños de superación y es esa búsqueda la que nos impulsa a ir de un logro a otro, de un reto a otro, de cumplir una meta a cumplir la próxima. "The sky is the limit" como dicen en inglés, el cielo es el límite.

La cultura que nos rodea nos inculca enfocarnos en las profesiones, posiciones, posesiones y pertenencias en lugar de experiencias que valgan la pena. Muchas veces eso nos distrae tanto que olvidamos cuidar uno de los regalos más preciosos que tenemos: nuestro cuerpo.

Además, creo que en los pasados 20 años, he salido de mi hogar para cumplir con mi propósito, el de mantener familias unidas y me encanta lo que hago. Me encanta ver a las personas felices. Por lo tanto, tendría que admitir que lo que más me impide descansar es el hecho de que amo lo que hago.

¿Hasta el agotamiento?

Quiero aclarar que mentalmente todavía no acepto que ese es el caso. Yo no me siento agotada, cansada, ni mucho menos triste por el trabajo arduo que realizo. Sé que mis exámenes médicos, las pruebas de sangre que miden mi balance hormonal, reflejan lo contrario y esa es la realidad: mi cuerpo se cansa de todo mi ir y venir. Por eso estoy siguiendo las indicaciones de mis doctores y el consejo de tu papi, de Josh y el tuyo. Estoy aprendiendo todos los días que sí vale la pena cuidar de mí, tomar tiempo para mí y así volver a llenar mi tanque de energía. Como nos dicen en el avión cada vez que viajamos: personas adultas que viajen con niños, primero pónganse la máscara de oxígeno ustedes y luego pónsela a los niños. Eso es algo que continúo aprendiendo: que vale la pena llenar mi tanque primero para así poder dar lo mejor de mí al mundo.

Tu papi, Josh y tú son mis motores. Son mi inspiración, mi ánimo, los amores que llenan mi corazón y es por eso, hijo, que me comprometo a no dejar de aprender a diario como perseguir y obtener una salud óptima que me permita gozar de ustedes, sus familias y mis futuros nietos al lado de tu papi. Este deseo de mi corazón, más el sonido constante de este ventilador que escucho mientras escribo estas líneas, me recuerdan constantemente que tengo que tomar tiempo para respirar, inhalar y exhalar. Aunque sea en los momentos más difíciles, Jessica: "R.I.E", reconoce lo que estás sintiendo. Respira, Inhala, y Exhala. Debo darle constantemente ese regalo a mi salud. Somos frágiles y este cuarto de hospital es un recordatorio de ello. Me recuerda también que debo hacer todo lo posible para cuidar siempre de mi cuerpo, el templo de Dios.

¿Qué más quiero de la vida?

En estos últimos meses, gracias a las enseñanzas de nuestro pastor Michael y el estudio bíblico que estoy tomando, trabajo en crecer más, en madurar más espiritualmente. Hay dos escrituras que retan a mi alma hoy en día. La primera de ellas es:

El amor es paciente, es bondadoso. El amor no es envidioso ni jactancioso ni orgulloso. No se comporta con rudeza, no es egoísta, no se enoja fácilmente, no guarda rencor (1 Corintios 13:4-5)

*Entonces quiero **ser:***

Más paciente. Como tu papá que, sin quejarse, se levanta un sin número de veces para poner toallitas frías en la frente de tu tío.

Más bondadosa. Quiero asegurarme de siempre agradecer de corazón a cada uno de esos trabajadores de la salud, que a diario cuidan de pacientes que tanto necesitan de ellos. También estar siempre en la búsqueda de cómo dar más.

Evitar ser ruda, inclusive con aquellas personas que se me cruzan en la autopista sin poner su luz, con las que me quitan el puesto de estacionamiento cuando yo llevaba esperando minutos o con aquellos que me irritan por ser mal hablados o por maltratar a otros.

Enojarme menos, aunque este tal vez sea el reto más grande que tengo en la vida. Me irrita, me molesta mucho tener que repetir las cosas: laven sus platos, dejen la cocina limpia, revisen sus reportes, esta asignación ya debería haberse cumplido.

Menos egoísta, aunque esto implique sacrificar mis gustos de dónde ir a cenar, de qué película ver; de dejar de desear que hoy en día tuviéramos más tiempo para estar juntos, sabiendo que nuestra familia ha sido llamada a servir, que es amor en acción.

La otra es Gálatas 5:22-23:
En cambio, el fruto del Espíritu es amor, alegría, paz, paciencia, amabilidad, bondad, fidelidad, humildad y dominio propio. No hay ley que condene estas cosas.
*Quiero **ser:***
Más amorosa, aun con los que pareciera imposible llegar a amar debido a sus acciones.

Más alegre, inclusive en medio de la tempestad, sabiendo que Dios siempre está en control.

Más paciente (sí, otra vez está en la lista) porque definitivamente llegué tarde a la repartición de paciencia. Pero no me daré por vencida y seguiré trabajando en alcanzar esta meta.

Más amable. Se me hace muy fácil ser amable con las personas amables, pero cómo me cuesta serlo con aquellas en el supermercado o las tiendas que maltratan a otras.

Más fiel a mis convicciones, no dejarme afectar por la presión de tener que perseguir objetos brillantes que no traen paz a mi vida.

Más humilde, y nunca perder el enfoque en que mi Dios y Salvador no vino a ser servido, sino que fue Él quien sirvió.

Más fuerte en el área de ejercer autodominio. Por ejemplo, cuando quiero comprar algo que no necesito, cuando me quiero comer el refrigerador entero porque tuve un día estresante, cuando no quiero hacer ejercicio porque estoy cansada, o cuando quiero decirle a alguien sus verdades y debo recordarme que no vale la pena.

Hijo lindo, te darás cuenta de que todo lo que quiero tiene que ver con el trabajar más en mi SER y no en el hacer. ¿Por qué? Porque crecer, madurar espiritualmente, me ayudarán a ser el mejor ejemplo para ustedes, algo que deseo ser todos los días. Mientras mejor ejemplo sea yo, más oportunidades tendré de verlos a ti y a tu hermano dar lo mejor de ustedes a sus esposas e hijos. No dejaré de orar para que encuentren esposas que amen a Dios y críen a mis nietos con la verdad de su palabra. Tengo fe en que Él contestará mis oraciones.

¿Qué, qué más quiero de la vida?

Bien me lo recuerdas muy a menudo, y tienes toda la razón. He sido más que bendecida en todas las áreas. Dios ha sido bueno y nos sigue sorprendiendo con sus bendiciones.

Yo quiero que más personas conozcan del amor de Dios. Quiero que mi vida sea un ejemplo. Primero para ustedes, mi familia inmediata, y luego para que otras personas puedan darse cuenta de lo que es vivir de la mano de un Dios de milagros, que nos ama tanto que mandó a Jesús a este mundo para que muriera por nuestros pecados. Jesús dio su vida en la cruz por ti y por mí, pagó por nosotros para que podamos recibir vida eterna. Eso es lo que hoy en día desea mi corazón: seguir madurando espiritualmente a tal punto que otras personas quieran contagiarse del gozo de saber que nuestras vidas no se acaban en este mundo.

Bien sabes que no soy perfecta, que he cometido muchos errores y los seguiré cometiendo, pero las misericordias de Dios son nuevas cada mañana y gracias a que creemos en Él, la eternidad nos espera y es un lugar muy hermoso, imposible de describir en palabras. No lo olvides nunca, el cielo es un lugar hermoso. Cuando Dios me lleve a mi hogar eterno no estaré triste, sino feliz con otros ángeles. ¡Y te aseguro que, en medio de toda responsabilidad de servicio que se me asigne en el cielo, también estaré enseñando zumba! Hijo lindo, yo sé que Dios me quiere tanto que me concederá el pedido de que tú puedas ver muchas mariposas por el resto de tu vida. Cada vez que tú o Josh vean una mariposa, hijo, será mi manera de decirles desde el cielo cuánto le agradezco a Dios por el regalo de ser su mamá y que desde ahí estoy apoyándolos, "rooting **for both of you**"*, ya que de ambos soy la fan número uno.*

Si hoy fuera el día que Dios decide llevarme a nuestro hogar eterno, me iría con mucha alegría en el corazón, porque en estos últimos cuatro meses he vivido, he sido testigo del amor en acción. Desde que empezó esta prueba tan triste y dolorosa con la salud de tu tío, he observado a los tres hombres de mi vida actuar como lo que son: unos guerreros de fe. He visto a tu papá, a Joshua y a ti orar de rodillas y con lágrimas de dolor levantar las manos pidiendo a Dios por un milagro para la vida de tu tío. Hemos ayunado como familia, en las ocasiones que una cirugía o procedimiento médico tenía que llevarse a cabo con tu tío. He visto a tu padre pasar de ocho a diez horas diarias al lado de su hermano, cuidando de él. He experimentado el hecho de que tú has pasado largos ratos, madrugadas velando por tu tío. He visto a Josh hacer lo mismo, durante las horas diurnas, para que así tu papi pueda cumplir con sus responsabilidades. Hemos orado, llorado, ayunado, hemos confiado en que Dios escuchará y contestará nuestras oraciones. En los últimos cuatro meses, nos hemos abrazado con todo el amor del mundo.

Hoy termino de escribir estas líneas, ya no desde la terapia intensiva, sino desde el cuarto al que tu tío fue transferido porque ya está fuera de peligro. ¿Qué si Dios existe? ¿Qué si Dios escucha nuestras oraciones? ¿Qué si Dios hace milagros? Sí, sí y sí. Aunque este cuarto también es pequeño, poco luminoso, demasiado frío para mí y la presencia del ventilador es evidente porque el silbido que hace se repite una y otra vez, no evita que mi corazón y mi alma se sientan invadidos por un cálido sentimiento. Me levanto de mi silla y me acerco a tu papá. Observo a tu tío dormido y mis ojos se llenan de lágrimas que no paran de correr por mi rostro. El apretón en el estómago es signo de las emociones que invaden mi ser. No puedo sino agradecerle a Dios por permitirme ser testigo de un grandioso milagro.

Entonces, tu papi me pone sus manos en los hombros, me voltea y me da un abrazo de oso como los que él suele dar. Esta vez no es de pasión o de protección, sino el que le da un hombre a su compañera y a su guerrera de oración, el de una pareja que ha experimentado junta el amor de Dios de una manera sobrenatural. El mismo Dios que, aunque sabe que somos imperfectos, aunque conoce de todos nuestros errores, nos ama, nos ha perdonado y escucha cada una de nuestras peticiones. El mismo Dios que hace milagros a diario. Mientras me abraza, acerca sus labios a mi oído y me dice: "Gracias vida, porque desde el primer día tu fe nos dio la fortaleza que necesitábamos. Tenías la certeza de que él saldría de este hospital caminando y tu fe es contagiosa". Mientras seguimos abrazados, unidos por un agradecimiento infinito con Dios, no paro de llorar y le digo: "Gracias a ti mi amor, por enseñarnos lo que realmente significa el amor en acción". Nos separamos para que yo pueda regresar a escribir estas líneas. Ese abrazo es nuestra forma de decirnos, sin palabras, que nos amamos con todo el corazón.

¿Qué más quiero? Tú bien lo dijiste. ¡Ya todo lo tengo!
I love you, dad, and Josh beyond words.

Jessica Domínguez es una reconocida abogada de inmigración, autora y oradora. También es *life coach* certificada. Participa semanalmente en "Despierta América" y "Primer impacto" de Univision y cuenta con más de un millón de seguidores en redes sociales. La revista *People en Español* la nombró una de "Las 25 mujeres más poderosas" del 2017, por su trabajo en defensa de las familias inmigrantes. En el 2019 publicó *Mujeres victoriosas. 10 poderes para renovar tu vida y fortalecer tu fe*. También conduce el podcast *Mujeres victoriosas*.

Si quieres conocer más sobre Mujeres Victoriosas y ser parte del grupo, te invitamos a visitar la página **www.mujeresvictoriosas.com**. Encuentra una comunidad de mujeres como tú, conéctate con ellas a través de las redes sociales y recibe correos llenos de consejos para la vida diaria.